ART ESSENTIALS

FOTOGRAFIE BETRACHTEN

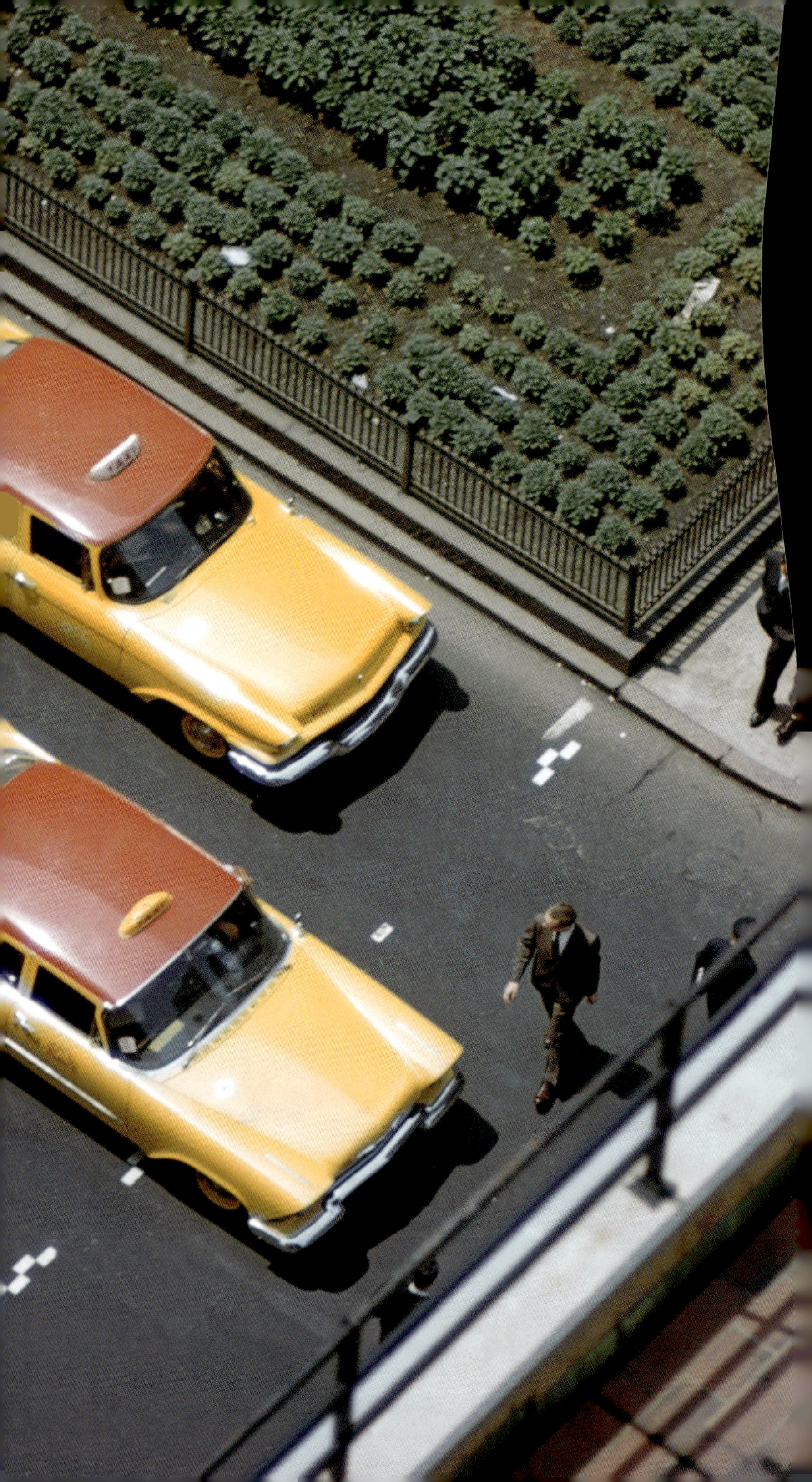

ART ESSENTIALS

FOTOGRAFIE BETRACHTEN

LAURENT JULLIER

MIDAS

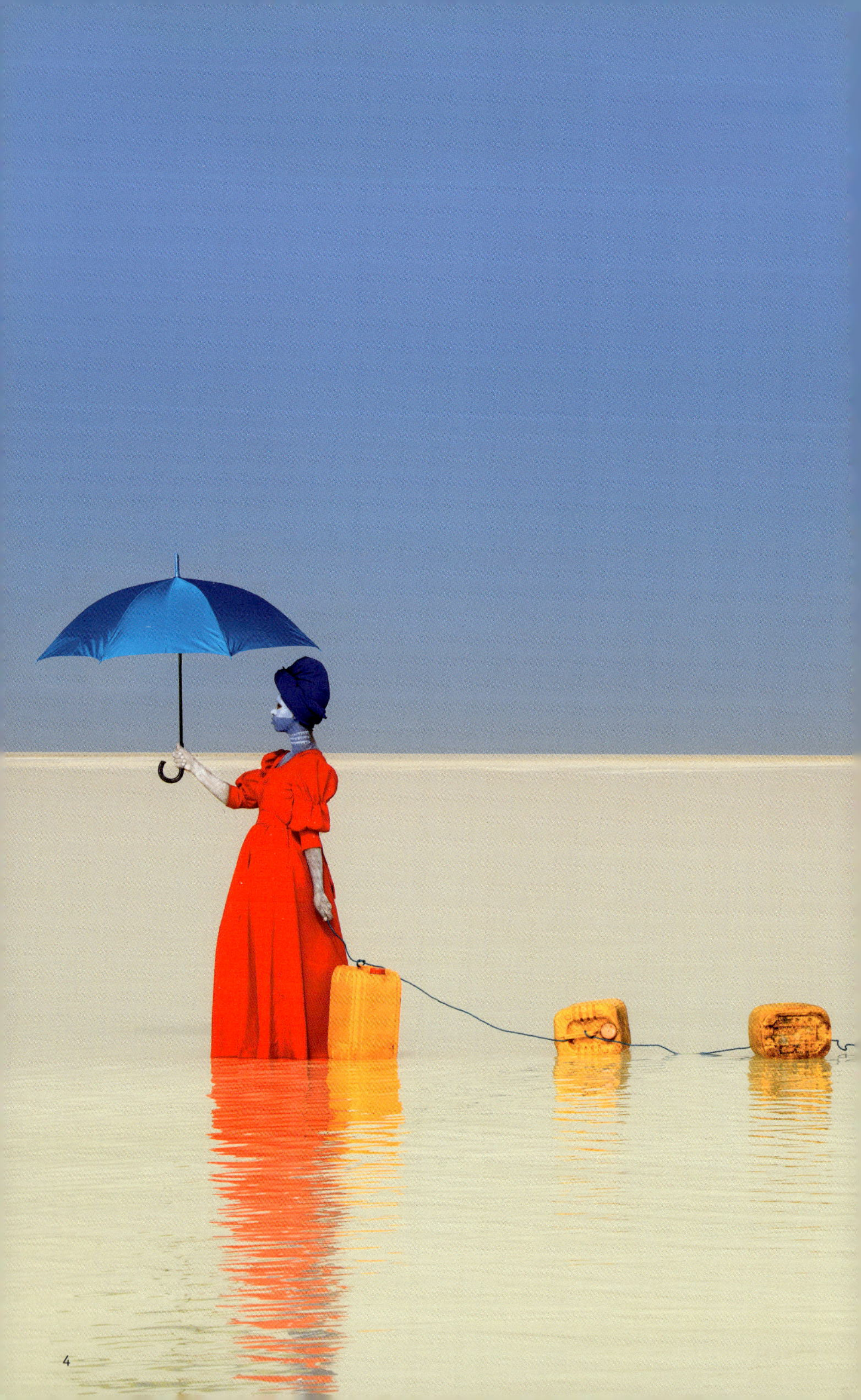

INHALT

EINFÜHRUNG

Würden Fotografien die Welt nicht so genau abbilden, würden wir vielleicht mehr Zeit damit verbringen, sie zu betrachten. Aber sie sind wie kleine Fenster, hinter denen die Zeit stillsteht, und so begnügen wir uns oft damit, das Abgebildete zu erkennen.

Ein Foto ist jedoch kein Fenster. Ob gestellt oder ungestellt, figürlich oder abstrakt, es ist in erster Linie eine Art des Sehens. Ein Zeugnis. Jemand hat etwas gesehen, sei es vor ihm oder in seiner Vorstellung, und zeigt es uns. In diesem Sinne ist ein Fotograf mehr als nur ein Augenzeuge: Er bietet uns eine neue Brille, durch die wir die Welt sehen können. Die Frage ist jedoch, wie weit wir ihm vertrauen können ...

Die ersten beiden Kapitel dieses Buches gehen dieser Frage im Detail nach, indem sie Bilder, die als unverfälschte Darstellungen der Welt gelten, mit solchen vergleichen, die in irgendeiner Weise manipuliert sind – obwohl dies, wie wir sehen werden, eine allzu einfache Gegenüberstellung ist. Die drei folgenden Kapitel zeigen, dass jeder Aspekt einer Fotografie wichtig ist, nicht nur die abgebildeten Gegenstände und Personen, sondern auch die Art und Weise, wie das Motiv dargestellt wird, einschließlich der Verwendung von Schatten und Unschärfe, der Position, von der aus es aufgenommen wurde, und schließlich die Beziehung zur Zeit, die Art und Weise, wie die Zeit auf einer Fotografie ihre Spuren hinterlässt. Die detaillierte Analyse dieser Elemente wird es uns in den letzten beiden Kapiteln ermöglichen, Ideen zu erforschen, die über die Fotografie hinausgehen, bei denen sie jedoch eine wichtige Rolle spielt: das Thema der Identität, gesehen durch die besondere Linse der Porträtfotografie, und wie wir uns anhand von Fotografien ein Bild von Ereignissen machen, wenn wir sie nicht direkt miterlebt haben.

Heute überraschen uns Fotografien nur noch selten: Wir sehen sie täglich in Hülle und Fülle, sei es gedruckt oder auf dem Bildschirm. Wir müssen sie also neu betrachten, und dieses Buch soll uns dabei helfen. Ganz gleich, ob Sie sich einfach nur gerne Fotos ansehen oder die Fotografie zu Ihrem Hobby machen, dieses Buch ist eine Einladung, Ihre eigene Beziehung zu Bildern zu untersuchen. Warum hat dieses Foto diese Wirkung auf mich? Was sehe ich, wenn ich es anschaue? Dies sind einige der Fragen, denen Sie mithilfe dieses Buches nachgehen können.

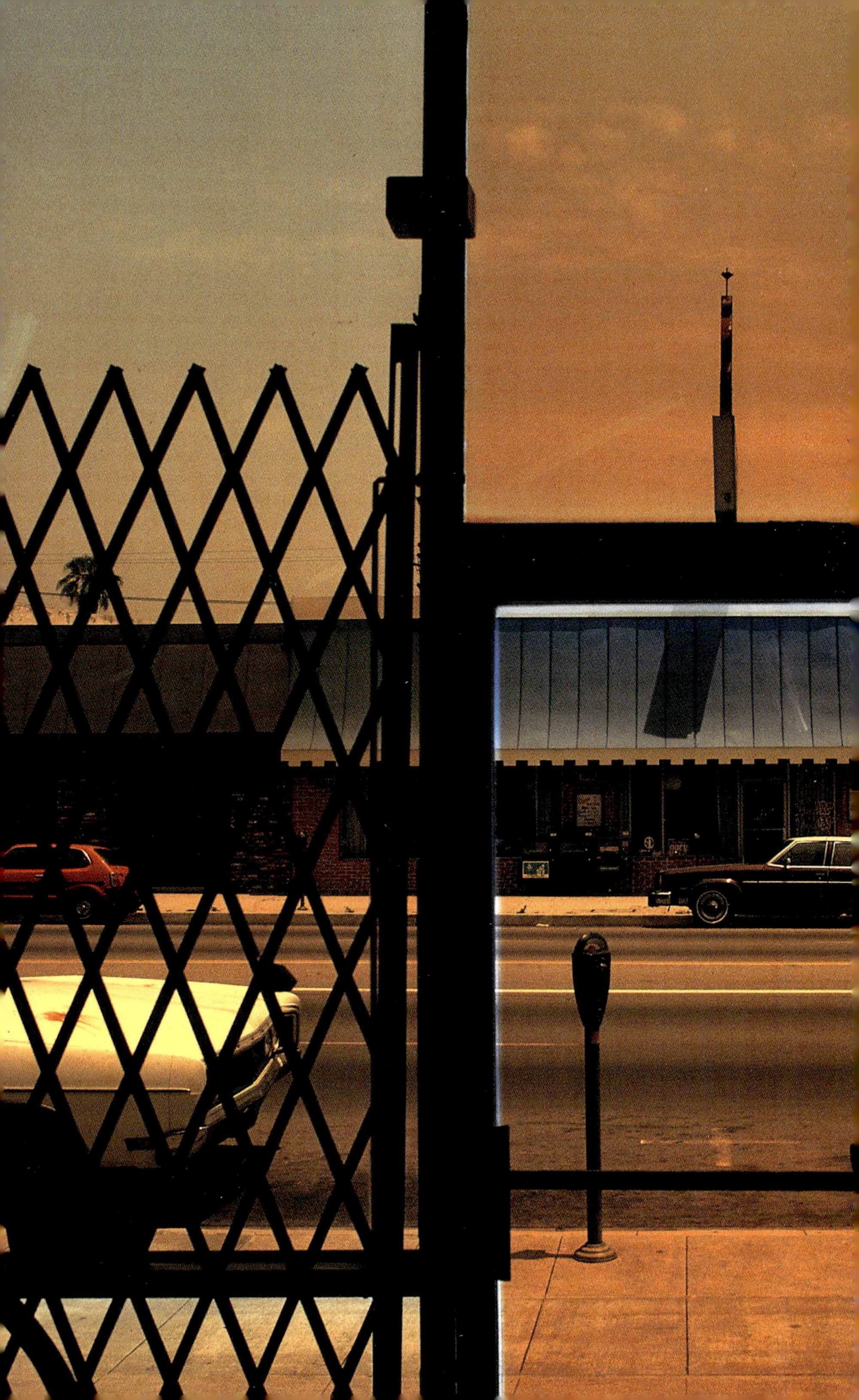

DARSTELLUNGEN DER WELT

–

Das ist reine Intuition. Es gibt kein Konzept. Die Dinge ziehen mich an, und das funktioniert in beide Richtungen. Ich bin fasziniert von dem Wunder, wenn Dinge auf eine Art und Weise zusammenkommen, die für mich einen Sinn ergibt, sodass ich sehr wenig nachdenken muss.

–

Harry Gruyaert

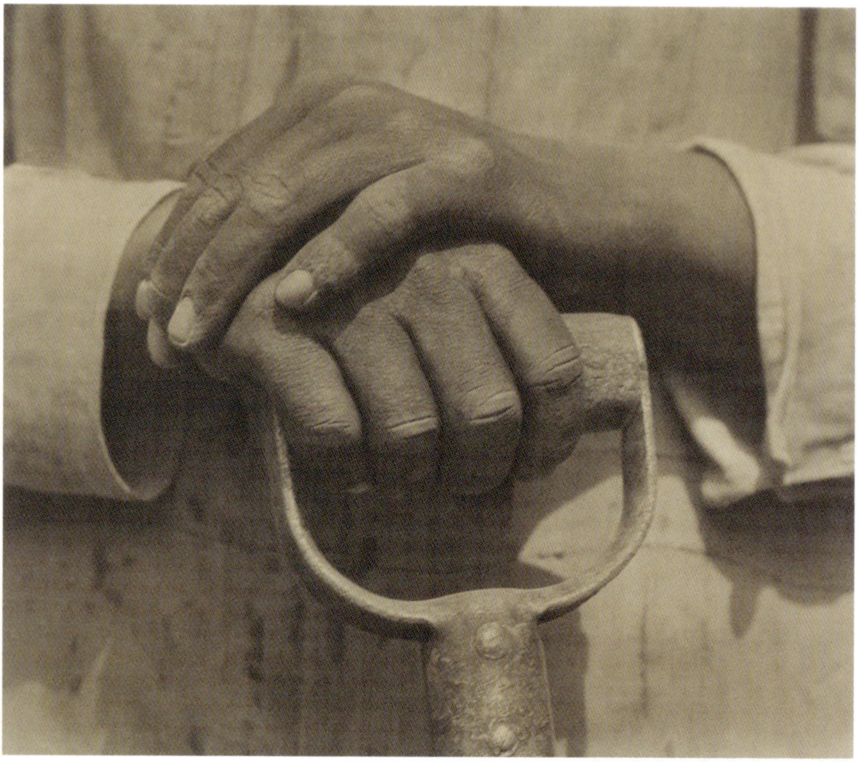

Tina Modotti
Manos de trabajador (Arbeiterhände), 1927
Palladium-Druck,
19,7 x 21,6 cm

Vielleicht macht er gerade eine Pause, oder die Fotografin hat ihn gebeten, für sie zu posieren? In jedem Fall hätten wir nicht so genau auf seine Hände geschaut.

Caravaggio, einer der großen italienischen Maler des 16. Jahrhunderts, wurde kritisiert, weil er in einigen seiner Gemälde die schmutzigen Nägel und Füße der abgebildeten Männer und Frauen darstellte. Er verhielt sich wie ein Fotograf: Er gab wieder, was er vor Augen hatte, einschließlich der Unvollkommenheiten der Menschen, die für ihn posierten. Warum in aller Welt hat er die Realität nicht verbessert?

Als in den 1920er-Jahren in ganz Europa der Begriff »die siebte Kunst« für das Kino verwendet wurde, wiesen merkwürdigerweise nur wenige darauf hin, dass die Fotografie vergessen worden war. Die allgemein akzeptierte Klassifizierung der schönen Künste umfasste Architektur, Bildhauerei, Malerei und Zeichnung, Musik, Literatur und – als Gruppen – Theater und Tanz. Den siebten Platz hätte die Fotografie einnehmen müssen, die etwa sechzig Jahre vor dem Kino erfunden wurde. Sowohl der Fotografie als auch dem Kino haftet ein mechanischer, automatischer Aspekt an, der in den anderen Kunstformen nicht zu finden ist, aber es scheint, als ob die Magie der Bewegungswiedergabe diesen »Makel« des Kinos ausgleicht. In diesem Kapitel werden wir jedoch sehen, dass die Fotografie es durchaus verdient, als Kunstform anerkannt zu werden.

TRIVIALES

Die Fotografie ist eine Kunst, die in hohem Maße von der Technik abhängt – inzwischen auch vom Computer –, aber bedeutet das, dass der Mensch keine Rolle mehr spielt? Im Alltag ist die Arbeit des Fotografen natürlich nicht immer offensichtlich. Wenn Ihnen jemand sein Handy in die Hand drückt und aufgeregt sagt: »Das ist meine Katze!« oder »Schau mal, was ich gegessen habe!«, werden Sie mit ihm über die Katze oder das Essen sprechen, nicht über den Bildausschnitt oder die Schärfe der Fotos. In manchen Fällen kann es jedoch sinnvoll sein, über die Mediation nachzudenken, die mit dem Akt des Fotografierens einhergeht. Jemand (der Fotograf) und etwas (die Kamera) werden zwischen uns und die Welt gestellt. Wenn man ein Foto betrachtet, sollte man zuerst anerkennen, dass es auch eine Darstellung dieser Handlung ist – der Akt der Mediation.

Nehmen wir zum Beispiel diesen Arbeiter (gegenüber), der sich auf den Griff seiner Schaufel stützt. Wenn wir auf der Straße an ihm vorbeigegangen wären, hätten wir ihn dann beachtet? Wir hätten höchstens einen kurzen Blick in seine Richtung geworfen, ohne etwas zu bemerken, das uns zum Nachdenken anregen könnte. Doch an jenem Tag in Mexiko schob sich die in Italien geborene Fotografin Tina Modotti (1896–1942) zwischen ihn und uns.

Tina Modotti, Stummfilmschauspielerin im Hollywood der Goldenen Zwanziger, war kurz zuvor der Kommunistischen Partei Mexikos beigetreten, und ihre Arbeiten wurden international in der linken Presse veröffentlicht. Bei dieser Fotografie folgte sie jedoch nicht der von Karl Marx veröffentlichten Anleitung, dass »der tatsächliche Druck erdrückender gemacht werden muss … die Schande muss beschämender gemacht werden« (1843), dass also Künstler das Leiden der ausgebeuteten Arbeiter hervorheben sollten. Das Gegenteil ist der Fall. Die von der Arbeit gezeichneten, staubverkrusteten Hände sind auf dem Stiel der Schaufel gefaltet, wie ein Gentleman seine Hände über seinem Stock falten würde. Die Komposition schafft ein Gefühl der Ausgewogenheit und besteht auf der Würde des Motivs. Sie erinnert nicht an Marx, sondern an die Worte des antiken griechischen Philosophen Epiktet: Der Herr ist auf den Sklaven angewiesen, um zu leben, aber der Sklave braucht den Herrn nicht. Das heißt, der Sklave ist moralisch überlegen.

Tina Modotti wurde später für diese Art von Fotografien von den Anhängern des Sozialen Realismus kritisiert, die der Meinung waren, dass das einzige Anliegen eines Künstlers darin bestehen sollte, die kommunistischen Ideale so einfach wie möglich zu verbreiten, sodass sie am leichtesten zu verstehen sind.

Anna Atkins
Plocamium coccineum (in fruit), 1850, aus *Photographs of British Algae: Cyanotype Impressions*, 1843–1853
Cyanotypie

***Plocamium* ist ein roter Seetang, der sich oft um die Füße von Schwimmern wickelt. Hier wird jedoch der Fokus auf die unendlichen Verästelungen seiner baumartigen Struktur zu einem faszinierenden Objekt gelegt.**

Perfekte Formen

Als die Fotografie erfunden wurde, reagierten viele Künstler und Intellektuelle kritisch, weil sie jedes Detail festhielt, auch die unerwünschten. Dies ist sehr nützlich für Wissenschaftler oder jeden, der eine hochpräzise Aufzeichnung eines visuellen Gedächtnisses erstellen möchte. Der mechanische Charakter der Fotografie, die Art und Weise, in der sie sich nicht auf den Menschen zu verlassen schien, führte jedoch dazu, dass sie nicht als Kunstform akzeptiert wurde. Stattdessen wurden Fotografien als eine Art Spur oder Abdruck betrachtet, wie Fußabdrücke auf dem Boden. Der Schwerpunkt lag auf der Art und Weise, wie sie das Licht nutzten. Einer der Pioniere der Fotografie, der britische Chemiker William Henry Fox Talbot (1800–1877), nannte die ersten Bilder, die er 1835 aufnahm, »Sonnenbilder« oder »Worte des Lichts«. Damals erkannten die Menschen noch nicht, dass in dieser einfachen chemischen Reaktion ein künstlerisches Element stecken könnte. Schließlich ist auch unsere Haut eine lichtempfindliche Oberfläche, auf der sich nach einem Tag am Strand die Umrisse unserer Badehose abzeichnen können.

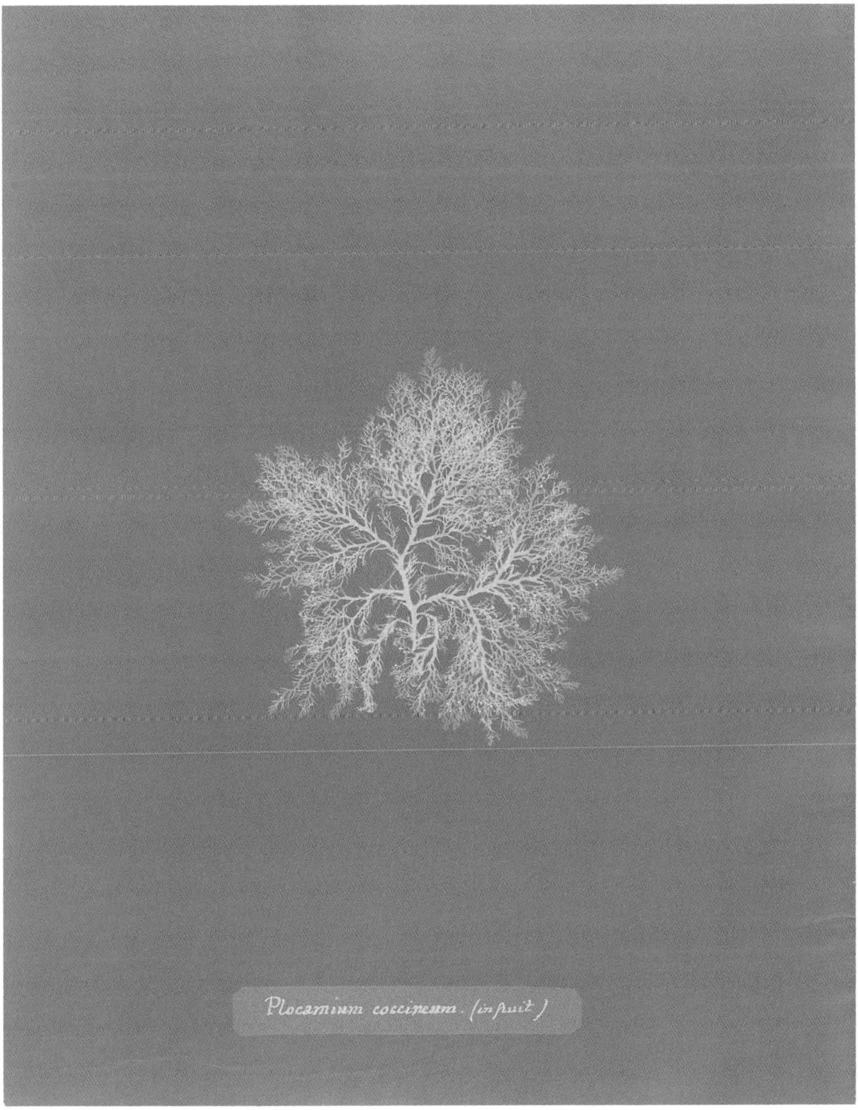

Tag für Tag begegnen uns Szenen, die geradezu danach schreien, fotografiert zu werden, die an Tiefe gewinnen, wenn wir nur innehalten und hinschauen. Seit fast zwei Jahrhunderten haben sich einige Fotografen darauf spezialisiert, genau diese Objekte vor der Banalität zu bewahren. Das erste Fotobuch, das 1843 gedruckt wurde und dann in weiteren Bänden erschien, bestand aus Bildern von Algen. Es war das Werk von Anna Atkins (1799–1871), einer britischen Bota-

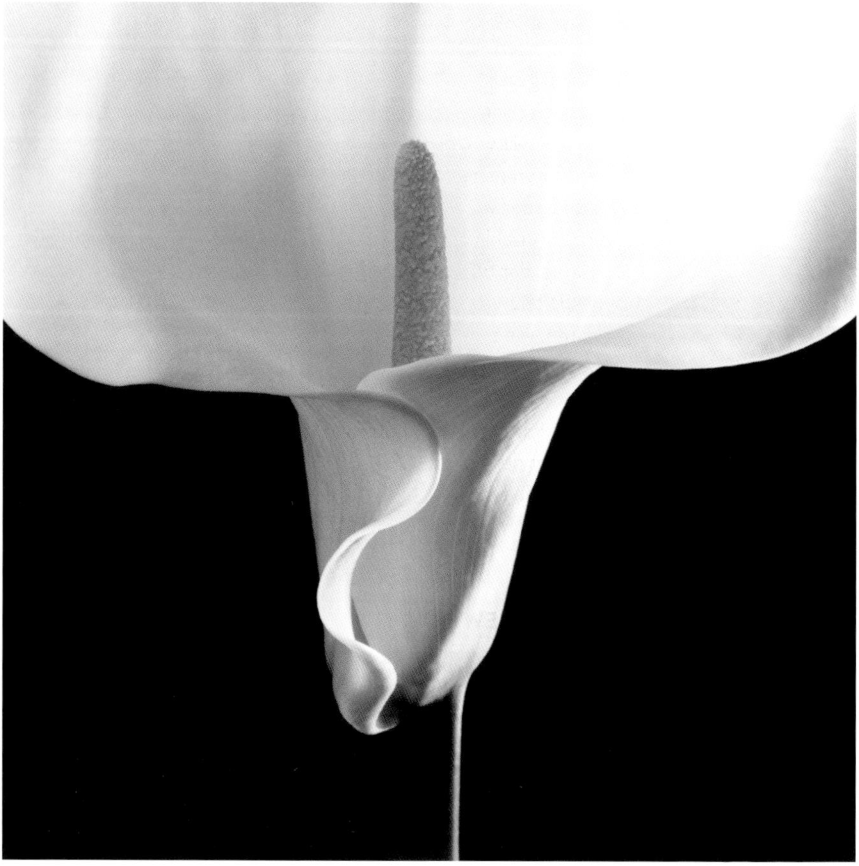

Robert Mapplethorpe
Calla-Lilie, 1988
Silbergelatineabzug

Das Hohelied der Bibel enthält einen Verweis auf die Calla-Lilie, die auch heute noch in Brautsträußen als Symbol für Reinheit verwendet und Trauernden als Symbol für das ewige Licht geschenkt wird. Hier, eingefangen von Robert Mapplethorpes Kamera, wirkt die Blume viel sinnlicher.

nikerin, die auf die Idee gekommen war, die Technik der Cyanotypie, die damals von Ingenieuren und Architekten zur Vervielfältigung ihrer Pläne verwendet wurde, für die Fotografie ihrer Wasserpflanzen zu nutzen. Sie legte die Pflanzen auf ein mit Preußischblau getränktes Papier, und die Sonne erledigte den Rest. Ihrer Farben und ihrer Umgebung beraubt, nahmen die Algen eine neue Existenz an: Sie wurden zu reinen Strukturen, zu einer Explosion unendlich geteilter Linien. Atkins hatte eine neue Art der Betrachtung geschaffen.

Anderthalb Jahrhunderte später begann der amerikanische Fotograf Robert Mapplethorpe (1946–1989) ein ähnliches Projekt, bei dem er Blumen verewigte (siehe oben). Keine Farbe, kein Kontext, nur eine Nahaufnahme, die gewöhnliche Details hervorhebt, die normalerweise in der Gesamtsilhouette untergehen. Die Reduktion der Blume auf ihre Essenz unterstreicht ihre Ähnlichkeit mit den menschlichen Sexualorganen, eine Ähnlichkeit, die umso auffälliger wird, als

Mapplethorpe zahlreiche Fotos machte, die Szenen schwuler BDSM-Sexualität zeigen. Obwohl diese Bilder während seiner gesamten Karriere häufig gezeigt wurden, ohne dass es zu Problemen kam, wurden sie im Jahr nach seinem Tod im Rahmen eines Obszönitätsprozesses (bei dem festgestellt wurde, dass sie nicht obszön waren) im Zusammenhang mit den Kulturkriegen der 1990er-Jahre präsentiert.

Diese Bilder von Pflanzen erinnern daran, dass es in der Natur eine begrenzte Anzahl von Formen gibt. Der britische Wissenschaftler Alan Turing, der für seine Pionierarbeit in der Informatik bekannt ist, schlug Gleichungen vor, die auch heute noch verwendet werden, um zu erklären, wie sich Zellen entwickeln und bestimmte Formen bilden und andere nicht. So erinnert die Calla-Lilie an bestimmte Formen im menschlichen Körper, Formen, die für Künstler visuell interessant sind. Mapplethorpe hat dies verstanden: »Ich suche nach der Vollkommenheit der Form. Ich mache das bei Porträts. Ich mache es bei Schwänzen. Ich mache es bei Blumen. Es gibt keinen Unterschied, egal welches Thema.«

FOTOS ALS BEWEIS

Da wir dazu neigen, Fotografien als Abbilder der Welt zu betrachten, ist es auch verlockend, in ihnen nach Beweisen zu suchen. So wie ein Einbrecher seine Fingerabdrücke als Spuren eines Einbruchs hinterlässt, hinterlassen Menschen und Gegenstände Spuren auf dem Film als Beweis für ihre Anwesenheit. Das ist die Prämisse von Michelangelo Antonionis Film Blow-Up (1966). Während eines Fotoshootings in einem Park hält ein Modefotograf versehentlich etwas fest, was wie ein Mord im Hintergrund aussieht. Doch obwohl er das Foto vergrößert, ist er nicht in der Lage, die Personen auf dem Bild zu identifizieren oder den Sprung vom Bild in die reale Welt zu schaffen. Er hat vielleicht eine Spur von etwas eingefangen, aber er kann nicht in der Zeit zurückgehen, um zu verstehen, was genau an diesem Tag geschah.

Hätte er es wie Anna Atkins nur mit Pflanzen und nicht mit Menschen zu tun gehabt, wäre der Held von Blow-Up vielleicht etwas ruhiger gewesen. Wenn eine Fotografie nicht mit der Komplexität des menschlichen Verhaltens belastet ist, fühlen wir uns freier, die kleine Welt zu bewohnen, die sie uns bietet. Wir hören auf, uns zu fragen: Woran denkt er gerade? Wohin geht sie? Was ist mit ihnen passiert, nachdem das Foto gemacht wurde? Dennoch sind wir es gewohnt, Individuen auf Fotos zu sehen. Der belgische Fotograf Harry Gruyaert (geb. 1941) sagte, dass ihn in seiner Anfangszeit diejenigen, die mit seinen Fotografien unzufrieden waren, fragten: »Aber wo sind die Menschen?« Gruyaert hält keines der Elemente, die in seinen Werken auftauchen, für wichtiger als die anderen: »Für mich sind das Licht, die Landschaft usw. genauso wichtig wie die Menschen. Ich glaube, dass wir gar nicht so wichtig sind. Nicht wichtiger als Bäume, der Himmel, Tiere.«

In diesem Foto (unten) orientiert sich Harry Gruyaert an der Drittelregel, die die Komposition klassischer Gemälde regelt, die oft in drei gleiche Abschnitte unterteilt sind, sowohl vertikal als auch horizontal, wobei das Hauptmotiv entlang einer dieser Trennlinien platziert ist. Dieses Foto ist eindeutig in drei vertikale Abschnitte unterteilt, aber es gibt kein Motiv auf den beiden schwarzen Linien. Die Barrieren, die den Raum abschließen, wirken bedrückend: Nur das zentrale Rechteck bietet eine Fluchtmöglichkeit nach außen, und unmittelbar dahinter, auf dem Bürgersteig, befindet sich eine Parkuhr, eine Maschine, die auch die Nutzung des Raums regelt. Aus kompositorischer Sicht fallen als Nächstes zwei Paare von Objekten auf, die sich gegenüberstehen und gerade Linien bilden: die horizontale Linie, die von zwei roten Autos gebildet wird, und die vertikale Linie, die von dem schmalen Querschnitt eines Schildes gebildet wird, das wie ein Schornstein aussieht und dessen Schatten auf der Markise den Blick auf die Parkuhr lenkt. Es ist eine Welt, die von regelmäßigen geometrischen Formen beherrscht wird, die so bedrückend sind, dass sich kein Mensch in sie hineinwagen möchte. »Ich war visuell begeistert, aber auf menschlicher Ebene ziemlich traurig«, sagt Gruyaert über seine in den Vereinigten Staaten aufgenommenen Fotos.

Harry Gruyaert
Los Angeles, 1982

Wir befinden uns an einem Ort, der durch ein Geländer vor Dieben und durch ein getöntes Fenster vor Sonnenlicht geschützt ist. Der Laden gegenüber ist durch eine Markise geschützt. Diese Besessenheit vom Schutz hat zur Folge, dass die Farben gesättigt sind und künstlich wirken. Die Realität wird durch Filter gesehen, als ob man ihr nicht direkt gegenübertreten könnte.

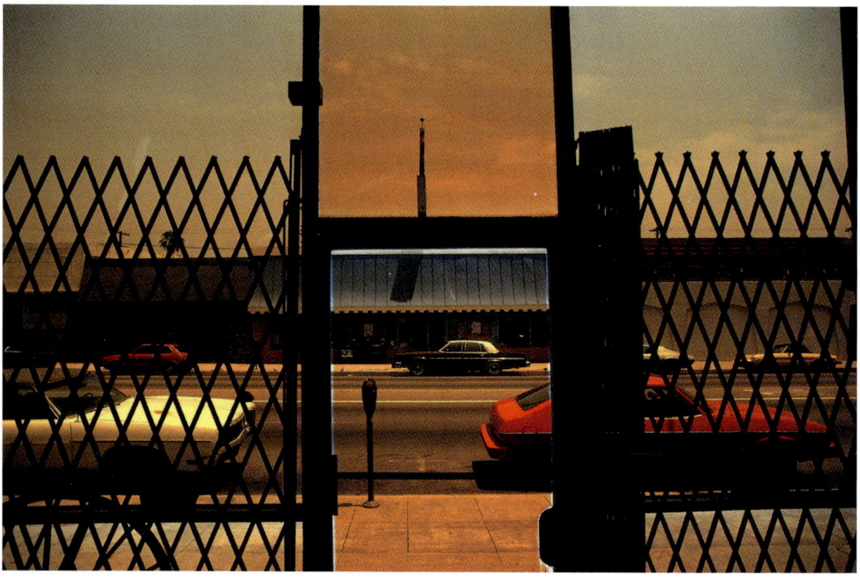

Die Fotografie ist seit ihrer Erfindung für die Wissenschaft von Interesse, da sie visuelle Aufzeichnungen erstellen kann. Anna Atkins war ein Mitglied der Botanischen Gesellschaft von London, und 1844 schrieb William Henry Fox Talbot in seinem Buch mit dem vielsagenden Titel *The Pencil of Nature*: »Die Bildtafeln dieses Werkes sind durch die bloße Einwirkung von Licht auf empfindliches Papier entstanden.« Er schreibt »Licht« in Großbuchstaben, als wolle er damit zeigen, dass Licht unfehlbar ist, dass es niemals einen Fehler machen kann, wenn es ein Bild eines Objekts auf Papier erzeugt.

Viele Religionen verwenden Bilder als Teil ihrer Verehrung, und einige Gläubige haben auch die Fotografie und ihre Implikationen wissenschaftlicher Objektivität als eine Möglichkeit betrachtet, ihrem Glauben Legitimität zu verleihen. Die Geschichte des Heiligen Grabtuchs oder des Grabtuchs von Turin – des zusammengerollten Tuchs, in das der Leichnam Jesu im Grab eingewickelt gewesen sein soll – ist das bekannteste Beispiel. Das Besondere an dieser Reliquie ist, dass sie erst durch die Fotografie eine weltweite Anhängerschaft gefunden hat.

Secondo Pia (1855–1941), Rechtsanwalt und Bürgermeister der italienischen Stadt Asti, interessierte sich auch für die Fotografie. Im Auftrag der kirchlichen Behörden machte er am 25. Mai 1898 eine Fotografie des Grabtuchs (umseitig). Zu dieser Zeit glaubte man bereits, dass das Grabtuch selbst eine Art fotografischer Film sei. Man glaubte, dass die durch die Auferstehung freigesetzte Energie so groß war, dass das Blut und der Schweiß des gekreuzigten Christus als Entwicklungslösung und Fixiermittel fungierten und die Form seines Körpers auf den Stoff druckten. Im Laufe der Zeit war das Grabtuch verblasst, und es blieben nur noch einige blasse, vage Spuren übrig. Man kann sich vorstellen, wie überrascht der Fotograf war, als das Negativ ein Gesicht zeigte, das dem in den traditionellen Darstellungen von Christus ähnelte. Damals dachte niemand daran, ein Positiv des Fotos zu drucken; es war einer der seltenen Fälle in der Geschichte der Fotografie, in denen das Negativ berühmter ist als das Positiv, sodass nur wenige Menschen überhaupt wissen, dass sie ein Negativ betrachten.

Im späten 19. Jahrhundert führte die Erfindung der Fotografie auch zu verschiedenen Fantasien, die mit der Idee des »Beweises« zusammenhingen und sie weiter von ihren wissenschaftlichen Wurzeln entfernten. Man glaubte, Bilder von Toten in einer Fensterscheibe oder einem Spiegel sehen zu können, die von einem Blitz eingefangen wurden; oder dass man das Gesicht eines Mörders in den Augen seines Opfers sehen konnte, wenn man dessen Netzhaut wie eine Filmrolle schnell »entwickelte«. »Fotografien liefern Beweise«, schrieb die amerikanische Intellektuelle Susan Sontag (1933–2004).

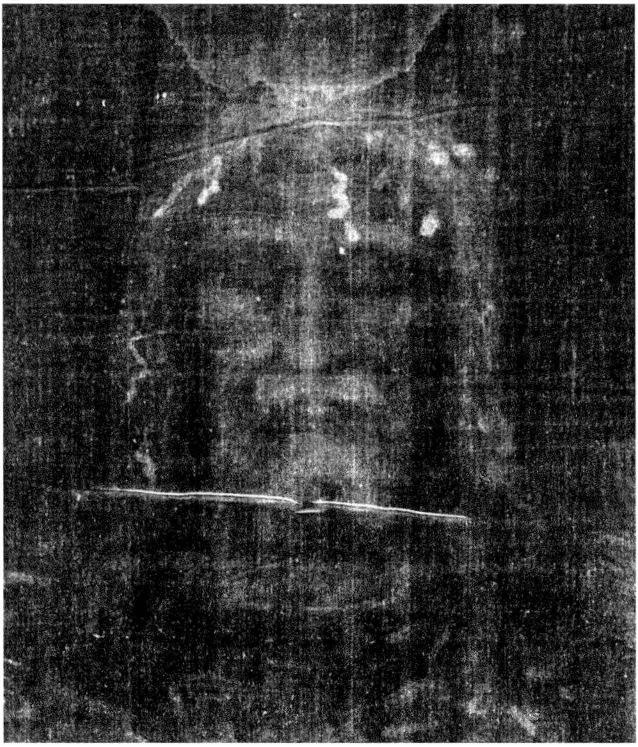

Secondo Pia
Das Turiner Grabtuch, 1898
Originalnegativ

Der Fotograf verwendete ein Verfahren, bei dem er das Grabtuch mit Licht bestrahlte und sein Bild auf Glasplatten im Format 60 x 50 cm aufnahm, die mit einer lichtempfindlichen Schicht überzogen waren. Das Bild, das wir hier sehen und das im Internet kursiert und in zahlreichen Büchern veröffentlicht wurde, ist also das Positiv eines Negativs, das auf der Glasplatte erschienen ist.

Etwas, von dem wir gehört haben, an dem wir aber zweifeln, scheint bewiesen, wenn wir ein Foto davon sehen. Natürlich kann ein Bild manchmal ein Beweis sein, aber kann man es noch als Beweis ansehen, wenn es inszeniert wurde?

DAS KÖNNTE EINE PFEIFE SEIN

Eines der ersten Selbstporträts in der Geschichte der Fotografie wurde inszeniert. Der Pionier der französischen Fotografie, Hippolyte Bayard (1801–1877), lehnt sich in einer schmeichelhaften Pose zurück (gegenüber), umgeben von Requisiten – einem Hut, einer Figur. Es ist eindeutig er selbst, es ist das Abbild seines Körpers, aber es gibt auch ein theatralisches Element in dieser Fotografie, ein Gefühl, dass es für die Kamera inszeniert wurde. Bayard nannte das Bild *Self-Portrait as a Drowned Man* (Selbstbildnis als Ertrunkener) und deutete damit an, dass er Selbstmord begangen hatte, weil er nicht als der wahre Erfinder der Fotografie anerkannt worden war. Wahrscheinlich war ihm auch klar, dass sein chemischer Prozess nicht perfekt war und das Papier beschädigte – es fühlt sich an, als würden wir eine verwesende Leiche betrachten. Bayard warnt uns in einer Nachricht auf der Rückseite des Abzugs, dass wir ihn nicht zu lange betrachten sollten, »aus Angst, dass Ihr Geruchssinn beeinträchtigt werden könnte, denn das Gesicht und die Hände von Monsieur beginnen zu verwesen, wie Sie sehen können«. Ein Geruch hinterlässt einen noch stärkeren Eindruck als eine visuelle Aufnahme.

Roland Barthes, einer der bedeutendsten französischen Denker des späten 20. Jahrhunderts, wendet sich in seinem letzten Buch dem Thema Fotografie zu. Obwohl *Camera Lucida* (1980) zweihundert Seiten umfasst, betrachtet der Autor Fotografien nie als etwas anderes als die Aufzeichnung von »etwas, das da war«. Er stellt einen Gegensatz zwischen Fotografie und Malerei her und verweist auf *Der Verrat der Bilder* (1929), auch bekannt als *Dies ist keine Pfeife*. Dieses berühmte surrealistische Gemälde des belgischen Künstlers René Magritte erinnert uns daran, dass wir eine Abbildung einer Pfeife betrachten und nicht eine echte Pfeife, auch wenn sie sehr detailliert gemalt ist. Barthes schreibt, dass es sich bei der Fotografie anders verhält: »Eine Pfeife auf einer Fotografie ist immer eine Pfeife.« Aber das ist sehr seltsam. Obwohl der Autor einen guten Ruf genießt, behaupte ich, dass er zu viel annimmt, vor allem wenn wir seine Analyse auf die moderne Welt anwenden. Die Zahl der manipulierten

Hippolyte Bayard
Self-Portrait as a Drowned Man, 1840
Positiv-Direktdruck,
18,8 x 19,2 cm

Die verschiedenen Grautöne im Gesicht und am Oberkörper erinnern uns daran, dass sich unsere Haut wie lichtempfindliches Papier verhält und dass ein Herr des 19. Jahrhunderts sich nicht in der Sonne aufhielt, sodass sein Gesicht und seine Hände zwar leicht gebräunt sind, der Rest seines Körpers jedoch blass ist.

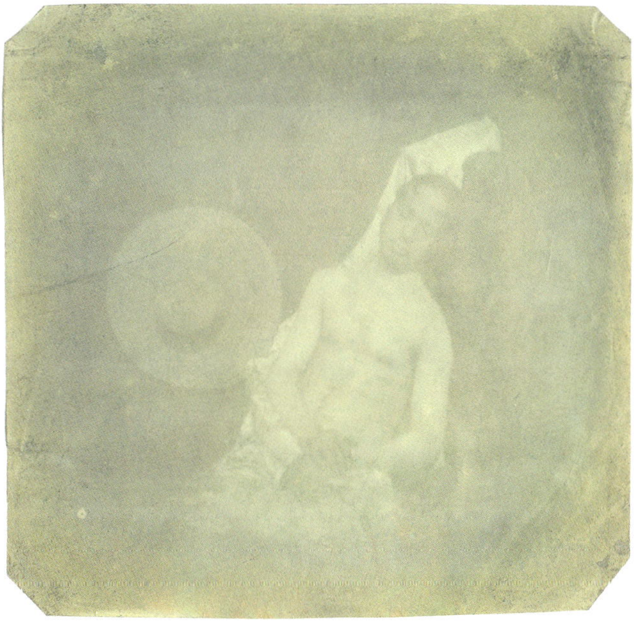

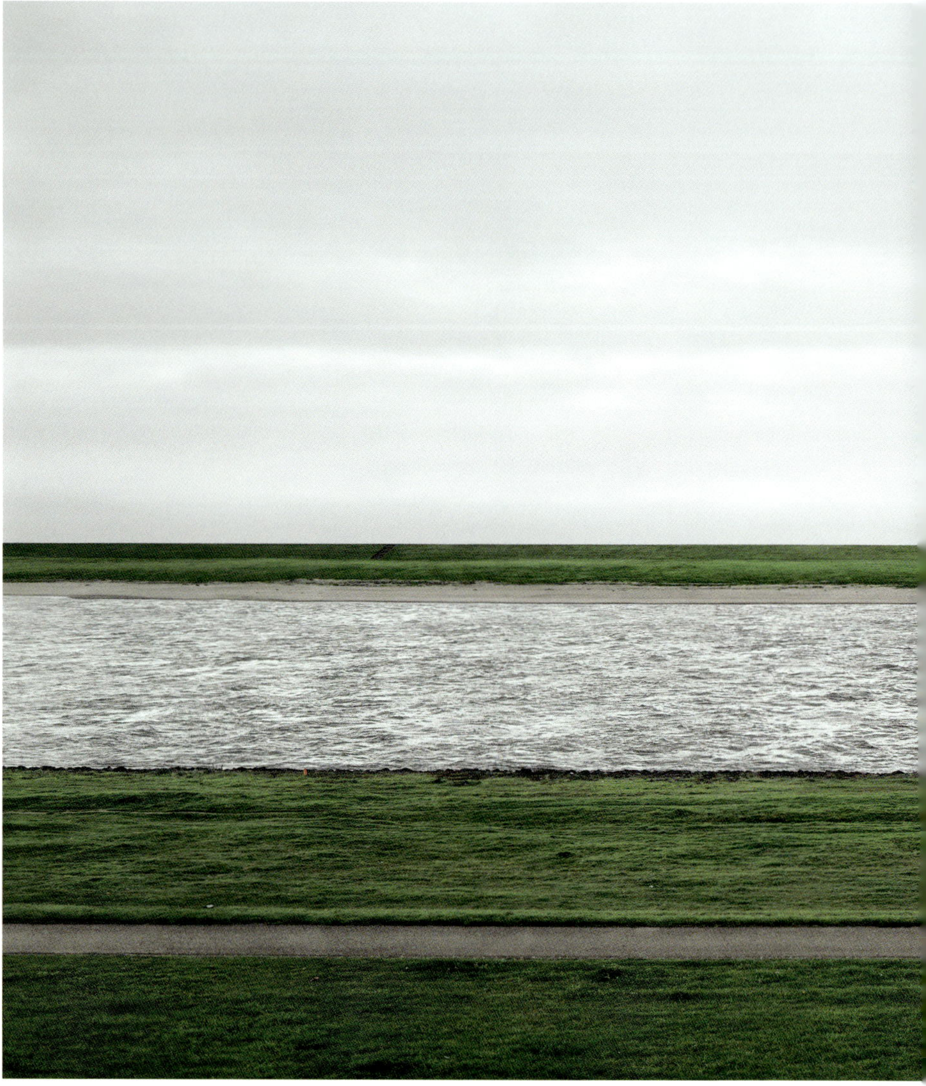

Andreas Gursky
Rhein II, 1999
C-Druck, 206 x 356 cm

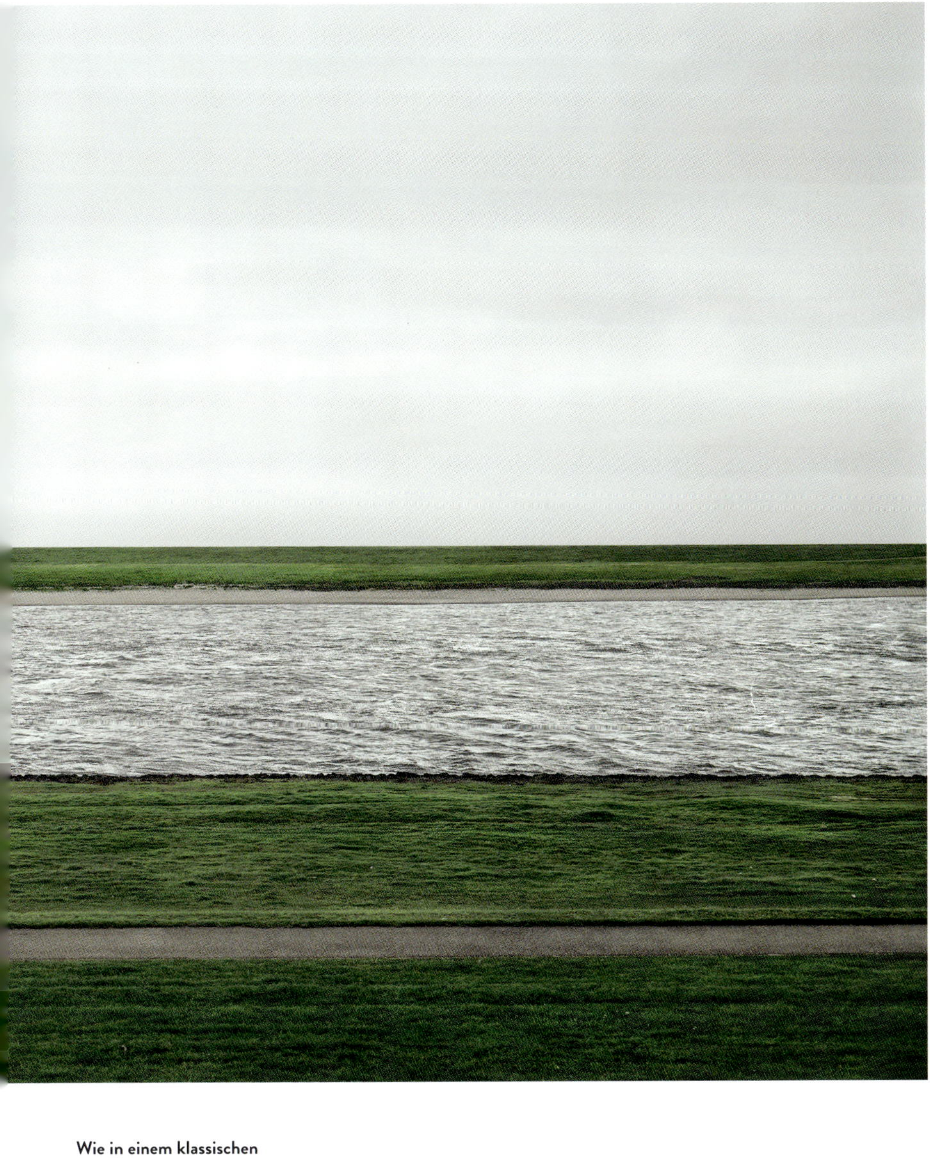

Wie in einem klassischen französischen Garten spielt die Komposition mit der Symmetrie: Der Horizont halbiert den Bildausschnitt genau in der Mitte, die Landstreifen schaffen ein Gefühl der Ausgewogenheit.

Bilder, die Menschen täglich auf ihren Handys posten und sich gegenseitig schicken, ist enorm, und die Menschen werden immer skeptischer, was die »Wahrheit« dieser Bilder angeht, und hinterfragen sie. Natürlich ist unsere erste Reaktion, diese Bilder als Aufzeichnungen der Welt zu betrachten, aber das ist keineswegs dasselbe wie alles zu glauben, was sie sagen.

Visuelle Abbilder unbeschreiblicher Empfindungen und Gefühle

Um uneingeschränkt glauben zu können, dass ein Foto ein genaues Abbild eines Teils der Welt ist, brauchen wir mehr Informationen über den Kontext, als das Bild selbst bieten kann. Wie können wir wissen, ob die Anwesenheit des Fotografen die Dinge beeinflusst hat, selbst wenn sie sehr diskret war? Wie können wir sicher sein, dass das, was auf dem Foto abgebildet ist, der Realität entspricht? Nehmen wir ein Beispiel aus der Kunstwelt, eine der teuersten Fotografien aller Zeiten: *Rhein II* (Seiten 20–21) des deutschen Künstlers Andreas Gursky (geb. 1955). Gursky wird oft mit der Düsseldorfer Schule in Verbindung gebracht, deren Mitglieder Nahaufnahmen ablehnten und stattdessen großformatige Abzüge machten, die Orte zeigten, die normalerweise nicht der Betrachtung wert sind – Orte, die verlassen wurden und an denen die Menschen nur vorbeigekommen sind. Wenn man sich *Rhein II* ansieht, ist man versucht zu denken: »Das Foto hätte ich auch machen können! Ich wäre von der Düsseldorfer Innenstadt aus am Rhein entlanggelaufen und hätte dann irgendwann, weit außerhalb der Stadt, meine Kamera auf das Stativ gestellt und auf den Auslöser gedrückt.«

Aber diese Landschaft hat nie in der realen Welt existiert. Sie existiert nur in der künstlerischen Welt, in Form dieser Fotografie und in unseren Köpfen. Wenn wir es betrachten, stellen wir uns vor, wie wir am Rande des Weges stehen und seufzend auf den grauen Himmel und die gleichgültige Wasserfläche blicken. Tatsächlich wurde dieses Foto durch das Kombinieren von Bildern und das Löschen von Elementen erstellt, digitale Manipulationen, die so subtil sind, dass sie unsichtbar bleiben, obwohl das Bild sowohl sehr scharf als auch riesig ist. Die Schärfe des Bildes hat etwas Unmenschliches: Wären wir dort gewesen, hätten wir niemals mit einem einzigen Blick die Grashalme zu unseren Füßen und die Felder auf der anderen Seite des Flusses so deutlich sehen können.

Anstatt Fotografien als Aufzeichnungen dessen zu betrachten, was vor Ort war, ist es oft sinnvoller, sie als visuelle Darstellungen unbeschreiblicher Gefühle und Empfindungen zu sehen, die ohne den durch die Fotografie erzeugten Realitätseindruck schwer auszudrücken wären. So gesehen zeigt Rhein II streng genommen nicht den Rhein vor den Toren Düsseldorfs, sondern – je nach Betrachter – melancholische Sonntagnachmittage im

Herbst, die menschliche Besessenheit, sich gegen die üppige Anarchie der Natur zu stellen und sie in gerade Linien zu bändigen, die Welt, wenn niemand da ist, um sie zu betrachten.

RETUSCHE UND GEFÜHL

Für viele Menschen ist es in Ordnung, wenn Maler sich Freiheiten nehmen, um genau das abzubilden, was vor Ort war, aber sie erlauben Fotografen nicht die gleiche Freiheit, von der Realität abzuweichen. Es stimmt, dass wir an Fotografien gewöhnt sind, die einfach das zeigen, was vor der Linse war, als sie aufgenommen wurden. Diese Art von Fotos werden von der Justiz akzeptiert, zum Beispiel wenn wir den Behörden ein Ausweisfoto vorlegen, um einen Reisepass zu erhalten. Aber was ist, wenn das Motiv eines Fotos nicht das Gesicht einer Person ist, sondern die Emotion, die sie empfindet?

Dorothea Langes *Migrant Mother* (umseitig) ist eines der berühmtesten Fotos des 20. Jahrhunderts. Es wurde von Lange (1895–1965) aufgenommen, als sie für die Resettlement Administration tätig war. Diese amerikanische Bundesbehörde beauftragte einige der bekanntesten Fotografen und Fotografinnen mit der Dokumentation der Lebensbedingungen der Arbeiterklasse.

Der Kontext ist bekannt: Die Frau heißt Florence Owens Thompson. Im Alter von 32 Jahren war sie bereits Mutter von sieben Kindern. Im Zuge der Weltwirtschaftskrise war ihre Familie wie viele andere Saisonarbeiter gezwungen, auf der Suche nach Arbeit weite Strecken zurückzulegen. Aber das Foto sagt uns das nicht. Was es zum Ausdruck bringt, sind die Fragen, die dieser Mutter durch den Kopf gehen: »Wo werde ich etwas zu essen für uns finden? Wo werden wir heute Nacht schlafen? Und morgen Nacht?« oder auch: »Was für eine Gesellschaft lässt das mit uns geschehen?« Die schmutzigen Wangen des Babys, der zerrissene Ärmel der Mutter und der durchlöcherte Pullover des Kindes auf der rechten Seite – jedes Detail des Bildes verrät diese Botschaft. Die Ungerechtigkeit ist umso schockierender, als Frau Thompson amerikanische Ureinwohnerin ist: Ihr Volk hatte zwar nichts mit den Ursachen der Weltwirtschaftskrise zu tun, war aber dennoch stark von ihr betroffen, und die damaligen Medien wussten nichts von ihrem Leid.

Dieses berühmte Foto ist nicht nur zutiefst ergreifend, sondern weist auch alle Merkmale eines nicht inszenierten Dokumentarfotos auf. Es zeugt von dem entsetzlichen Leid in einem bestimmten Teil der Welt zu einer bestimmten Zeit. Das bedeutet jedoch nicht, dass wir es als ein transparentes Fenster zur Welt betrachten können. Lange hat nicht nur in den normalen Ablauf des Geschehens eingegriffen, indem sie die Kinder aufforderte, sich abzuwenden, sondern, wie in den 1960er-Jahren

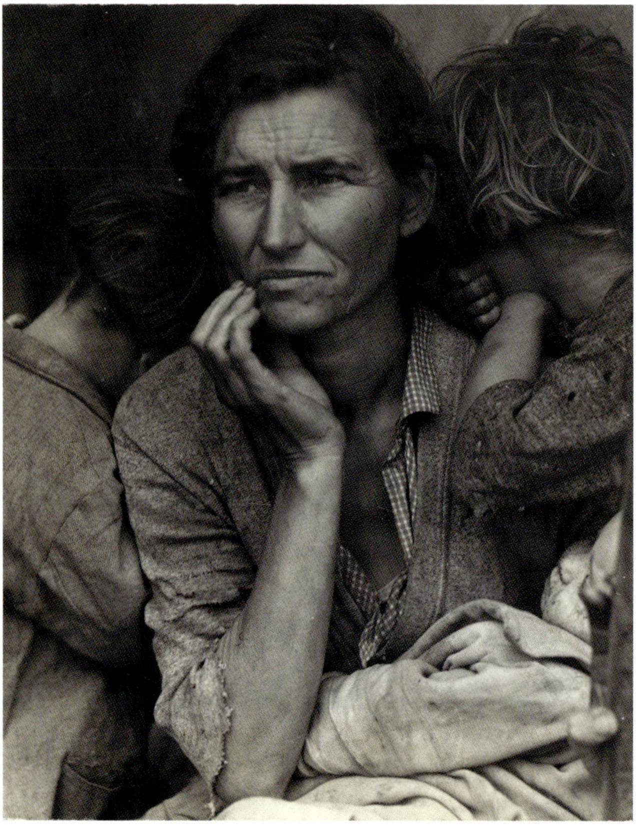

Dorothea Lange
Migrant Mother, Nipomo, Kalifornien, März 1936
Digitale Datei des Original-Negativs

Dieses Foto ist ein Kompromiss zwischen einer akkuraten Aufnahme und einer wirkungsvollen Inszenierung: Die ängstliche Geste der Person, die ihre Hand zum Mund hebt, war natürlich, während die Kinder ihre Köpfe nur wegdrehten, weil die Fotografin sie darum bat.

entdeckt wurde, auch den bekanntesten Abzug dieses Fotos, der 1939 entstand, retuschiert. In der rechten unteren Ecke war ursprünglich ein Daumen zu sehen, der die Zeltstange umklammert, doch dieser wurde im Abzug entfernt. Lange war wahrscheinlich der Meinung, dass der Daumen die Komposition stören würde, so wie der kleinste Makel auf einem schönen Gesicht die Aufmerksamkeit unwiderstehlich auf sich zieht. Das sollte man ihr nicht zum Vorwurf machen, denn Fotografien sind ein Mittel, um mit den Augen eines anderen zu sehen, mit allem, was das an Subjektivität mit sich bringt.

-

Jedes Foto ist eine Fälschung, von Anfang bis Ende.

-

Die einzigen Fotos, von denen man wirklich sagen kann, dass sie nicht inszeniert sind, sind die, die das Ergebnis eines reinen Zufalls

Dorothea Lange
Migrant Mother, Nipomo, Kalifornien, März 1936
Digitale Datei des Original-Negativs, retuschiert in den 1930ern

Hier wurde in der rechten unteren Ecke der Daumen, der die Zeltstange umklammert hat, durch Retusche entfernt.

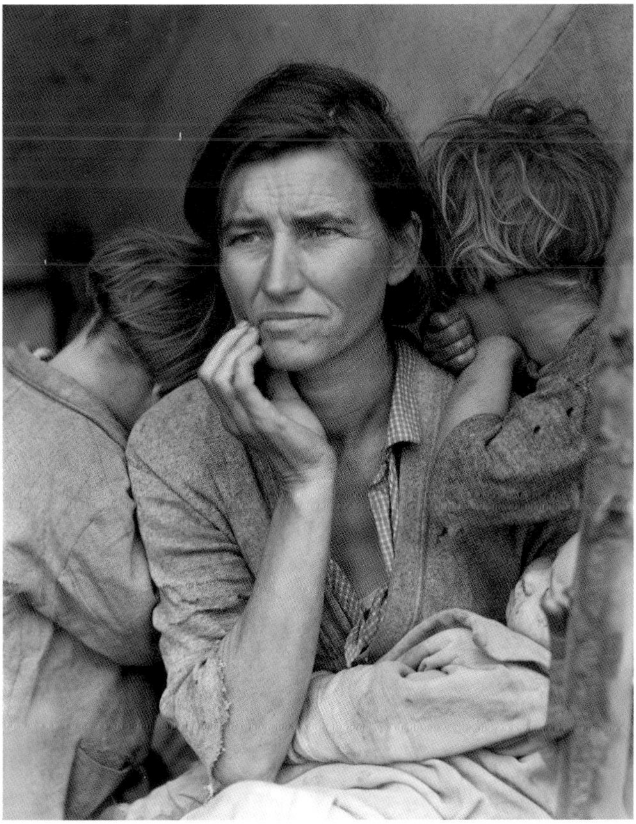

sind – wenn man auf den Auslöser drückt, ohne durch den Sucher zu schauen, ohne den Bildausschnitt zu wählen. In jeder anderen Situation, auch wenn der Fotograf nicht in die reale Welt eingreift, indem er das Motiv zum Lächeln auffordert oder eine hängende Blume zurechtrückt, ist die Wahl des Bildausschnitts an sich schon eine subtile Form der Inszenierung. Der amerikanische Fotograf Edward Steichen (1879–1973) schrieb 1903 in einem Artikel für die Zeitschrift *Camera Work* unter dem sarkastischen Titel »Ye Fakers«: »In der Tat ist jede Fotografie von Anfang bis Ende eine Fälschung, eine rein unpersönliche, nicht manipulierte Fotografie ist praktisch unmöglich.« Seitdem hat sich dies natürlich noch mehr bewahrheitet. Die Kunst des Retuschierens ist so alt wie die Fotografie selbst, aber früher erforderte sie fortgeschrittene technische Fähigkeiten, während es heute eine Software leicht macht, einen Daumen oder ein anderes unerwünschtes Detail zu beseitigen. Außerdem sind Inszenierung und Retusche nicht auf Bilder beschränkt, sondern auch in der realen Welt zu finden.

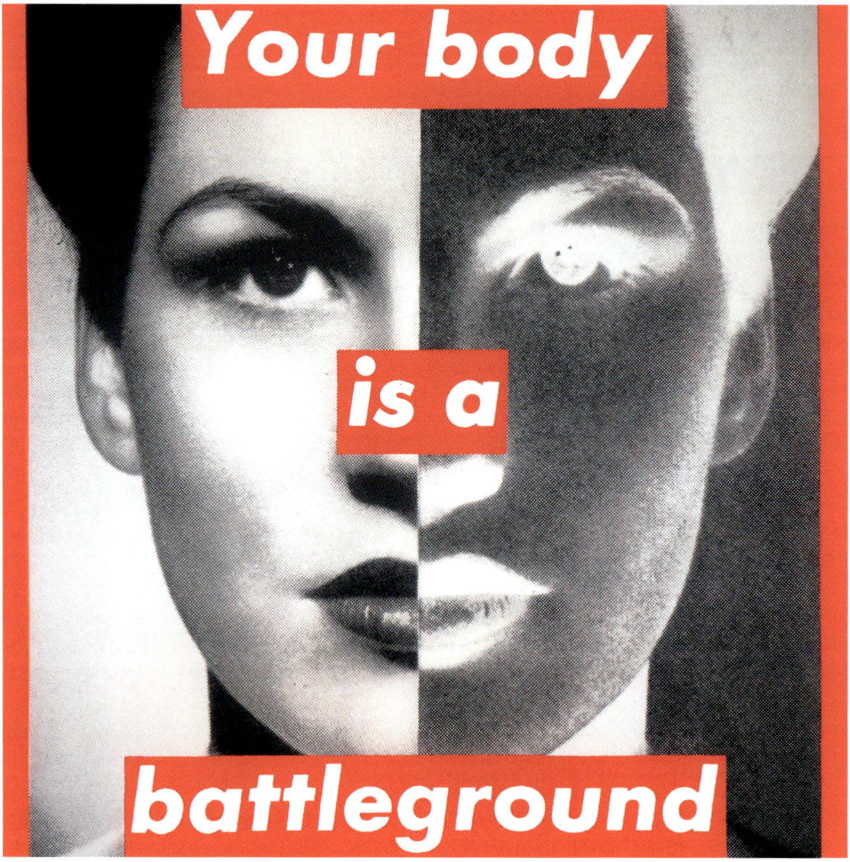

Das Wichtigste ist, dass wir als Betrachter uns nicht manipulieren lassen und unwissentlich eine Lüge glauben. Deshalb sind Fotografien so faszinierend, die uns dazu einladen, die Grenze zwischen Realität und Fiktion zu hinterfragen. Die beiden hier gezeigten Bilder bieten die Möglichkeit, über die Frage der Inszenierung nachzudenken, indem sie einen besonderen Aspekt davon untersuchen: die Inszenierung des Selbst.

Das Werk der amerikanischen Konzeptkünstlerin Barbara Kruger (geb. 1945) wurde erstmals in Form von Flugblättern bei einer Protestveranstaltung gegen die Reform des Abtreibungsrechts in den Vereinigten Staaten im November 1989 in Washington verteilt. Kruger veränderte ein vorhandenes Foto, indem sie es in Schwarz-Weiß umwandelte, wobei die Körnung bei genauem Hinsehen sichtbar blieb. Dann fügte sie einen Slogan in weißer Schrift auf rotem Hintergrund hinzu, und zwar in Futura, einer Schriftart, die

Barbara Kruger
Untitled (Your Body is a Battleground), 1989
Fotografischer Siebdruck auf Vinyl, 284,5 x 284,5 cm

Dieses Bild ist in zwei Hälften geteilt, wobei die eine Hälfte das Positiv und die andere das Negativ zeigt. Es ist dasselbe Gesicht, aber was auf der einen Seite weiß ist, ist auf der anderen schwarz; es ist dieselbe Frau, aber sie wird von denen, die ihr das Recht auf Abtreibung nehmen wollen, als Verbrecherin angesehen.

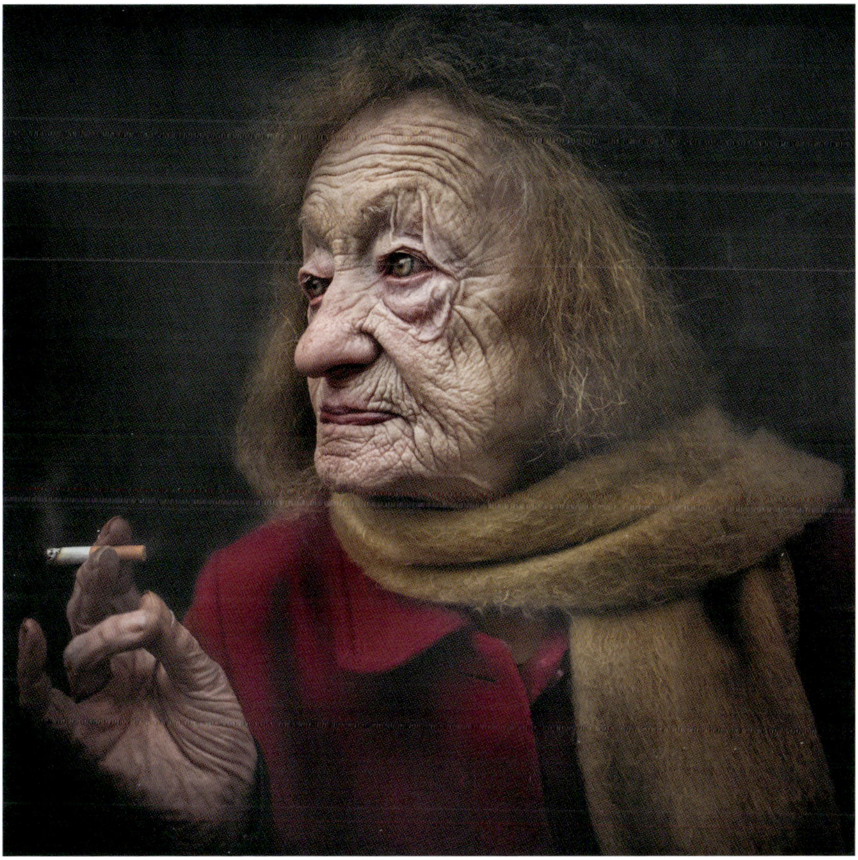

Lee Jeffries
Autumn, 2016

Die Kamera fängt das außergewöhnliche Netz von Falten akribisch ein, wie die Windungen eines Lebens, von dem wir annehmen, dass es ereignisreich gewesen sein muss. Dieses Bild von Autumn, die ihre Zigarette elegant in der Hand hält, ist weit entfernt von den perfekten Models, die in Mode- und Werbeshootings verwendet werden, und zeigt, dass Schönheit nicht unbedingt an der Oberfläche zu finden ist.

sie häufig in ihren Arbeiten verwendet. Der Körper der Frau ist zu einem Schlachtfeld geworden; es ist verlockend, den Geltungsbereich dieses Slogans über die Frage der Abtreibungsgesetze hinaus zu erweitern. Dass das Modell des bearbeiteten Fotos Make-up trägt, verweist auf die Kosmetikindustrie und die Kommerzialisierung der Schönheitschirurgie, die beide mit glamourösen Fotos für ihre Produkte oder Dienstleistungen werben, als wäre ein glattes und faltenfreies Gesicht ein Synonym für Glück. Kruger lehnt es ab, ihr eigenes Bild in den Medien zu zeigen: »Gott sei Dank bin ich eine Künstlerin und kein Internet-, TikTok- oder Filmstar«, sagte sie kürzlich.

Im Gegensatz zum perfekten Gesicht von Barbara Kruger hat sich Autumn, eine mittellose Frau, die für den britischen Fotografen Lee Jeffries (geb. 1971) posiert, der Schönheitsindustrie entzogen, indem sie der Natur erlaubte, ihre Spuren in ihrem Gesicht zu hinterlassen.

IST DAS ECHT?

Guy Debord hat bereits in den 1960er-Jahren den Begriff »Gesellschaft des Spektakels« verwendet, um eine Welt zu beschreiben, in der alles, was wir tun, in erster Linie dazu dient, gesehen zu werden. Heute hat sich dieser Trend nur noch verstärkt: Wahrscheinlich würden sich viele Szenen ganz anders abspielen, wenn niemand da wäre, der sie fotografiert oder filmt.

Das stört die meisten Amateurfotografen nicht, die immer wieder ihr Handy zücken, um das aufzunehmen, was vor ihnen liegt, als würden sie ihrem Gedächtnis nicht mehr trauen. Aber viele Profis sind diesem Phänomen gegenüber misstrauisch und ziehen es vor, etwas zu beleuchten, das nicht als bewusste Inszenierung gestaltet wurde, oder einfach etwas, das normalerweise unbemerkt bleibt. So auch die spanische Fotografin Cristina de Middel (geb. 1975), die gerne gegen den Strich bürstet, indem sie zum Beispiel nicht die Prostituierten selbst, sondern deren Kunden fotografiert.

In ihrer Serie »Poly-Spam« (gegenüber) versucht De Middel, etwas zu visualisieren, das wir normalerweise nur in unserem Kopf sehen: die Bilder, die wir uns vorstellen, wenn wir uns die Zeit nehmen, eine der verlockenden Spam-E-Mails zu lesen, die fast jeden Tag in unseren Postfächern landen. Eine Wahrsagerin versichert uns, dass ein Glücksfall gleich um die Ecke wartet, wenn wir uns einfach von ihr leiten lassen. Vielleicht müssen wir einem Fremden nur einen kleinen Geldbetrag geben, damit er an eine große Erbschaft herankommt; oder, wie hier, versichert uns ein mysteriöser nigerianischer Anwalt, dass uns ein entfernter Verwandter Aktien des Ölkonzerns Texaco hinterlassen hat. Cristina de Middel erschafft reale Bilder der Szenen, die nur in ihrer Vorstellung existierten, als sie diese Worte las, die in der Regel darauf abzielen, Geld aus uns herauszuholen.

Wenn wir ein Foto und nicht eine Spam-E-Mail betrachten, wird unsere Vorstellungskraft auf die gleiche Weise angeregt, obwohl Bilder sie eher einschränken als Worte. Selbst wenn wir uns ein Foto in einer Zeitschrift ansehen, können wir nicht umhin, uns mehr oder weniger vage zu fragen, wie es dort aussieht oder wie es sich anfühlen würde, dort zu sein. Das Gleiche gilt natürlich auch, wenn wir von Kriegen, Katastrophen, Terroranschlägen und anderen gefährlichen Ereignissen hören, von denen wir uns lieber fernhalten, solange wir nicht selbst betroffen sind. Das Betrachten von Fotos, die von diesen Ereignissen gemacht wurden, ist eine Möglichkeit, sicher an die Orte zu reisen, an denen sie sich ereignen.

Wir können zum Beispiel Peking an einem Tag im Juni 1989 besuchen (Seiten 30–31), an dem chinesische Studenten Rede- und Pressefreiheit fordern. Auf dem Platz des Himmlischen Friedens

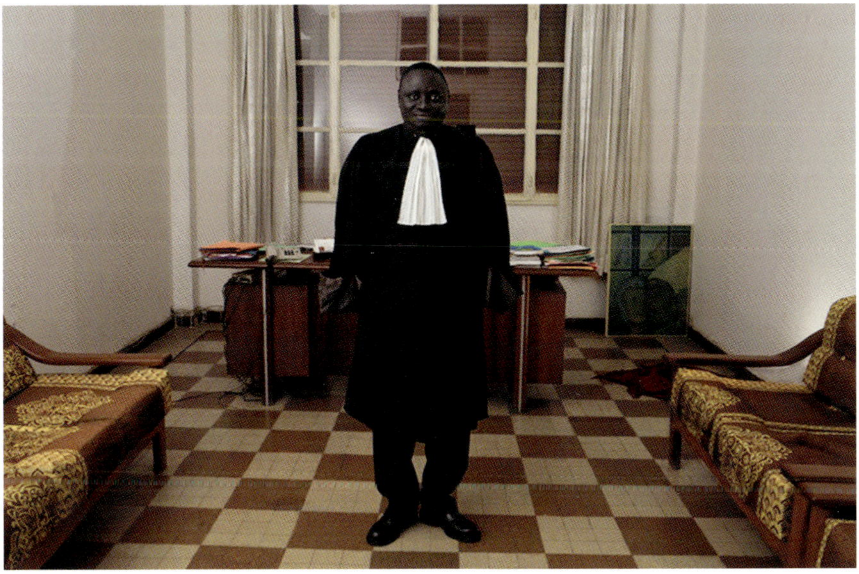

Cristina de Middel
Barrister Fagbemi Lateef,
aus der Serie
»Poly-Spam«, 2009

»Mein Name ist Barrister Fagbemi Lateef und ich bin Rechtsanwalt. […] Ich danke Ihnen im Voraus für Ihre voraussichtliche Zusammenarbeit.« Uns wird die Chance geboten, 3,5 Millionen Dollar zu verdienen. De Middel stellt sich das kleine, bescheidene Büro vor, in dem der Verfasser diese Nachricht geschrieben hat.

haben sie gerade eine Statue errichtet, die der Freiheitsstatue ähnelt, und die westlichen Medien haben sich beeilt, sie auf den Namen »Göttin der Demokratie« zu taufen. Doch die Behörden schicken die Armee. Am zweiten Tag der Niederschlagung stellte sich ein Mann mutig vor eine Reihe von Panzern, um sie an der Weiterfahrt zu hindern. Wir kennen weder seinen Namen noch wissen wir, was aus ihm geworden ist, aber dieses Bild ist um die Welt gegangen.

Der Akt der Auslöschung (S. 32) des tschechischen Künstlers Pavel Maria Smejkal (geb. 1957) kann auf verschiedene Weise interpretiert werden. Er schafft eine Welt, die bedingt in der Vergangenheit existiert und in der bekannte Ereignisse möglicherweise nicht stattgefunden haben. Es wird auch deutlich, wie berühmte Fotografien unter der »Überbelichtung« leiden – wir haben sie so oft gesehen, dass sie uns am Ende nichts mehr sagen, und sie funktionieren wie Werbelogos, die wir identifizieren können, ohne das ganze Bild sehen zu müssen. Die Serie »Fatescapes« schließlich erinnert an die Art und Weise, wie Diktatoren mit bearbeiteten Fotos versuchen, bestimmte Bilder aus dem kollektiven Gedächtnis zu löschen. Im Laufe der Jahre hat dieses spezielle Werk eine politische Bedeutung angenommen, da das chinesische Regime versucht, alle Spuren der Proteste auf dem Platz des Himmlischen Friedens zu verwischen.

Die Schweizer Künstler Jojakim Cortis (geb. 1978) und Adrian Sonderegger (geb. 1980) spielen ein noch gefährlicheres Spiel

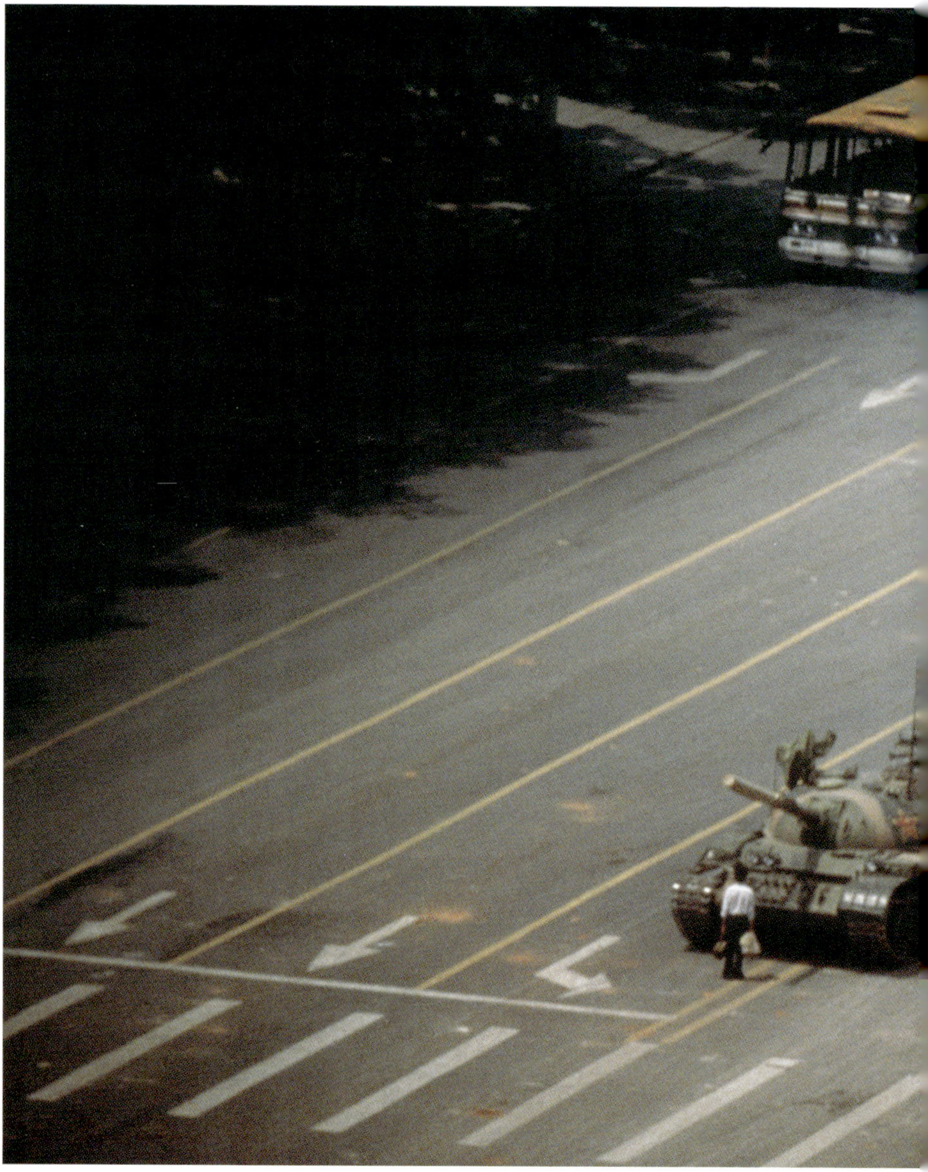

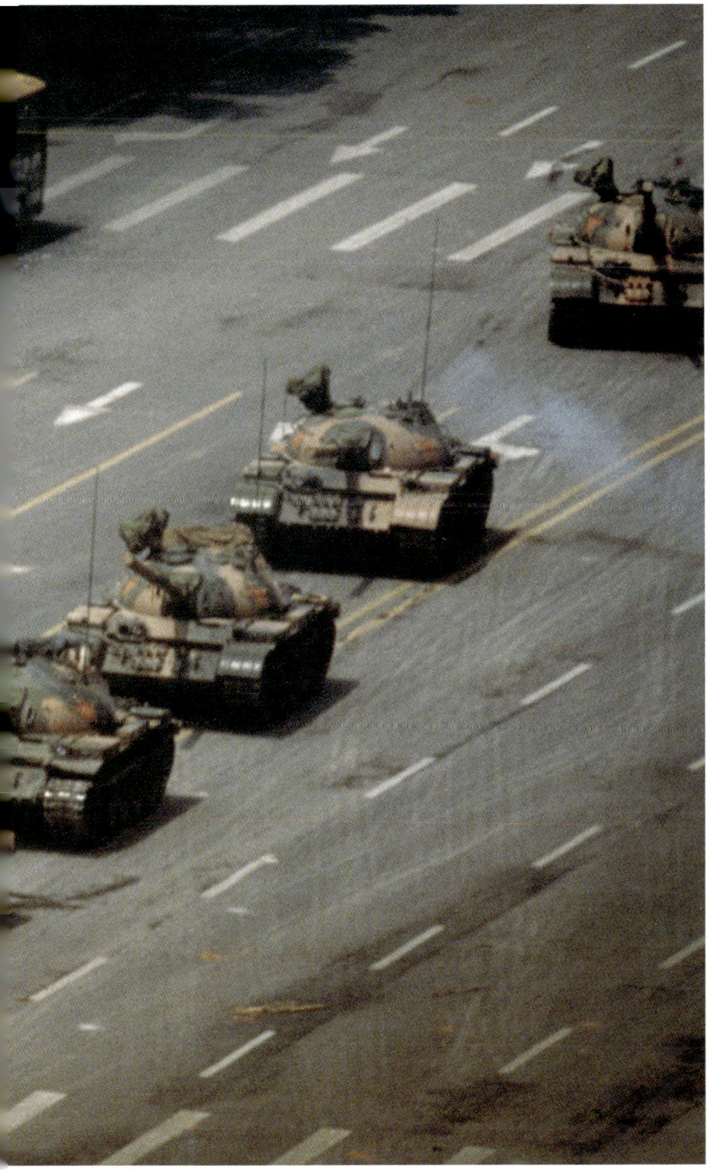

Stuart Franklin
»The Tank Man« stopping the column of T59 tanks in Tiananmen Square, Beijing, 4. Juni 1989

Als der britische Fotograf Stuart Franklin (geb. 1956) diese Aufnahme machte, hielt er sie nicht für besonders interessant, weil er zu weit vom Geschehen entfernt war. Tatsächlich ist es der leere Raum rund um das Motiv, der das Foto so ergreifend macht. Bei einer Nahaufnahme hätten wir uns eine ganze Reihe anderer Objekte außerhalb des Bildes vorstellen können, während der Mann hier winzig, isoliert und verletzlich erscheint.

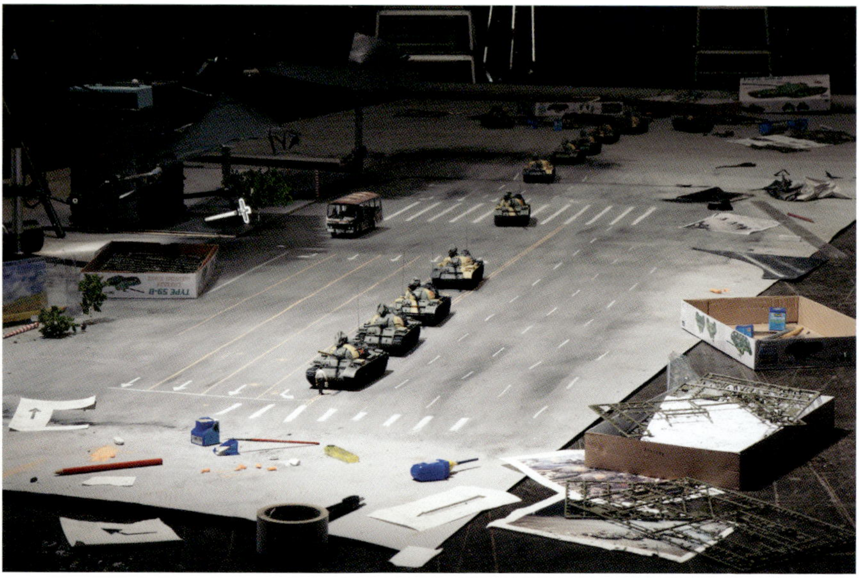

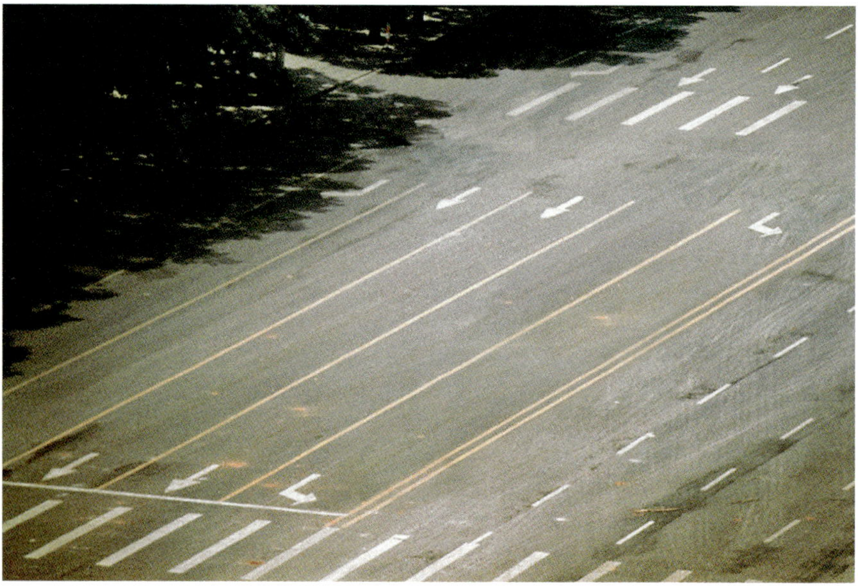

Jojakim Cortis & Adrian Sonderegger
Making of 'Tian'anmen' (by Stuart Franklin, 1989), aus der Serie »Icons«, 2013
C-Druck

Wäre der Rahmen enger gewesen, wären auf diesem Foto weder die Farbtöpfe noch die Verpackung der Modellpanzer zu sehen gewesen. Ähnlich wie bei »Fatescapes« werden in der Serie »Icons« berühmte Fotos neu interpretiert, von denen einige in diesem Buch gezeigt werden, zum Beispiel *Loyalistischer Soldat im Moment des Todes* (S. 162) und *Rhein II* (S. 20).

Pavel Maria Smejkal
1989 Beijing, aus der Serie »Fatescapes«, 2009–13
Archivpigment-Digitaldruck

In seiner Serie »Fatescapes« (Schicksalslandschaften) nimmt Pavel Maria Smejkal berühmte Fotografien auf – darunter den »Tank Man« und zwei weitere Bilder, die in diesem Buch abgebildet sind, *Loyalistischer Soldat im Moment des Todes* (S. 162) und die Hinrichtung von Nguyễn Văn Lém (S. 157) – und bearbeitet sie so, dass nur der Hintergrund übrig bleibt.

mit der historischen Wahrheit. In ihrer treffend benannten Serie »Icons« (Seite 32) stellen sie sich vor, wie die ikonischsten Fotos des 20. Jahrhunderts in einem Studio inszeniert worden sein könnten – auch solche, die sich später als Fälschungen herausstellten. So auch das Foto von Nessie, dem Monster von Loch Ness, das am 21. April 1934 in der Daily Mail veröffentlicht wurde. Es ist eine genaue Aufzeichnung dessen, was sich vor der Kamera befand, und kein bearbeitetes Foto; allerdings zeigt es keinen Plesiosaurier, sondern ein Spielzeug-U-Boot mit einem Hals aus Knete. Cortis & Sonderegger fordern uns auf, alle Bilder infrage zu stellen, auch solche, die von vertrauenswürdigen Zeugen als glaubwürdig bestätigt wurden.

Diese Warnung ist vielleicht ein wenig übertrieben, obwohl es natürlich nicht die Aufgabe eines Künstlers ist, zur Mäßigung zu ermutigen. Anstatt ständig alles infrage zu stellen, ist es sinnvoller, sich zu fragen, was ein Foto über die genaue Darstellung von Objekten hinaus ausdrücken könnte, die wir nur zu gerne identifizieren. In diesem Sinne bietet Franklins Originalfoto des »Tank Man« eine visuelle Darstellung der Distanz, die uns von diesem Mann trennt, der den Mut hatte, seine Überzeugungen in die Tat umzusetzen, und dessen Identität immer noch unbekannt ist.

WICHTIGE IDEEN

- Nur weil Fotografien ein genaues Abbild der Welt darstellen, bedeutet das nicht, dass sie einfach ein Duplikat davon sind.
- Ein Fotograf oder eine Fotografin arbeitet zuweilen genauso wie ein Maler, eine Bildhauerin oder ein Regisseur.
- Nicht zu wissen, wie ein Foto entstanden ist, muss nicht bedeuten, dass es uns nicht gefallen darf.

WICHTIGE FRAGEN

- Ist es die Aufgabe einer Fotografin oder eines Fotografen, die Welt zu dokumentieren?
- Können wir Fotos immer als Beweis für das sehen, was geschehen ist?
- Wenn ein Fotograf sein Motiv neu positioniert, um ein Bild zu schaffen, das seinen Vorstellungen besser entspricht, verzerrt er dann notwendigerweise die Realität?
- Sind in der Fotografie alle Mittel gerechtfertigt, um das gewünschte Bild zu erhalten?

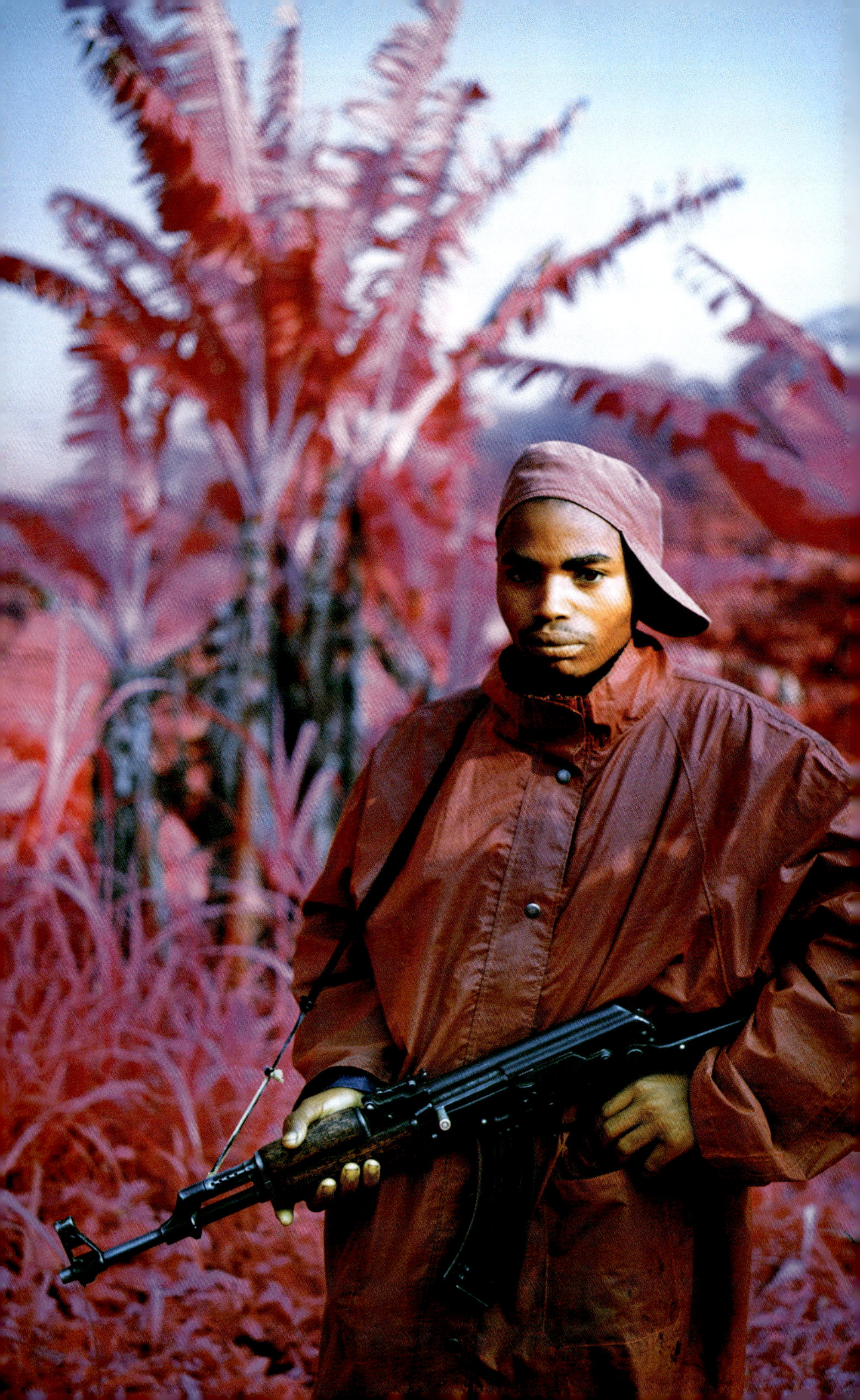

MANIPULIEREN UND VERFREMDEN

-

Wenn Sie dasselbe Bild immer wieder sehen, entwickeln Sie eine gewisse Einstellung dazu. Ich wollte Bilder schaffen, auf die wir keine automatische Antwort haben.

-

Richard Mosse

Viele Menschen sind der Meinung, dass Fotos wie Fenster sein sollten, die den Blick auf die Welt freigeben. Diese Art von Fotografien fügt den Szenen, die sie zeigen, nichts hinzu und entfernt auch nichts von ihnen. Die Betrachter fühlen sich nicht getäuscht oder manipuliert, sondern haben das Gefühl, dass ihnen die Wahrheit gesagt wird. Die Regeln des berühmten Pressefotowettbewerbs World Press Photo, der seit 1955 ausgetragen wird, besagen Folgendes: Manipulationen, bei denen Personen oder Gegenstände hinzugefügt, umgestellt, umgedreht, verzerrt oder aus dem Bild entfernt werden, sind nicht erlaubt.

Es gibt viele Pressefotografen, die diesen Ansatz für richtig halten. Stuart Franklin, der das »Tank man«-Foto (S. 30–31) gemacht hat, ist Mitglied der berühmten Fotoagentur Magnum. Für ihn besteht die einzige Aufgabe eines Fotografen, der ein Zeugnis über den Zustand der Welt ablegen will, darin, den Bildausschnitt zu verändern und die Farben oder die Belichtung leicht zu korrigieren. Mehr nicht. Aber das schrieb er 1991. Seitdem hat die digitale Revolution das Retuschieren und Herumdoktern leicht, alltäglich und manchmal spielerisch gemacht. Schon 2001 beklagte der deutsche Fotograf Thomas Höpker (geb. 1936), ebenfalls Mitglied von Magnum, dass »überall an den Bildern herumgepfuscht wird, was die öffentliche Wahrnehmung der Fotografie als dokumentarisches Zeugnis trübt«. Das war noch vor dem Aufkommen der künstlichen Intelligenz, die heute in der Lage ist, Fotos auf Abruf zu generieren, ohne dass eine Kamera oder ein Fotograf benötigt wird, und die Zweifel und Zwietracht unter den Teilnehmern von Fotowettbewerben sät. Bei den Sony World Photography Awards im Jahr 2023 wurde ein so erstelltes Foto mit einem Preis ausgezeichnet. Ein Fotograf, der nur mit seiner Kamera Zeugnis von der Realität der Welt ablegt, und ein Fotograf, der sich der digitalen Technik bedient, machen nicht dieselbe Arbeit. In der Fotografie, wie auch in der bildenden Kunst, kommt es zu Kontroversen, wenn sich herausstellt, dass jemand lügt, wenn es darum geht, wie ein Bild entstanden ist.

MALER OHNE PINSEL

In der Geschichte der Fotografie war der Piktorialismus die erste Bewegung, die sich offen gegen die Auffassung wandte, dass Fotografien die Realität genau wiedergeben sollten. Diese Bewegung entstand aus dem Wunsch einiger Fotografen, mit der Malerei zu konkurrieren. Sie wollten sich nicht mehr darauf beschränken, das Aussehen der Welt getreu abzubilden oder eine unbewegliche Objektivität anzustreben, sondern stattdessen mit den Bildern Gefühle und Eindrücke hervorrufen (gegenüber). Henry Peach Robinson (1830–1901), einer der führenden Köpfe der Bewegung, war ein vehementer Gegner des Fenstermodells der

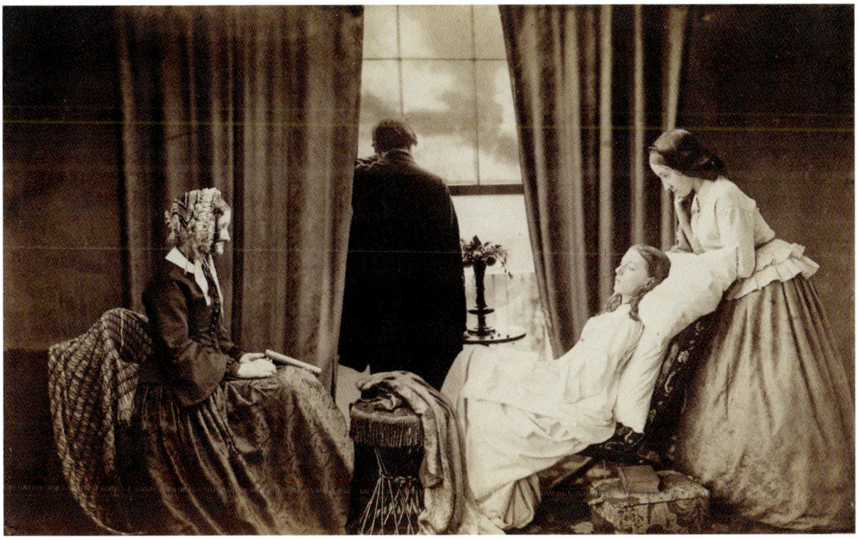

Henry Peach Robinson
Fading Away, 1858
Albumin-Abzug,
23,8 x 37,5 cm

Beachten Sie den Strauß verwelkter Blumen in der Mitte des Bildes. Dieser spiegelt in pflanzlicher Form das menschliche Drama wider, das sich im Vordergrund abspielt. Als das Leben der jungen Frau versiegt, lassen die Stängel nach und die Blüten fallen auf den Beistelltisch.

Fotografie. In seinem 1869 in London veröffentlichten Buch *Pictorial Effect in Photography: Being Hints on Composition and Chiaro-Oscuro for Photographers*, schreibt er: »Aber jede Art von ›Ablenkungsmanöver, Trick oder Täuschung‹ steht dem Fotografen offen, sodass sie zu seiner Kunst gehört und nicht der Natur untreu ist.« Die Frage ist, was genau er mit »Natur« meint. Bezieht sich das Wort hier auf die Welt, wie sie ist, oder auf die Welt, wie der Fotograf sie durch das Prisma seiner Überzeugungen, seiner Wünsche und seiner Gefühle sieht?

Robinson orientierte sich an der Theaterkunst (das junge Mädchen tut so, als würde es sterben, wie eine Schauspielerin) und an der Malerei für die Techniken des Chiaroscuro. Er bediente sich auch der Kunst der Collage, denn *Fading Away* ist eine Fotomontage aus fünf verschiedenen Negativen. Obwohl dies mit bloßem Auge nicht zu erkennen ist, gibt es zwei Anhaltspunkte, die es verraten. Erstens ist jede der drei Frauen perfekt ausgeleuchtet, aber die Quelle dieses Lichts ist nicht das offene Fenster. Zweitens ist die Perspektive der horizontalen Flächen zu beachten: Der Beistelltisch vor dem Fenster, der Hocker links und die Fußbank rechts scheinen alle den gleichen Abstand zum Objektiv zu haben, obwohl sie im Raum verteilt sind. Obwohl der Himmel separat fotografiert wurde, scheint er eine Darstellung der »dunklen Gedanken« zu sein, die von dem stehenden Mann ausgehen. Ist er der Vater des Mädchens?

Er scheint jedenfalls die Vorhänge halb geöffnet zu haben, um ein wenig Sonnenlicht ins Haus zu lassen, fand aber stattdessen nur eine traurige und wolkenverhangene Dämmerung vor – Robinson ist wirklich talentiert darin, eine Szene zu inszenieren.

Die Stimme der Realität

Auch der französische Fotograf Gustave Le Gray (1820–1884) beschäftigte sich mit gestellten Szenen. Zu der Zeit, als er seine Werke schuf, ahnte kaum jemand, dass sie das Ergebnis komplexer Manipulationen waren. Le Gray war, modern ausgedrückt, ein Experte in der Kunst des Compositing, die auch Andreas Gursky anderthalb Jahrhunderte später für seine Fotografie des Rheins nutzen sollte (S. 20–21).

In seinen Seestücken (ein aus der Malerei entlehnter Begriff) verwendet Le Gray eine Technik, die er »ciels rapportés« nennt, was übersetzt »hinzugefügter Himmel« bedeutet (unten). Das Meer und der Himmel stammen von zwei verschiedenen Negativen, die nicht am selben Ort oder zur selben Zeit aufgenommen wurden. Die

Gustave Le Gray
Marine, bateau quittant le port (Meereslandschaft mit einem Schiff, das den Hafen verlässt), Sète, Frankreich, 1857
Albumin-Silberdruck von Glas-Negativ, 31,3 x 40,3 cm

Die untergehende Sonne ist rechts hinter den Wolken. Doch anstatt eine diagonale Linie von rechts nach links zu bilden, wie man es vielleicht erwartet hätte, verläuft ihr Spiegelbild parallel zu den vertikalen Rändern des Bildes: Das Foto ist eindeutig manipuliert.

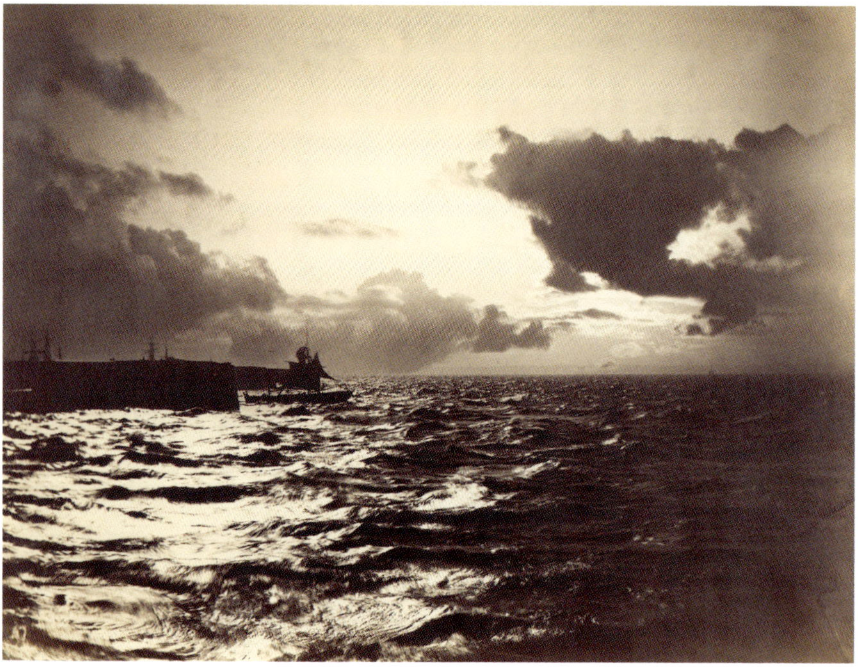

Blende muss bei beiden Aufnahmen nicht gleich weit geöffnet worden sein, denn die obere Hälfte ist heller als die untere. Bei genauer Betrachtung des Bildes fällt außerdem auf, dass sich auf der rechten Seite das Meer und der Himmel leicht überschneiden. Als Le Gray feststellte, dass sich das Boot und der Pier überlappen – weil diese beiden Elemente von verschiedenen Negativen aufgenommen wurden –, schnitt er mit einer Rasierklinge in das Himmel-Negativ, um das Boot durchscheinen zu lassen!

In gewisser Weise nahmen die Piktorialisten mit ihrem Wunsch, die Realität zu verbessern oder »zum Sprechen zu bringen, indem sie ausgefeilte Techniken einsetzten, die für einfache Amateure unzugänglich waren, die spöttische Reaktion der professionellen Fotografen auf die Einführung des berühmten Slogans von Kodak vorweg: »Sie drücken den Knopf, wir machen den Rest!« 1898 parodierte eine der Firmenzeitschriften diesen Slogan: »Sie drücken auf das Ding und wir beenden das Chaos!«

GEIST IN DER MASCHINE

Nach Henry Peach Robinson darf ein Fotograf alle ihm zur Verfügung stehenden Mittel einsetzen, um »Natur« abzubilden. Aber nicht alle verstehen unter diesem Wort das Gleiche. Verschiedene Gründe – religiöser Glaube, eine Vorliebe für das Übernatürliche, der Glaube an Folklore oder einfach der Wunsch, gegen die Enttäuschungen der Welt anzukämpfen – könnten jemanden dazu bringen, alles Mögliche in seine Definition einzubeziehen. Dinge, die man nicht sehen kann, zumindest nicht für diejenigen, die nicht wissen, wie man schaut, oder die sich weigern zuzugeben, dass Wissenschaft und Rationalismus nicht alles erklären können. Denken Sie beispielsweise an die Welle des Spiritismus, die in den 1870er-Jahren durch Europa und die USA schwappte und einige Leute behaupten ließ, dass die Toten noch unter uns weilen und mit uns sprechen, wenn wir nur einen Weg finden, mit ihnen zu kommunizieren.

Zunächst wurde diese Kommunikation durch ein Medium erleichtert, jemanden, der Botschaften zwischen den Welten überbringt; dann wurde diese Rolle von einer Kamera übernommen, die – zumindest auf den ersten Blick – weniger anfällig für Betrügereien war. Die Geisterfotografie war geboren, und Hunderte von Betrügern erpressten Geld von Eltern, deren Kinder einer Krankheit erlegen waren, oder von trauernden Liebenden im Tausch gegen Fotos, auf denen der Schatten der allgegenwärtigen Lieben neben ihnen schwebte. *The Ghost of Abraham Lincoln*, ein Foto aus dem Jahr 1872, ist eines der berühmtesten Beispiele, auf dem der Geist des amerikanischen Präsidenten neben seiner Witwe Mary steht.

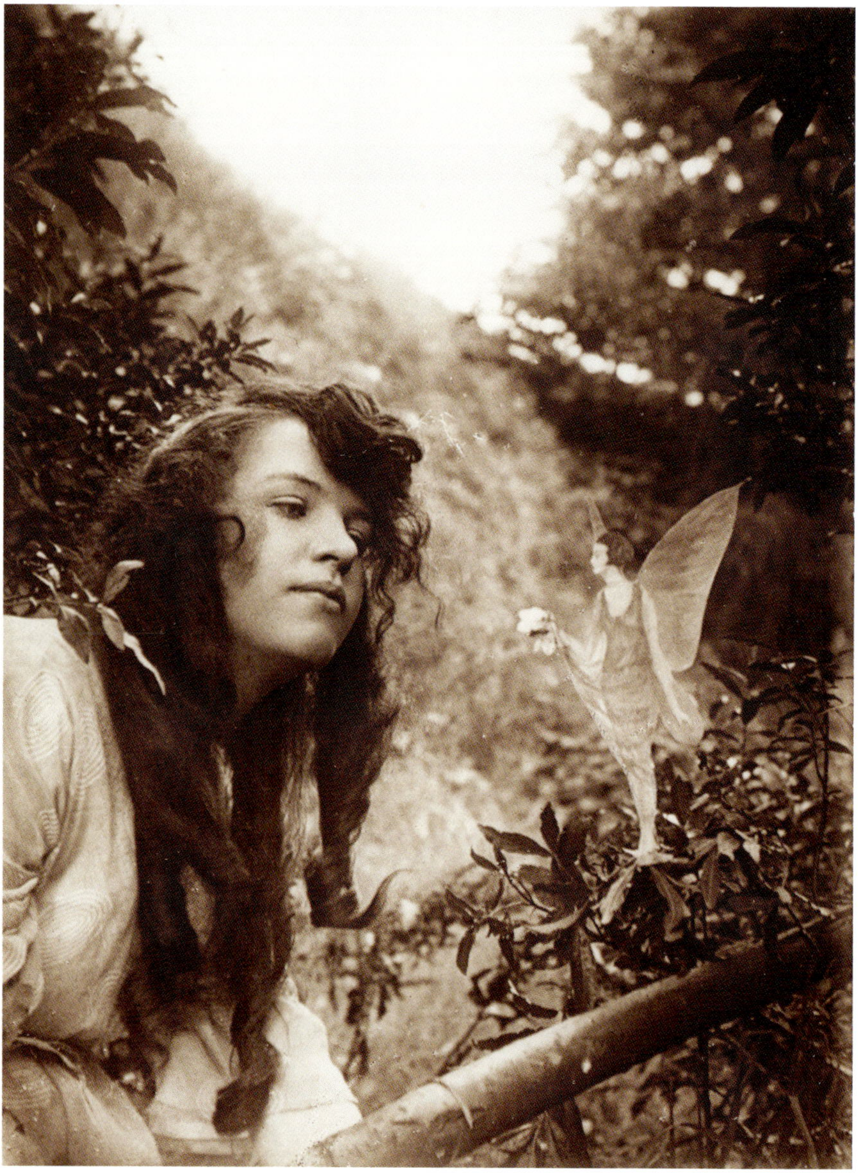

Elsie Wright und Frances Griffiths
Fairy Offering Flowers to Iris, August 1920
Gelatine-Silberchlorid, 15,5 x 11,4 cm

Das Genie dieser schelmischen jungen Mädchen bestand darin, sich selbst mit Feen aus Papier zu fotografieren, die sie auf ein Stück Pappe klebten, anstatt sich daran zu versuchen, zwei verschiedene Belichtungen übereinanderzulegen. Jedenfalls wussten sie nicht, wie man Fotos entwickelt oder druckt.

Menschen sehen, was für andere unsichtbar ist

Man braucht nicht die technischen Fähigkeiten von Henry Peach Robinson, um eine glaubwürdige Fotofälschung zu erstellen. Die Affäre um die Cottingley Fairies ist der Beweis dafür. Im Jahr 1917 war die neunjährige Frances Griffiths (1907–1986) bei der Familie ihrer sechzehnjährigen Cousine Elsie Wright (1901–1988) in Cottingley zu Gast, einem Dorf in West Yorkshire. Eines Tages, als Elsie sich die Kamera ihres Vaters ausgeliehen hatte, kamen die Mädchen von einem Spaziergang im Garten mit Fotos von Feen zurück.

Die Feenfotografien (gegenüber) wurden in Großbritannien bekannter, als der Schriftsteller Sir Arthur Conan Doyle 1920 in der Weihnachtsausgabe des *Strand Magazine* einen begeisterten Artikel über sie schrieb. Dem folgte 1922 ein Buch mit dem Titel *The Coming of the Fairies*, in dem er schrieb: »Soweit ich sehen kann, ist es wissenschaftlich nicht unmöglich, dass manche Menschen sehen, was für andere unsichtbar ist.« Der Schöpfer des Detektivs Sherlock Holmes war vom Spiritismus fest überzeugt: Er hatte für Geisterfotos posiert und veröffentlichte 1926 eine sehr seriöse Geschichte des Spiritualismus. Allerdings ist seine Haltung etwas zweideutig; er übergeht recht schnell den Unterschied zwischen dem Sehen von Unsichtbarem und dessen Sichtbarmachen für diejenigen, die nicht über die gleichen übernatürlichen Gaben verfügen. Im Fall der Feen von Cottingley hätten Frances und Elsie das Wesen der Feen in ihrem Garten verändern müssen, ihre »leuchtenden Schwingungen«, wie Doyle es ausdrückt, damit die Kamera sie einfangen konnte.

Fotografien von Feen und Geistern entsprachen dem Wunsch, etwas von dem Zauber zurückzugewinnen, der nach der Industrialisierung der Gesellschaft aus dem Alltag verschwunden war. In *Peter [Pan] and Wendy* (1911) schreibt J. M. Barrie, ein weiterer britischer Autor: »Jedes Mal, wenn ein Kind sagt: ›Ich glaube nicht an Feen‹, fällt irgendwo eine Fee tot um.« Vielleicht haben diese Mädchen nur versucht, ihr Aussterben zu verlangsamen.

Bei den Fragen, die diese Fotos aufwerfen, geht es nicht so sehr um die Technik, sondern um den Glauben. Wir könnten sie mit dem religiösen Glauben vergleichen: Ein Gläubiger, dessen Glaube von materiellen, wissenschaftlichen Beweisen abhängt, ist kein wahrer Gläubiger. Wenn Sie wirklich davon überzeugt sind, dass Ihr totes Kind in Form eines Geistes in Ihrem Haus anwesend ist, brauchen Sie kein Foto, um das zu beweisen.

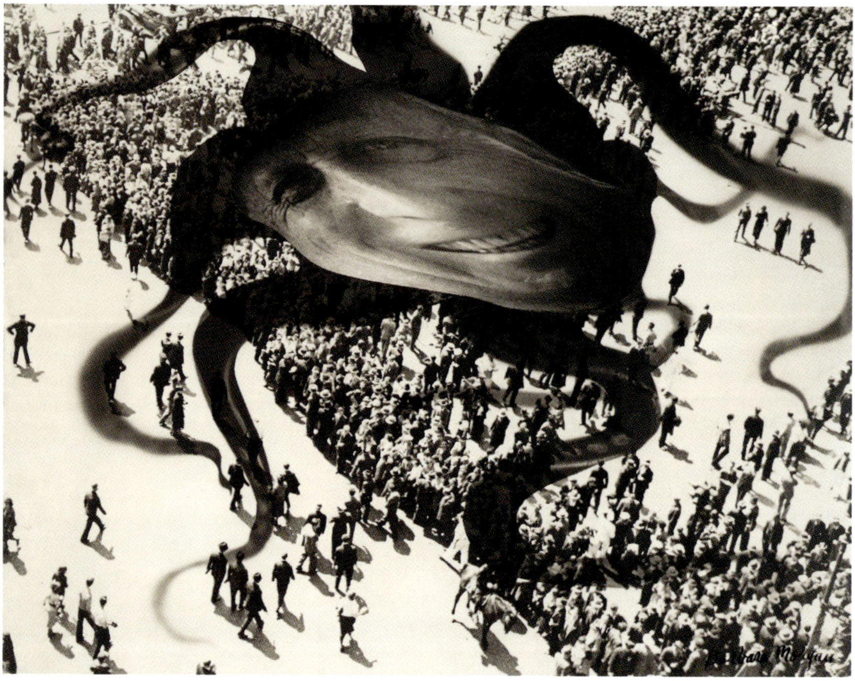

WENN FÄLSCHUNG DIE WAHRHEIT SAGT

Während sich viele nur für die Fotografie interessieren, weil sie ein Abbild der Welt schafft, wünschen sich andere, dass sie unverhohlene Lügen erzählt. Seit den 1890er-Jahren gab es in Fachzeitschriften Anzeigen für spezielle Objektive zur Veränderung der Proportionen, Werkzeuge zur Erstellung von Doppelbelichtungen oder Fotopapier mit vorgedrucktem Muster – eine ganze Reihe von Werkzeugen, die als Vorläufer der heutigen digitalen Bildbearbeitungssoftware angesehen werden können. Die Verwandlungen, die diese Werkzeuge ermöglichten, wurden als eine spielerische Art der Auseinandersetzung mit der Fotografie angesehen. Natürlich konzentriert sich die offizielle Geschichte dieser Kunstform lieber auf die »ernsteren« Werke der dadaistischen und surrealistischen Bewegungen. Der in Ungarn geborene Fotograf André Kertész (1894–1985) hatte enge Verbindungen zu diesen Gruppen. Aber egal, ob es darum geht, Kunst zu schaffen oder einfach nur zu spielen: Mit visuellen Spielen und Collagen wird das transparente Fenster zur Welt zerbrochen.

In diesen beiden Fotografien haben die wellenförmigen Linien nicht nur die komische Wirkung von Spiegelkabinetten. Barbara

Barbara Morgan
Hearst Over the People, 1939
Gelatin-Silber-Fotomontage, 38,9 x 49 cm

Die amerikanische Fotografin Barbara Morgan (1900–1992), die bereits für ihre Fotografien von zeitgenössischen Tanzaufführungen bekannt ist, wagte es, etwas Falsches zu erschaffen, um eine Wahrheit zu vermitteln: Das verzerrte Lächeln des amerikanischen Zeitungsmagnaten William Randolph Hearst sieht nicht mehr so freundlich aus wie vor der Bearbeitung des Fotos während des Druckvorgangs.

André Kertész
Pendulum, Distortion,
1938
Glasplatten-Negativ

Hier ist eine weitere Form, die verzerrt wurde, in diesem Fall, um den Unterschied zwischen der realen Zeit und unserem Zeitempfinden auszudrücken – und vielleicht auch die verschlafenen Augen von jemandem, der auf den Wecker auf seinem Nachttisch schaut und überrascht feststellt, dass er bis 10 Uhr geschlafen hat.

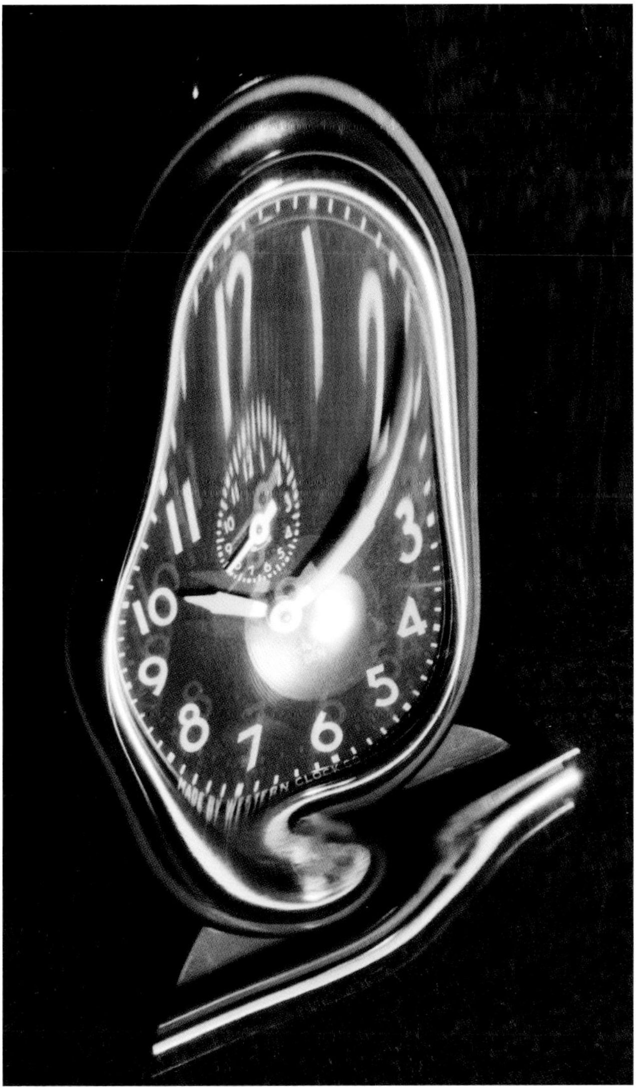

Morgans Krake hat das Gesicht des Zeitungsmagnaten William Randolph Hearst; seine wogenden Tentakel stehen für die Art und Weise, wie Journalisten die Ideologie ihres Chefs verbreiten, indem sie ihre Leser hofieren und ihnen schmeicheln, um sie in ihren Bann zu ziehen. Zuerst denkt man, man werde von einem Freund umarmt, aber dann stellt man fest, dass man manipuliert wird.

Das Foto des verzerrten Weckers (S. 43) beruht auf der gleichen visuellen Technik wie das surrealistische Gemälde *Die Beständigkeit der Erinnerung* des spanischen Künstlers Salvador Dalí aus dem Jahr 1931. Dieses Gemälde zeigt »schmelzende Uhren«, die sich den Konturen der Gegenstände, auf denen sie ruhen, anpassen. Es ist unmöglich, nicht an den Ausdruck »der Fluss der Zeit« zu denken, oder an Sandkörner, die durch eine Sanduhr gleiten, so wie die Zeit durch unsere Finger gleitet. In beiden Fotografien drücken die sich kräuselnden Linien Ungewissheit, Zweifel und mangelndes Vertrauen aus, wenn wir mit Dingen konfrontiert werden, die schwer zu fassen sind – die Art und Weise, wie uns die Medien manipulieren, oder wie sich die Zeit manchmal ohne Vorwarnung beschleunigt. Diese Fotos versuchen nicht zu verbergen, dass sie gefälscht, unglaubwürdig und künstlich sind. Sie versuchen immer noch, eine Wahrheit auszudrücken, verwenden dafür aber andere Methoden als das Modell des transparenten Fensters.

Die Kamera als Raubtier

Eindeutig manipulierte Fotos fordern unser Wissen über die technische Seite der Fotografie heraus. Sie scheinen uns zu fragen: »Wisst ihr, wie das gemacht wurde? Mit Schere und Kleber oder mit einem Computer?« Im Gegensatz dazu ist unser erster Instinkt, wenn ein Foto scheinbar aus dem Leben gegriffen ist, das Bild der Objekte zu suchen, die sich zum Zeitpunkt der Aufnahme »hinter dem Fenster« befanden. Um das Beste aus einem Foto herauszuholen, müssen wir diese beiden instinktiven Reaktionen abschütteln. Sie sind uns im Weg und oft reine Zeitverschwendung.

Die Digitaltechnologie macht es sehr einfach, Fotos zu bearbeiten, und diese Techniken sind sowohl viel fortschrittlicher als auch alltäglicher geworden. Auf diesem Foto (gegenüber) parodiert der britische Modefotograf Nick Knight (geb. 1958) die extrem detaillierte Darstellung von Gewalt im modernen Kino. Im Kontext eines Modemagazins – wie dem, in dem die Aufnahme veröffentlicht wurde – kann diese schockierende Darstellung den Leser aber

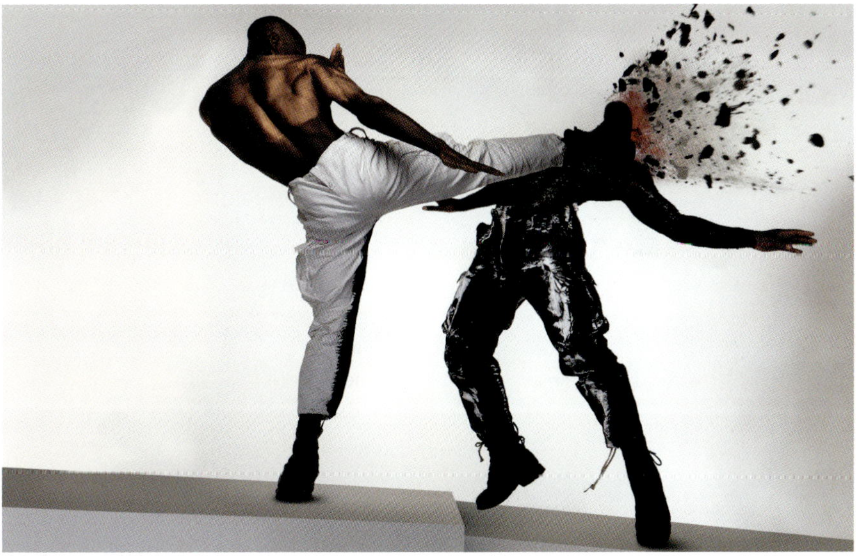

Nick Knight
War, für *Big Magazine*, Ausgabe 18, 1997

Dieses Foto zeigt zwei Kämpfer, von denen der eine eine weiße und der andere eine schwarze Hose trägt. Es vereint aber auch Elemente, die der realen Welt entnommen sind, und solche, die digital erzeugt wurden (der explodierende Kopf). Auch die Wand, die wie ein weißes Blatt Papier aussieht, regt dazu an, dieses Bild eher als ein Gemälde denn als eine Aufzeichnung der Welt zu betrachten.

auch zum Nachdenken über die Artikel anregen, die ihn zum Kauf von Kleidung verleiten sollen. Was, wenn sie voller Lügen sind? Was ist, wenn ich in diesem Outfit nicht wie das Model in der Zeitschrift aussehe?

Ein großer Teil der in den sozialen Medien veröffentlichten Fotos wurde mit einem oder mehreren Filtern bearbeitet. Diese werden verwendet, um die Farben zu sättigen oder zu entsättigen, um die Ecken des Bildes dunkler oder heller, die Linien schärfer oder unschärfer zu machen. Filter sind allgegenwärtig und tragen dazu bei, ein attraktiveres Abbild der Welt zu schaffen. Die Digitaltechnik kann aber auch anders genutzt werden. Anstatt zu versuchen, die Techniken zur Erstellung einer Fotocollage herauszufinden, könnten wir stattdessen das Foto als Anregung nutzen, um über die Fragen nachzudenken, die der Fotograf zu stellen scheint. Das ist der Fall bei den beiden Beispielen, die wir gerade gesehen haben: *Hearst Over the People* (S. 42) fragt: »Wie können wir wissen, was in der Welt vor sich geht, wenn einige Medien uns manipulieren?«, während *Pendulum, Distortion* (S. 43) fragt: »Warum scheint die Zeit nicht immer mit derselben Geschwindigkeit zu vergehen?«

Der irische Fotograf Richard Mosse (geb. 1980), der für seine konzeptionelle Herangehensweise an die Dokumentarfotografie bekannt ist, hat für seine Serie *Infra* keine digitale Technologie verwendet, sondern auf eine Technik zurückgegriffen, die dem digitalen Zeitalter vorausging: Kodak Aerochrome III-Infrarotfilm. Dieser inzwischen eingestellte Film, der für Infrarotstrahlen empfindlich war, wurde vom Militär verwendet, um Menschen oder andere Lebewesen im Dschungel aufzuspüren. Mosse nutzte ihn während des Bürgerkriegs im Kongo – ein für Außenstehende schwer verständlicher Konflikt, bei dem mehr als fünf Millionen Menschen ihr Leben verloren. Mosse wollte keine »sensationellen« Bilder des Konflikts machen, denn das hätte sich nach Ausbeutung angefühlt. »Es ist fast wie Selbsthass, denn das Kameraobjektiv hat etwas Raubtierhaftes«, sagte er später in einem Interview mit dem British Journal of Photography. Die Kämpfer, die Mosse fotografierte, waren in der Regel so getarnt, dass sie mit der dichten Vegetation verschmolzen, aber durch den raffinierten Einsatz des Infrarotfilms verwandelt sich ihr Erscheinungsbild und zeigt, wie sie von einem Fremden gesehen werden, der nicht in der Lage ist, genau zu verstehen, was in ihrem Krieg auf dem Spiel steht.

Richard Mosse
She Brings the Rain, 2011
aus der Serie »Infra«
Digitaler C-Druck,
152,4 x 121,9 cm

Wenn es sich um eine Modeaufnahme handeln würde, wäre es nicht verwunderlich, dass die grünen Pflanzen in Rosa umgewandelt worden sind. Aber die Tatsache, dass das vermeintliche Modell eine Maschinenpistole in der Hand hält, lässt uns innehalten und nachdenken. Nein, dies ist keine Modeaufnahme, sondern ein Kriegsfoto, auch wenn es einen fotogenen jungen Mann in einer passiven Pose zeigt.

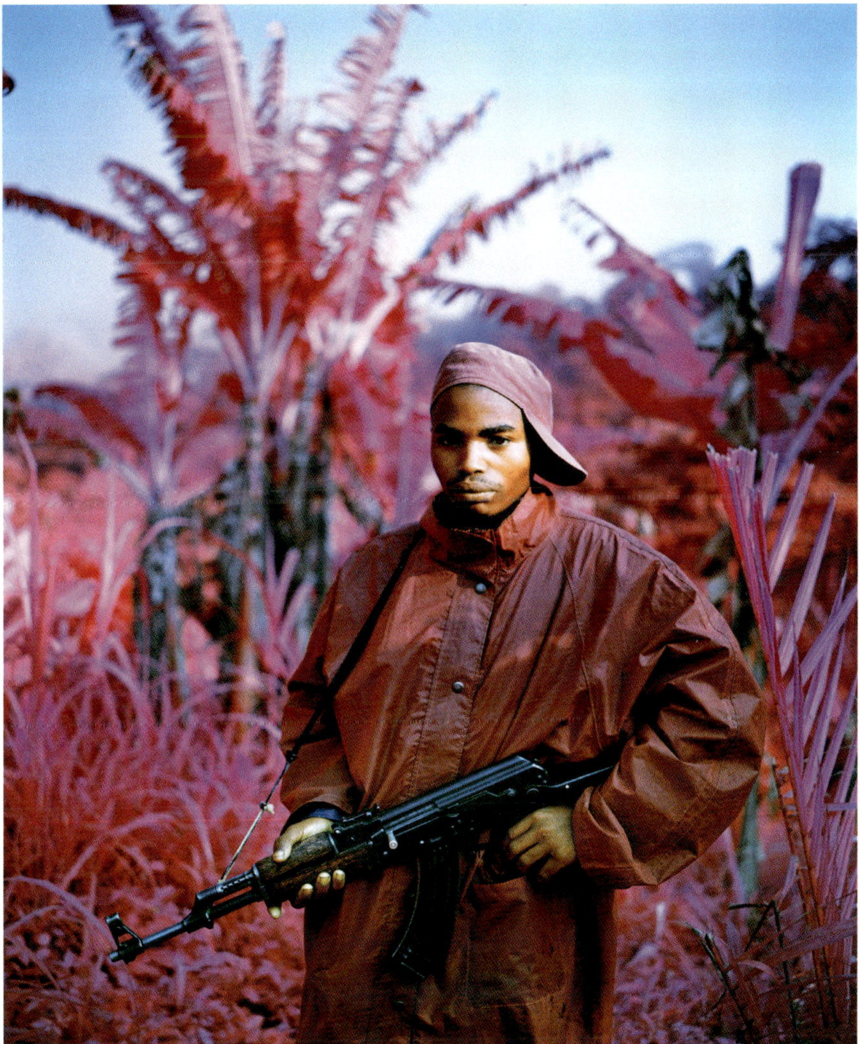

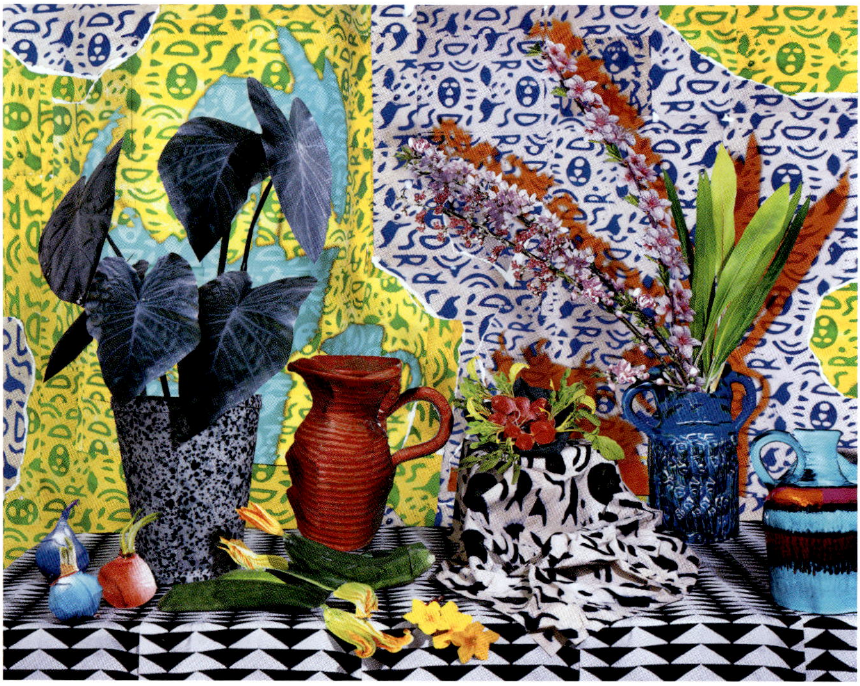

DIE KUNST, KUNSTFORMEN ZU KOMBINIEREN

Das Wort »Herumdoktern« oder »Manipulieren« stört einige Leute immer noch, genau wie der Ausdruck »künstliche Intelligenz«. Aber solange Fotografen nicht absichtlich lügen, wie sie ein Bild geschaffen haben, warum sollten wir ihnen nicht die gleiche Freiheit zugestehen wie Malern? Oft ist es weniger wichtig, zu verstehen, wie ein Foto entstanden ist, als zu wissen, ob es uns emotional berührt und zum Nachdenken anregt.

Der amerikanische Künstler Daniel Gordon (geb. 1980) zieht die Welt der Bilder den Bildern der Welt vor; er ist ein Kind der Hyperrealität, des Wunsches zu glauben, dass das, was auf unseren Bildschirmen geschieht, wahrer ist als das, was im wirklichen Leben geschieht. Er sucht im Internet und in Zeitschriften nach Bildern, schneidet sie aus und klebt sie zusammen oder befestigt sie an Gegenständen, um sie dann in seinem Atelier erneut zu fotografieren (oben). Wie in den Gemälden des französischen Malers Henri Matisse sind auch in diesem Stillleben die vertikalen Flächen (die Wand im Hintergrund) nicht klar von den horizontalen Flächen (dem Tisch) zu unterscheiden. Der Krug und die Zucchini erinnern auch an das Gemälde *Stillleben mit Gemüse* von Matisse aus dem Jahr 1905.

Daniel Gordon
Still Life with Cherry Blossoms and Zucchini,
2013
C-Druck,
126,4 x 157,9 cm

Es gibt viele erkennbare Objekte auf diesem Foto, aber wie im Fall der *Cottingley Fairies* sind wir uns nicht sicher, ob sie physisch vorhanden sind: Sind sie zwei- oder dreidimensional? Gemälde oder Skulpturen? Gordon wendet hier eine Technik an, die von vielen modernen Malern angewandt wird, die sich dafür entscheiden, die Menschen nicht durch die Illusion von Tiefe in zweidimensionalen Gemälden zu »täuschen«.

Eine weitere Ähnlichkeit sind die unvollkommenen Verbindungen zwischen den Rändern der ausgeschnittenen Papierstücke.

Matisse, der gegen Ende seines Lebens ausschließlich die Technik des Ausschneidens und Aufklebens von Papier auf eine Leinwand verwendete, legte großen Wert auf diese Art von absichtlichen »Fehlern«. Die gezackte Linie in der Mitte des Fotos, die die gelb-grüne Wand von der weißblauen trennt, wäre nicht sichtbar, wenn die beiden Teile perfekt zusammengeklebt oder mithilfe von Photoshop retuschiert worden wären. Es ist daher nicht verwunderlich, dass Gordon sagt, ihm gefalle die Idee, »meine Hand zu zeigen und die Leute die Unvollkommenheit sehen zu lassen«. Ob diese Objekte wirklich existieren, ist nicht wichtig. In der Natur gibt es wahrscheinlich keine roten oder blauen Zwiebeln wie die, die auf diesem Tisch liegen, aber was macht das schon? Das Foto zeigt eine Welt, die umgestaltet und neu organisiert wurde, und es steht uns frei zu entscheiden, ob wir ihren Charme (oder ihre Fremdartigkeit) auf eine »echte« Küche oder »echtes« Gemüse übertragen wollen oder nicht.

Der naive Aufschrei der Puristen

Natürlich ist die Grenze zwischen Wahrheit und Lüge nicht immer so klar, wie wir es gerne hätten. Das Werk von Edward Sheriff Curtis (1868–1952) ist ein gutes Beispiel dafür. Curtis ist vor allem für seine Fotografien von Tausenden von amerikanischen Ureinwohnern aus dem frühen 20. Jahrhundert bekannt (unten). Er zögerte nicht, seine

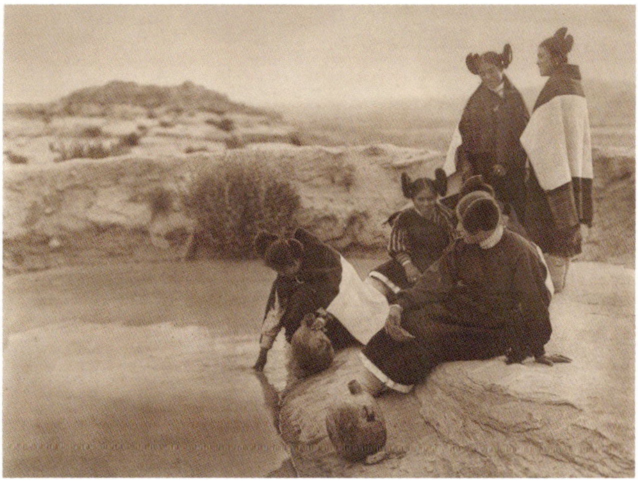

Edward Sheriff Curtis
Loitering at the Spring, Tafel 400 aus *The North American Indian*, 1921
Fotogravur, 29 x 39,1 cm

Anstatt ihrer Aufgabe des Wasserholens nachzugehen, werden sechs Frauen des Hopi-Volkes in eleganten Posen plaudernd und lächelnd gezeigt, während eine von ihnen lässig ihre Hand in den Bach taucht. Wir können erkennen, dass dieses Foto inszeniert ist, aber spielt das eine Rolle, wenn das Thema die harmonische Beziehung zwischen Natur und Kultur ist?

Negative zu zerkratzen oder jene Elemente zu entfernen, die nicht seiner Vorstellung von »echten Indianern« entsprachen – er fand es schade, dass sie einige Aspekte der weißen Kultur übernommen hatten. Deshalb bat er seine Modelle oft, sich so zu kleiden und zu frisieren, wie es ihre Großeltern getan hatten, oder in zeremonieller Kleidung ihrer Arbeit nachzugehen, was sie normalerweise nicht getan hätten, aus Angst, ihre Kleidung schmutzig zu machen oder zu beschädigen. Wie wir seine Fotografien betrachten, hängt von unserer Interpretation ab. Manche kritisieren Curtis dafür, dass er absichtlich die Spuren der Zerstörung der indigenen Kultur durch die weißen Kolonisten verwischt. Andere loben ihn dafür, dass er eindrucksvolle, würdevolle Bilder der amerikanischen Ureinwohner schuf, die all jenen als Inspiration dienten, die nicht wollten, dass diese Zivilisation verschwindet. Curtis' Zielpersonen gaben ihm den Spitznamen »Shadow Catcher« (Schattenfänger): Sie hätten es nicht besser ausdrücken können, denn der Versuch, ein genaues Bild der indianischen Kultur vor der Kolonisierung zu zeichnen, beinhaltet tatsächlich die Rettung dieser Überreste aus dem Schatten.

In seinem Buch *Message from the Darkroom* (1949) schrieb der extravagante italienische Designer und Fotograf Carlo Mollino (1905–1973), dass die Kunst der Fotografie erst nach dem Drücken des Auslösers beginnt. Für ihn ist nur das Ergebnis wichtig. »Alles ist erlaubt«, schrieb er, »sogar die Abschaffung störender Teile des Bildes, bis hin – zum Ärger der Puristen – zur gefährlichen und störenden Retusche des Negativs oder Positivs, zur Superimpression und zur Fotomontage.« Wenn es darum geht, etwas auszudrücken, das keine visuelle Form hat, wie Gefühle oder Ideen, sind Retuschen probate Mittel, auch wenn sie einen schlechten Ruf haben, weil sie oft dazu benutzt werden, Lügen und Fake News zu verbreiten.

Auch wenn gefälschte Bilder und Politik in der Regel eine explosive Mischung darstellen, gibt es zumindest eine Möglichkeit, sie zu nutzen, um die Menschen zum Nachdenken anzuregen. Statt so zu tun, als sei ein Foto ein Fenster zur Welt, kann der Fotograf offen sein und falsche Elemente in sein Bild einbauen. Das ist der Ansatz des deutschen Künstlers Thomas Demand (geb. 1964). Anders als die Pappfiguren, die im Kino und im Theater verwendet werden, um dem Publikum vorzugaukeln, dass die Dinge wirklich da sind, verkünden die von Demand verwendeten Objekte laut und deutlich, dass sie Fälschungen sind.

Die Serie »Embassy«, Botschaft, in der dieses Bild erscheint, wurde durch einen Skandal inspiriert. Nach einem Einbruch in die nigrische Botschaft in Rom im Jahr 2001 wurden Dokumente über den Verkauf von Uran an den Diktator Saddam Hussein bekannt. Diese waren ein Schlüsselfaktor für Präsident Bushs Entscheidung, in den Irak einzumarschieren, doch später stellten sie sich als Fälschung heraus. Die

Thomas Demand
Detail XI, aus der Serie »Embassy«, 2007
C-Druck/Diasec,
94 x 90 cm

Die Realität wurde so stark verändert, dass sie zu einer Skulptur geworden ist. Diese Objekte sehen nur aus wie die Dinge, die sie darstellen; sie sind nicht funktional. Es ist sinnlos, irgendetwas auf diesem Drucker zu drucken.

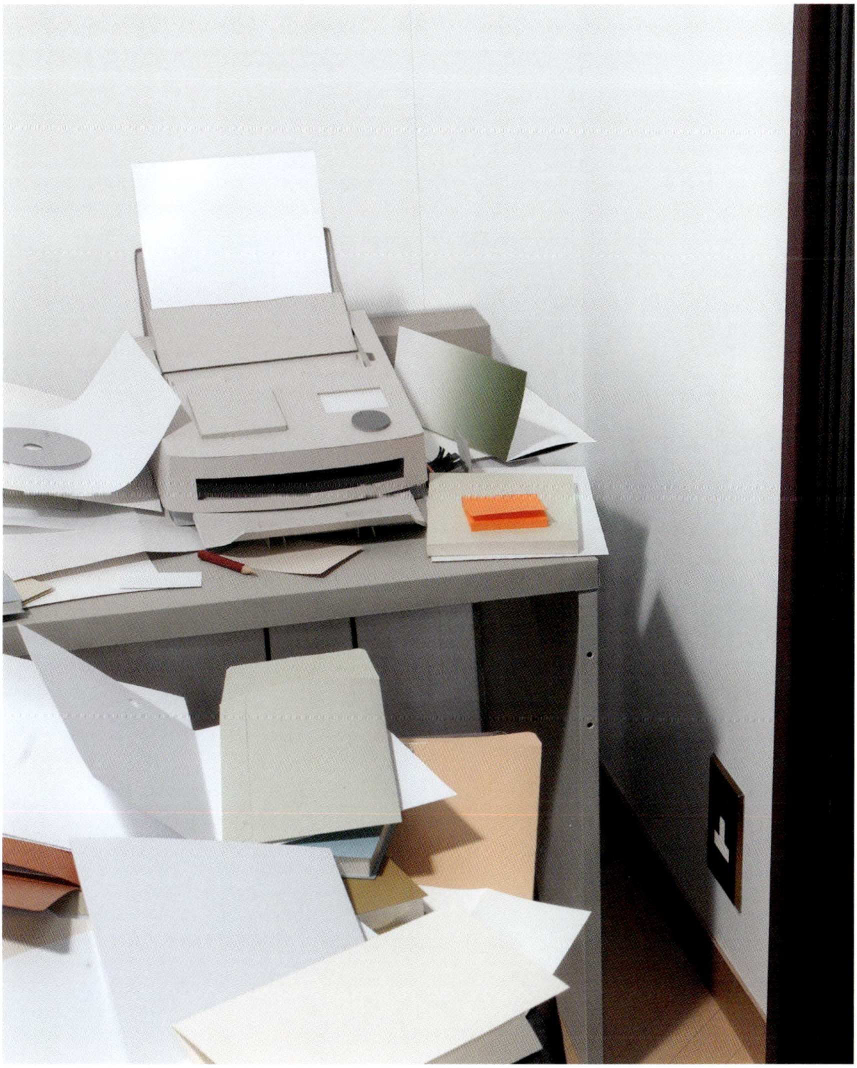

Arbeit von Demand lässt uns innehalten und nachdenken: Alles besteht aus Papier. Die vermeintlich wichtigen Dokumente, der Drucker, der Stuhl, die CD und sogar das Foto, auf dem all diese Gegenstände abgebildet sind. Außerdem ist der Bildausschnitt ein wenig seltsam. Auf der rechten Seite befindet sich ein schwarzer vertikaler Streifen, der jedoch keine Funktion zu haben scheint, und auf der linken Seite ist der Schreibtisch abgeschnitten. Man könnte sagen, dass der Fotograf in Eile war, als er auf den Auslöser drückte, und sich deshalb nicht die Zeit genommen hat, die Kamera richtig auszurichten oder die Aufnahme zu zentrieren. Beim Betrachten dieses Fotos kann man sich vorstellen, wie sich die von den italienischen Agenten erfundene Geschichte abgespielt haben könnte: Eines Nachts drangen »Einbrecher« in Rom in die Botschaft ein und entdeckten dort die geheimnisvollen »Dokumente«. Hier verbirgt sich ein ganzes Universum von Täuschungsmanövern.

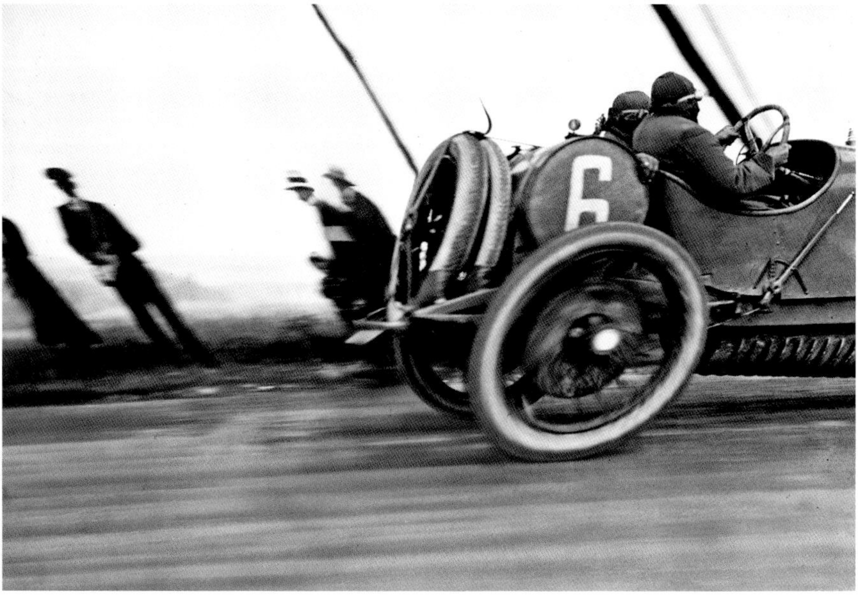

Jacques Henri Lartigue
Grand Prix de l'Automobile Club de France, 1912
Positiv-Scan eines Glasnegativs, 9 x 12 cm

Dieses Bild ist sowohl falsch (ein Rad kann keine ovale Form haben, auch wenn es sich schnell dreht) als auch wahrer als wahr. Der Gesamteindruck ist der von Geschwindigkeit. Das Auto fährt so schnell, dass es bereits zur Hälfte aus dem Blickfeld verschwunden ist.

VERFREMDEN

Mitte des 19. Jahrhunderts schätzen Künstler und Intellektuelle die Fotografie für ihre Fähigkeit, Dinge zu archivieren, die sonst dem Verschwinden anheim gefallen wären. Aber sie waren skeptischer, als sie versuchte, mit der Malerei zu konkurrieren. Die britische Kunsthistorikerin Elizabeth Eastlake schrieb 1857 in der London Quarterly Review, dass die Fotografie »der Kunst ebenso abträglich wie der Wissenschaft förderlich« sei. Trotz der Bemühungen der Piktorialisten hielt sich diese Opposition hartnäckig; erst die russischen Formalisten in den 1910er-Jahren besiegten sie schließlich.

Die formalistische Bewegung wurde zunächst von Sprachwissenschaftlern und Dichtern getragen. Anstatt zu untersuchen, wie ein Werk durch den historischen und sozialen Kontext, in dem es entstanden ist, geformt wurde, hielten sie es für wichtiger, die Art und Weise zu untersuchen, wie die Kunst durch das ihr eigene Wesen die Welt oder zumindest die Art, wie wir sie wahrnehmen, formen kann. Der Essayist Viktor Schklowski führte den Begriff der Verfremdung ein, den er als »fremd machen« definierte. Er vertrat die Ansicht, dass die Aufgabe des Künstlers darin besteht, uns die Welt anders sehen zu lassen. Um dieses Ziel zu erreichen, schrieb Schklowski in seiner *Theorie der Prosa* (1925), »ist es notwendig, den Gegenstand aus dem Bereich des Lebens zu lösen, ihn aus dem Netz vertrauter Assoziationen herauszureißen, den Gegenstand umzudrehen, wie man ein Holzscheit im Feuer umdrehen würde«. Und natürlich ist die Fotografie für diese Aufgabe bestens geeignet.

Im Namen der Verfremdung waren alle Techniken erlaubt: das Verwackeln der Kamera, das Verändern von Bildern, das Übereinanderlegen von Bildern, das Zusammenbringen von Elementen, die nicht zusammen erscheinen sollten, das Austesten der Grenzen des guten Geschmacks. Einfache Verfremdungseffekte können »von Hand« erzeugt werden, wie es der französische Fotograf Jacques Henri Lartigue (1894–1986) tat, als er versuchte, ein mit hoher Geschwindigkeit an ihm vorbeifahrendes Rennauto einzufangen.

Nein, in der Realität können die Räder nicht oval werden; nein, die Zuschauer werden nicht von einem so starken Wind umweht, dass sie sich in einem Winkel von 45 Grad neigen, wenn das Auto mit ohrenbetäubendem Getöse an ihnen vorbeifährt. All das ist Verfremdung. Hier geht es um die Verfremdung vertrauter Gegenstände – und warum sollte man dem Fotografen nicht die gleiche Freiheit lassen wie einem Comiczeichner, der sich nicht scheuen würde, ovale Räder zu zeichnen, um ein Gefühl von Geschwindigkeit zu vermitteln?

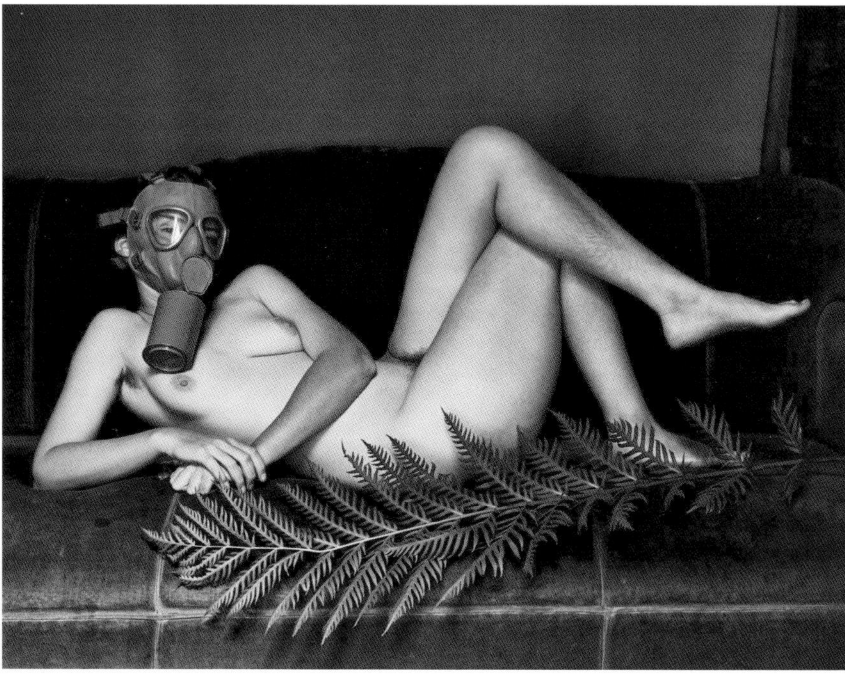

Edward Weston
Civilian Defense, 1942
Silbergelatinedruck

Dieses Zusammentreffen einer Gasmaske mit der Tradition des Aktes ist ebenso auffällig wie das zwischen einer Nähmaschine und einem Regenschirm. Zumal die unbekümmerte, entspannte Pose des Subjekts impliziert, dass sie unauffällig ist.

In seinem 1928 veröffentlichten Artikel »Die Wege der modernen Fotografie« vertrat Alexander Rodtschenko (1891–1956), ein russischer multidisziplinärer Künstler und Mitbegründer der konstruktivistischen Bewegung, die Ansicht, dass die Verfremdung eine Art Weckruf für unseren Verstand sei. Da wir jeden Tag dieselben Dinge sehen, betrachten wir sie nicht mehr so genau, wie wir es sollten, und infolgedessen sind alle unsere Urteile – einschließlich unserer politischen Urteile – verzerrt. Heutzutage können wir mit digitalen Filtern das Alter oder das Geschlecht der fotografierten Person verändern, und zwar auf eine Weise, die sowohl verfremdend als auch spielerisch ist. Aber es gibt noch eine andere Möglichkeit, uns dazu zu bringen, etwas neu zu sehen: die Kombination von Objekten, die normalerweise nicht zusammenpassen.

Die absurde Unterscheidung zwischen Schön und Hässlich

Natürlich hat sich unsere Lebensweise verändert, sodass dies nicht mehr so ungewöhnlich ist. Als die Fotografie erfunden wurde, war die Welt noch statischer als heute. Es war nicht üblich, dass Menschen in fremde Länder reisten. Da Bilder noch nicht in großer Zahl in Umlauf gebracht wurden, waren unerwartete Kombinationen von Objekten seltener. *Die zufällige Begegnung einer Nähmaschine und eines Regenschirms auf einem Seziertisch*, die der französische Dichter Lautréamont in seinem Werk *Les Chants de Maldoror* (1868–69) vorstellte, hatte daher eine explosive Wirkung. Die surrealistische Bewegung, machte sich diesen Satz zu eigen. Damals änderte sich das Leben in weiten Teilen der Welt radikal. Maschinen drangen in den Alltag ein, die Urbanisierungswelle verstärkte sich, die Menschen begannen, mehr zu reisen, und die visuelle Kultur veränderte sich. Wir brauchten ein neues Objektiv, durch das wir die Welt sehen konnten. 1930 schlug der französische Schriftsteller André Breton in seinem Zweiten Manifest des Surrealismus vor, »die absurde Unterscheidung zwischen Schönheit und Hässlichkeit, Wahrheit und Lüge, Gut und Böse« aufzugeben.

Als der amerikanische Fotograf Edward Weston (1886–1958) dieses Foto aufnahm, arbeitete er als Aufklärer bei Luftangriffen für die US-Verteidigung, und die Gasmaske war Teil seiner Ausrüstung. Dass Charis Wilson, die Frau des Fotografen, sie trägt, ist umso ironischer, als es keinen feindlichen Angriff auf das Festland der USA gab, geschweige denn einen Gasangriff. Weitere ironische Elemente sind Wilsons entspannte Pose, in der sie die Beine übereinanderschlägt, und der Farnwedel, der die Weinblätter zu imitieren scheint, die so oft verwendet werden, um den Intimbereich zu verdecken, während er hier gar nichts verdeckt. Die Maske erinnert aber auch an das Interesse der kubistischen Maler an afrikanischer Kunst – 1907 gab Pablo Picasso seinen Demoiselles d'Avignon Gesichter, die von den Skulpturen inspiriert waren, die er zum ersten Mal im Ethnografischen Museum des Trocadero in Paris gesehen hatte.

Die britische Fotografin Juno Calypso (geb. 1989) lässt uns noch mehr Freiheit, unseren Gedanken freien Lauf zu lassen. Diesmal ist die Maske an einer seltsamen Schachtel befestigt, und wenn die Szene in einem Hotelzimmer in der Hochzeitsnacht eines Paares spielt, scheint der Ehemann weggelaufen zu sein, als er sah, was seine neue Frau mitgebracht hat (einschließlich eines Tellers und einer Flasche Babyöl auf dem Sofa). Auf die Frage: »Würden Sie sagen, dass Ihre Fotografien einen komischen Charakter haben?«, antwortete Calypso: »Auf jeden Fall. Ich liebe Komik. Ich liebe es, Menschen zum Lachen zu bringen.«

In diesen Beispielen nimmt der Fotograf die Rolle eines Theater- oder Filmregisseurs ein. Aber wie wir sehen werden, gibt es noch viele andere Möglichkeiten, ein Foto in etwas anderes als eine bloße Kopie der Realität zu verwandeln.

WICHTIGE IDEEN

- Ein Foto ist kein Fragebogen mit genauen, richtigen Antworten.
- Die Fotografie offenbart manchmal Dinge, die mit dem bloßen Auge nicht sichtbar sind.
- Um das Sehen zu lernen, muss man zunächst über die Beziehungen zwischen den Objekten im Bild nachdenken.
- Eine wichtige Funktion der Fotografie ist es, den Menschen die Welt in einem neuen Licht sehen zu lassen.

WICHTIGE FRAGEN

- Können wir auf einem Foto etwas anderes finden als das, was der Fotograf zeigen wollte?
- Ist etwas, das wir mit eigenen Augen sehen, zwangsläufig besser, als wenn wir es uns anhand eines Fotos vorstellen?
- Können wir Fälschungen zulassen, wenn sie dazu dienen, eine Wahrheit zu vermitteln?
- Sollten wir von Fotografen erwarten, dass sie uns sagen, ob ihr Foto retuschiert ist?

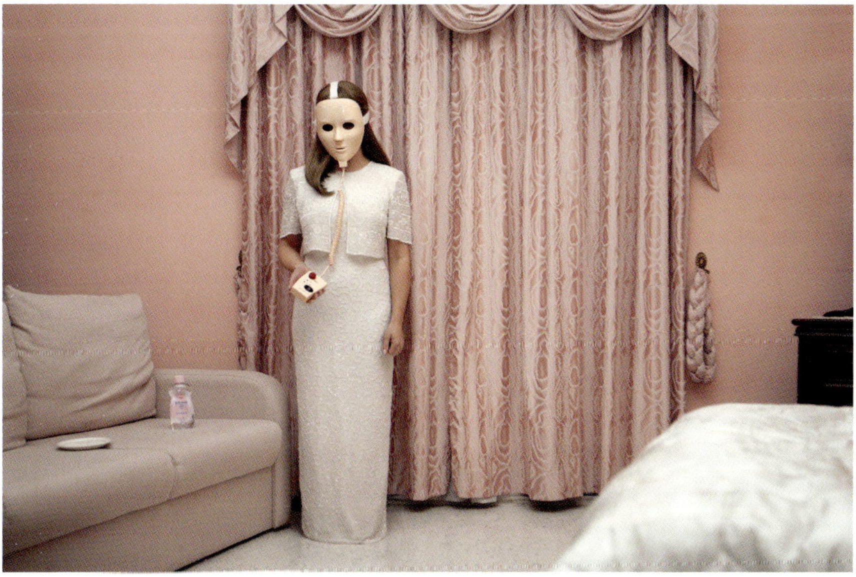

Juno Calypso
12 Reasons You're Tired All the Time, 2013
Fotografischer C-Druck

Die Vorhänge sind geschlossen, sodass die Nachbarn nicht sehen können, was hier vor sich geht. Aber was soll man erwarten? Eine Mischung aus Kitsch, Alltäglichem und Skurrilem, während der Betrachter sich abmüht (darauf bezieht sich vielleicht der Titel des Fotos) herauszufinden, was in diesem Raum passiert.

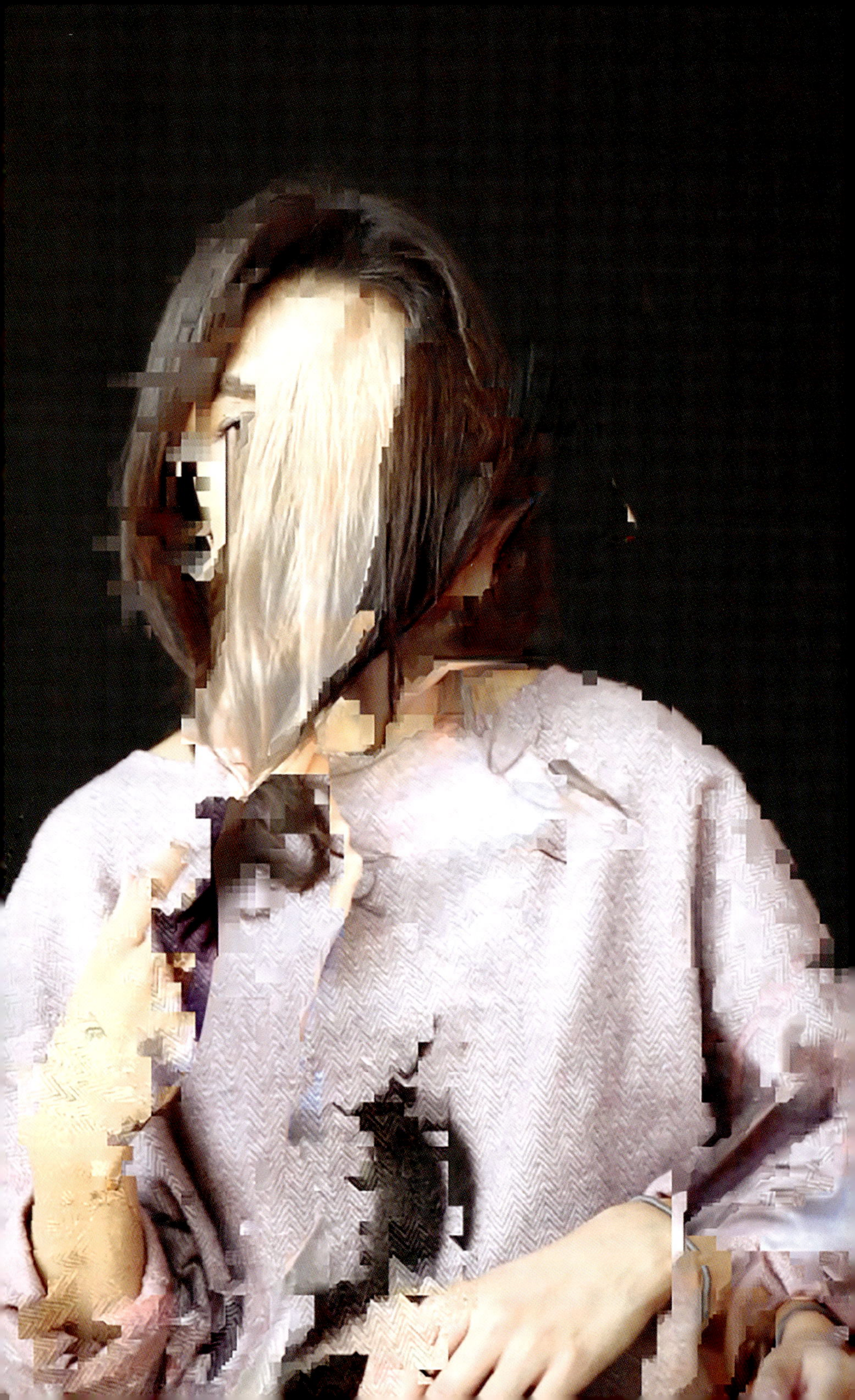

BEREICHE DER UNSICHERHEIT

-

Das unvollkommene Medium des Digitalbildes läuft immer Gefahr, schlechter zu werden, indem Störungen und Fehler eingefügt werden, so als würde man die Perfektion hinterfragen, die wir zu bewahren versuchen.

-

Susana Moyaho

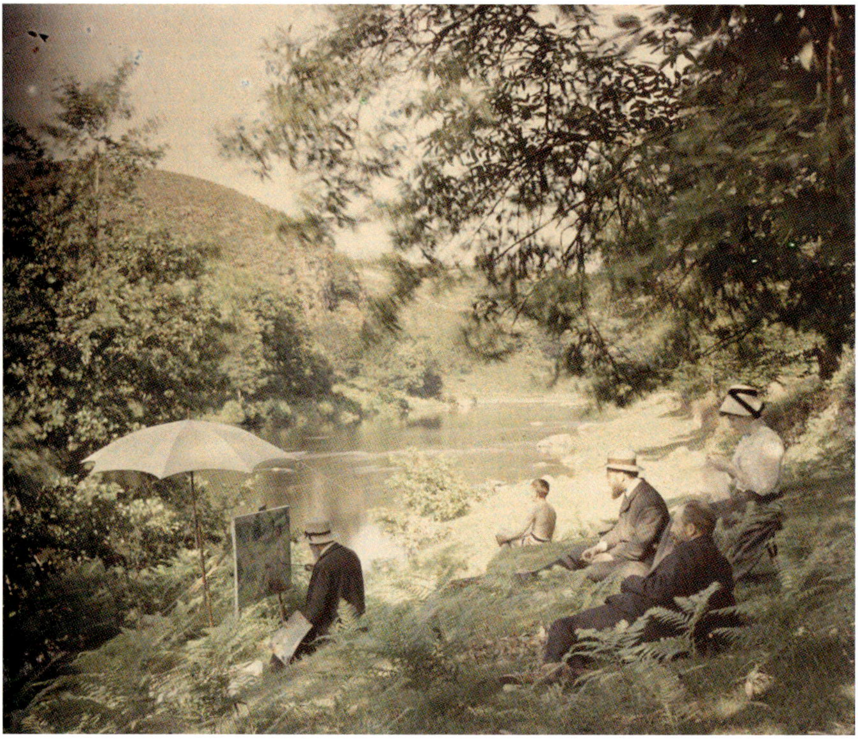

Für die Pioniere der Fotografie war diese neue Erfindung eine Art Zauberspiegel, der es ihnen erlaubte, Bilder zu bewahren, statt zuzuschauen, wie sie entschwanden. Mit anderen Worten: Sie strebten nach Präzision, Genauigkeit, einer perfekten Abbildung. Sie versuchten, eine exakte Kopie der Wirklichkeit herzustellen. Natürlich entfiel bei den Fotografien eine der drei Dimensionen der echten Welt, da ein Abzug immer flach ist, doch abgesehen davon musste ein Foto vollkommen genau sein. Allerdings nahmen viele Menschen diese Genauigkeit nicht gut auf. 1857 berichtete Elizabeth Eastlake von der Enttäuschung, die erste Kunden von Fotostudios erlebten, wenn auf ihren Porträts »die Augen deutlich geschrumpft, die Münder verbreitert und die Falten verstärkt waren«. Eastlake pflichtete der vier Jahre zuvor in London gegründeten Royal Photographic Society bei: »Bilder, die ein wenig unscharf sind, also leicht unsichere und undefinierte Formen zeigen, aber dafür weniger *chemisch* wirken, werden als *künstlerisch* schöner empfunden.« Das Publikum musste einfach dazu gebracht werden, »die mögliche Schönheit eines leichten *Zitterns* zu verstehen«.

Antonin Personnaz
Le peintre Armand Guillaumin peignant »Baigneurs à Crozant« (*Der Maler Armand Guillaumin malt »Badende bei Crozant«*), ca. 1907
Autochrom, 9 x 12 cm

»Was ein Künstlerpinsel macht, schafft das Autochromglas automatisch«, schrieb Personnaz an seinen Freund, den französischen Maler Claude Monet, einen der Gründer der impressionistischen Bewegung.

Auch Dichter und Maler kritisierten die standhafte Exaktheit von Fotografien. Es heißt oft, es sei kein Zufall, dass der Impressionismus kurz nach der Erfindung der Fotografie entstand und Maler als Reaktion auf die Schärfe der Fotos weichere, dunstigere Bilder schufen. Sicher ist, dass beide etwa zur selben Zeit aufkamen. Die Fotografie wurde zunächst für ihre Klarheit bewundert, doch schon bald begannen einige Fotografen, eine »künstlerische Unschärfe« einzusetzen, um die Bilder bewusst weicher zu machen. Sie neideten den Malern die Freiheit, mit den Borsten ihrer Pinsel Farbe chaotisch auf die Leinwand zu drücken und zu schmieren, und nutzten verschiedene Ansätze, um Fotos zu schaffen, die weniger scharf und nüchtern waren.

WEICHERE KANTEN

Wie wir im vorherigen Kapitel sahen, dauerte es nicht lange, bis die ersten Fotografen begannen, Fotos zu retuschieren, um ihre Kunden besser aussehen zu lassen. Doch das Publikum brauchte mehr Zeit, bevor es die Bereiche der Unsicherheit in Fotos wirklich zu schätzen wusste, Stellen, an denen unklar ist, was genau man sieht – abgesehen von Unschärfen, Flecken oder Dunkelheit.

Das Autochromverfahren ist ein frühes Beispiel für die Abkehr von der fotografischen Präzision. Patentiert 1903 von den Gebrüdern Lumière, war dieser Prozess die erste Technik zum Herstellen von Farbfotografien. Zum Einsatz kam eine Glasplatte, die mit Körnchen aus Kartoffelstärke bedeckt war, die grün, violett oder orangerot gefärbt waren. Auch wenn das nicht das Hauptziel war, wurden die Kanten der fotografierten Objekte weicher. Nach dem Entwickeln verliehen die Stärkekörnchen dem Foto die Anmutung eines pointillistischen Gemäldes, wenn sie miteinander verschwammen: Das Rot enthielt meist Spuren von Grün, und das Weiß, das durch eine additive Farbmischung erzeugt wurde, sah tatsächlich aus wie eine Mischung all der anderen Farben.

Der französische Kunstsammler Antonin Personnaz (1854–1936), einer der ersten Fotografen, die in Farbe arbeiteten, porträtierte einen Maler bei der Arbeit (gegenüber). Die beiden Freunde des Malers schauen ihm in respektvoller Stille zu, während eine Frau in ihre Handarbeit vertieft ist und ein junger Mann für ihn posiert – ein angenehmer Sonntagnachmittag. Der Unterschied zwischen einem Gemälde und Personnaz' Foto ist oben am Bildrand am offensichtlichsten, wo die etwas unscharfen Äste der Bäume von einer leichten Brise bewegt werden. Genau hier erkennen wir »die Schönheit eines leichten Zitterns« – die Blätter bewegen sich in den Sekunden der Belichtung des Films weiter.

Wir könnten die Unschärfe des ersten Fotos der Geschichte, *Blick aus dem Arbeitszimmer von Le Gras*, aufgenommen 1826 oder 1827 vom französischen Fotografen Nicéphore Niépce (1765–1833) verzeihen, aber nur, weil es das erste war. Heute sind dank der fortgeschrittenen Technik die meisten Fotos, die mit Smartphones gemacht werden, scharf und präzise. Vermutlich schaut sie sich deshalb niemand lange an. Die amerikanische Fotografin Sally Mann (geb. 1951) meinte dazu: »Wenn es keine Mehrdeutigkeit gibt, warum sich die Mühe machen?« Man muss sich wirklich anstrengen – z. B. das Handy schütteln, während man auf den Aufnahme-Button tippt –, um ein verschwommenes Foto zu bekommen.

Im Laufe der Jahre haben sich fotografische Techniken entwickelt, die nicht dem Modell des Zauberspiegels folgen, sondern ihm sogar widersprechen. Amateure, die sich heute vom Ideal der Exaktheit und Präzision entfernen wollen, können eine ganze Reihe digitaler Filter einsetzen: Diese erlauben es ihnen zum Beispiel, den weichen Fokus nachzuahmen, den die Piktorialisten so schätzten, die das Licht dimmten und die Kanten aufweichten, sodass ein Teil des Bildes vollkommen unscharf wurde, oder sogar die Fehler zu wiederholen, die oft in der analogen Fotografie auftraten (Streifen, Flecken, geknicktes oder zerrissenes Papier). Diese zauberhaften Unregelmäßigkeiten sprachen unter anderem Andy Warhol an, der viele Polaroids aufnahm, obwohl auf seinen Wink hin bestimmt auch jemand mit der neuesten Kamera zur Stelle gewesen wäre.

Der weiche Fokus, den manche Leute in der Fotografie angestrebt haben, tritt manchmal auch ganz natürlich auf, wenn zwei Dinge eintreten: Reflexionen und Distanz. Dieses Werk (gegenüber) des koreanischen Fotografen Byung-Hun Min (geb. 1955) zeigt die Oberfläche eines Flusses, der mit gestochen scharfen Seerosen bedeckt ist, bietet aber auch einen indirekten Blick auf den Himmel und die Bäume, die sich im Wasser spiegeln; diese stehen nicht nur auf dem Kopf, sondern sind durch die Wellen auch noch leicht verzerrt. Eine Wasserfläche ist nicht so glatt wie ein Spiegel, was vermutlich erklärt, wieso der junge Narziss in der griechischen Mythologie stundenlang seine Reflexion in einem Teich anstarrte.

In der Ferne verschwimmt alles

Die aufweichende Wirkung von Entfernung ist mit einem Phänomen verwandt, das als »Texturverlauf« bezeichnet wird. Wenn man z. B. durch eine Wiese läuft und auf Teile des Feldes blickt, die weiter

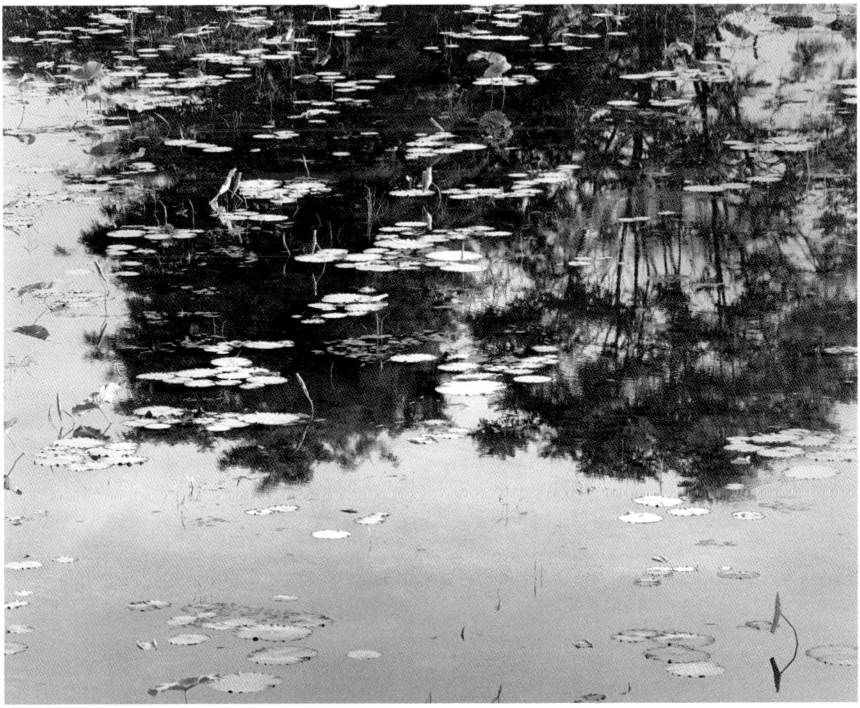

Byung-Hun Min
River (RT029), 2011
Silbergelatinedruck

Ein Jahrhundert nach Antonin Personnaz' Autochromes und Claude Monets *Seerosen*-Bildern verzichtet Byung-Hun Min völlig auf das Retuschieren seiner Fotografien; wenn es einen Bereich der visuellen Unsicherheit gibt, dann existierte dieser auch schon ohne Bearbeitung.

entfernt sind, kann man irgendwann keine einzelnen Grashalme mehr unterscheiden; sie verschmelzen zu einer einzigen Masse. Blickt man auf den Horizont, tritt ein weiteres Phänomen auf, die »atmosphärische Perspektive«: In der Ferne verschwimmt alles und nimmt den bläulichen Ton der Atmosphäre unserer Erde an.

Auf diesem Foto (umseitig) sind die Wellen hinter den vier Booten, die in der Ferne eine gerade Linie bilden, nicht voneinander zu unterscheiden; alles, was wir sehen, ist eine blaue Fläche. Ein laienhafter Fotograf wäre vermutlich an eine andere Stelle getreten, um zu vermeiden, dass dieser eigenartige Holzpfahl mitten im Bild steht, doch der Italiener Luigi Ghirri (1943–1992) entschied, ihn zu einer Art Leinwand zu machen, auf dem sich die Schatten von Objekten vage widerspiegeln – vielleicht sind es Strohhalme oder Blätter von der Hütte, zu der dieser Pfosten gehört. Ghirri vergaß niemals seine berufliche Herkunft als Landvermesser. Der kartografische Aspekt seiner Werke dient oft dazu, zu zeigen, dass die Natur nicht dasselbe Streben nach Regelmäßigkeit und perfekter Symmetrie besitzt, das wir so sehr zu schätzen wissen.

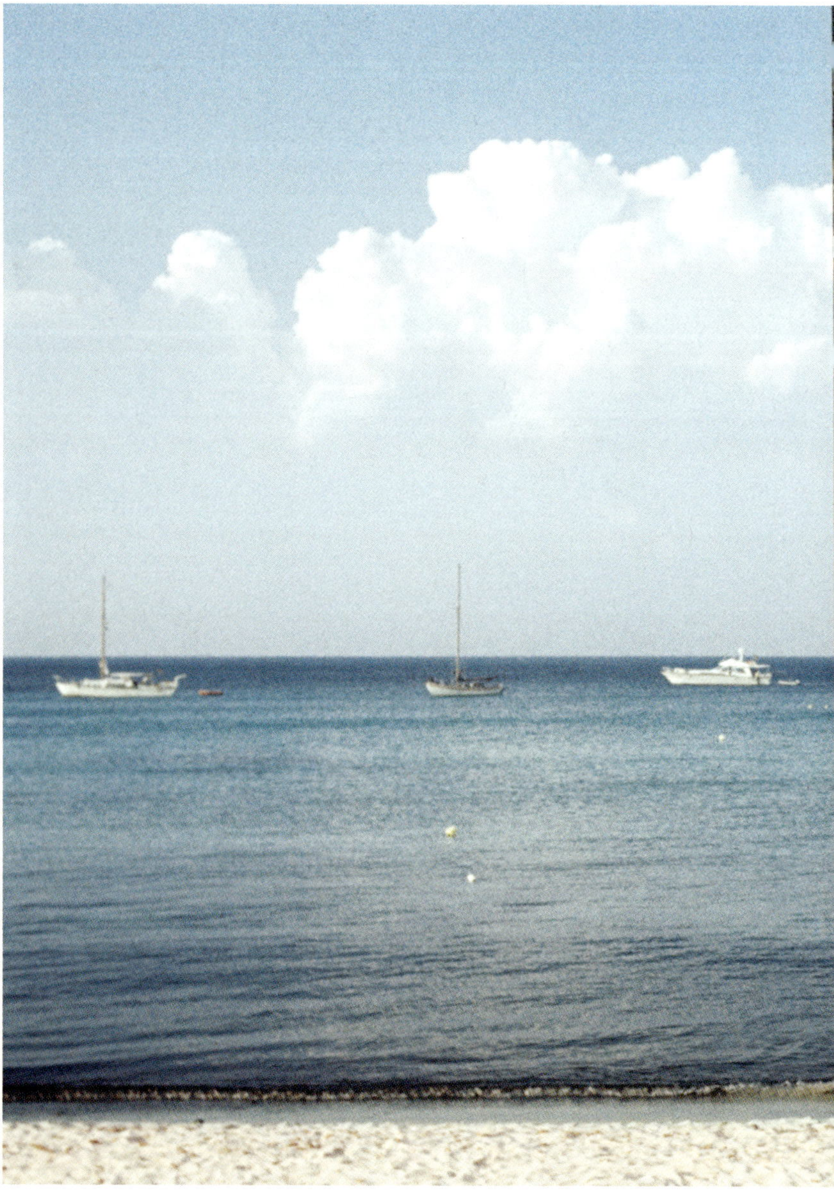

Luigi Ghirri
L'Île Rousse, 1976

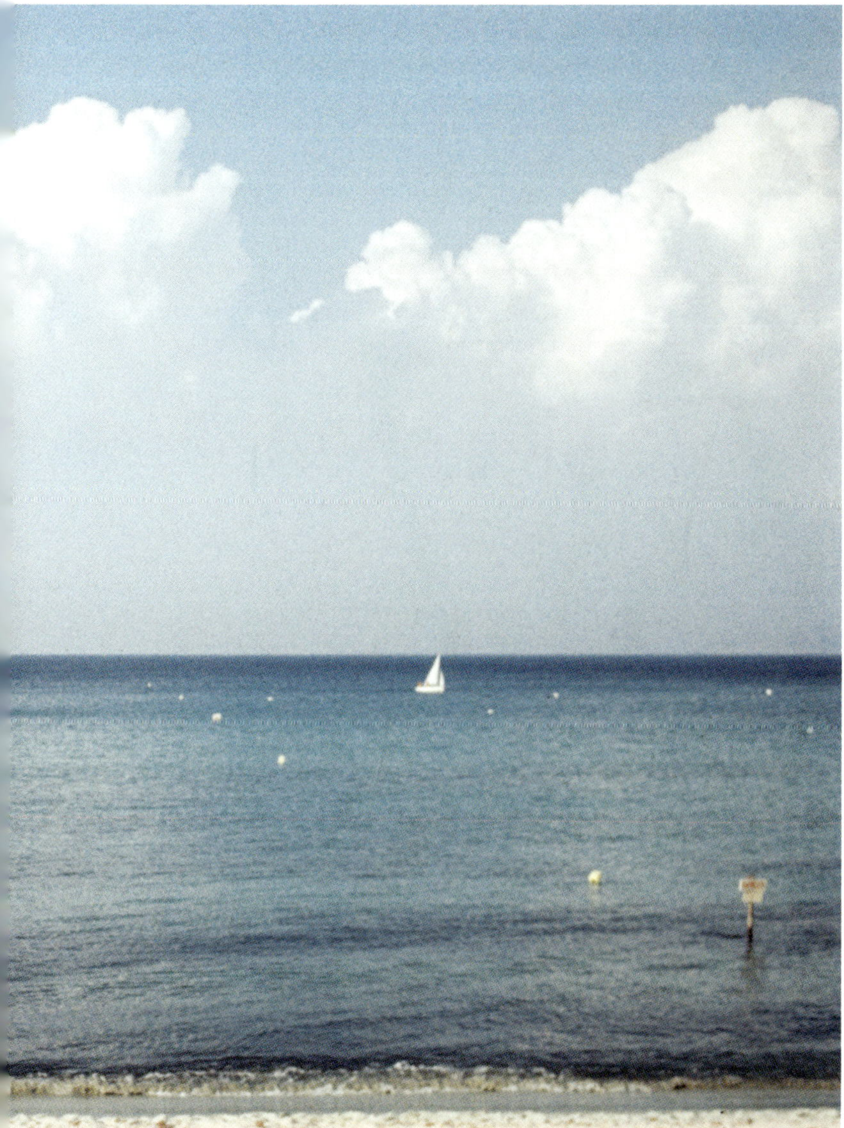

Das Bild ist zweimal halb durchgeschnitten: horizontal durch den Horizont und vertikal durch einen Holzpfosten. Diese vertikale Teilung hat etwas Ironisches: Sie teilt zwei nahezu identische Teile der Landschaft, während die horizontale Teilung den Himmel vom Meer trennt.

IN DER ERSTEN PERSON SINGULAR SEHEN

Unschärfe liegt nicht immer daran, wie fotografiert wurde oder ob es technische Probleme gab: Sie kann auch auf die Sehfähigkeit der Betrachter zurückgeführt werden. Heute experimentieren Menschen mit der Subjektivität des Sehens, wenn sie etwa untersuchen, wie wir beim Blick in die Sonne die Augen zusammenkneifen, wie wir gucken, wenn wir Fieber haben, wenn uns Tränen in den Augen stehen oder wenn unsere Sehfähigkeit im Alter nachlässt. Natürlich hat das Verb »sehen« nicht nur eine sensorische Bedeutung, sondern auch einen kognitiven Aspekt: Unsere Wünsche und politischen sowie religiösen Überzeugungen beeinflussen, wie wir visuelle Informationen interpretieren. Hier sind zwei Künstler, deren autobiografische Arbeiten das Phänomen des kulturellen Einflusses hervorheben.

Ming Smith (geb. 1950) war das erste weibliche Mitglied des Kamoinge Workshop, eines 1963 in Harlem gegründeten Kollektivs schwarzer Fotografen, und die erste Afroamerikanerin, deren Werk Einzug in die permanente Sammlung des Museum of Modern Art in New York fand. Sie schätzte die Fähigkeit der Street-Fotografie, das Leben zu dokumentieren: »Du musst einen Moment einfangen, der niemals wiederkehren wird, und ihm gerecht werden.« Ihre Methode, den isolierten Momenten »gerecht zu werden«, besteht darin, zu erkennen, dass wir die Fremden nur kurz erblicken, die unseren Weg kreuzen. Die schwache Spur dieser flüchtigen Figuren entschwindet unserem Gedächtnis ebenso schnell und hinterlässt nur einen Eindruck – und genau dieser Eindruck ist in *First Sunday I* (gegenüber) festgehalten. Die Kamera korrigiert die Ungenauigkeit unserer Wahrnehmung nicht, sondern sorgt dafür, dass wir sie als Beweis unserer Menschlichkeit anerkennen.

Im Gegensatz dazu strebt der Südafrikaner Mohau Modisakeng (geb. 1986) nach einem hohen Maß an Präzision in seinen Bildern, die seine persönliche Geschichte mit der seines Geburtslandes verschmelzen (umseitig). »In meinen Fotografien kann ich selbst kontrollieren, wie ich den Betrachter zu mir in Beziehung setze, und bin daher autonom. Ich habe eine Kontrolle, die meine Vorfahren so nie besaßen. Ich werde gesehen und damit werden auch sie von Neuem sichtbar.« In diesem Foto kommt das Licht von oben und fällt auf den Künstler in seinem eleganten Outfit. Der Titel der Serie (*Qhatha,* »Lasst uns kämpfen«) klingt nach Gewalt, doch es ist eine symbolische Gewalt. Der traditionell von Arbeitern getragene Lederkittel steht im Kontrast zur Melone, dem Hut der Mittelklasse, die noch eigenwilliger wirkt, weil sie zu schweben scheint, statt auf seinem Kopf zu sitzen. Unter dem Kittel deutet ein Einteiler aus künstlichem Leopardenfell an, dass uralte Vorstellungen überleben, obwohl versucht wird, alles mit Macht zu verwestlichen.

Ming Smith
First Sunday I (Grandmother's Pocketbook), 1980
Silbergelatine-Archivdruck,
35,6 x 27,9 cm

Ein schneller Blick auf diese Großmutter, die in ihrer Sonntagskleidung aus einem Hotel kommt. Was macht sie mit ihrer Handtasche, die vor ihr her zu schweben scheint? Worauf schauen das kleine Mädchen und seine Mutter? Da wir die Antworten auf diese Fragen niemals wissen werden, liegt der Reiz dieses Fotos in den Unsicherheiten, die bleiben.

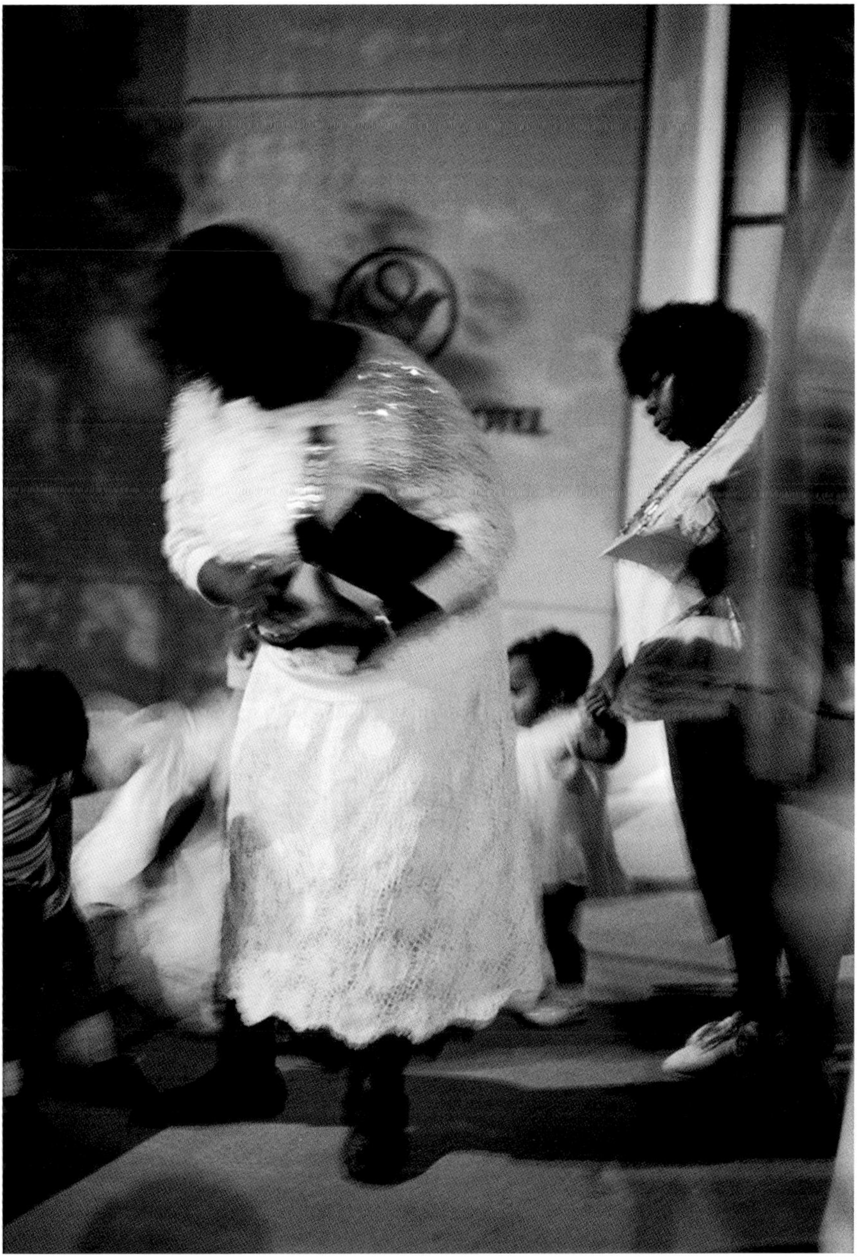

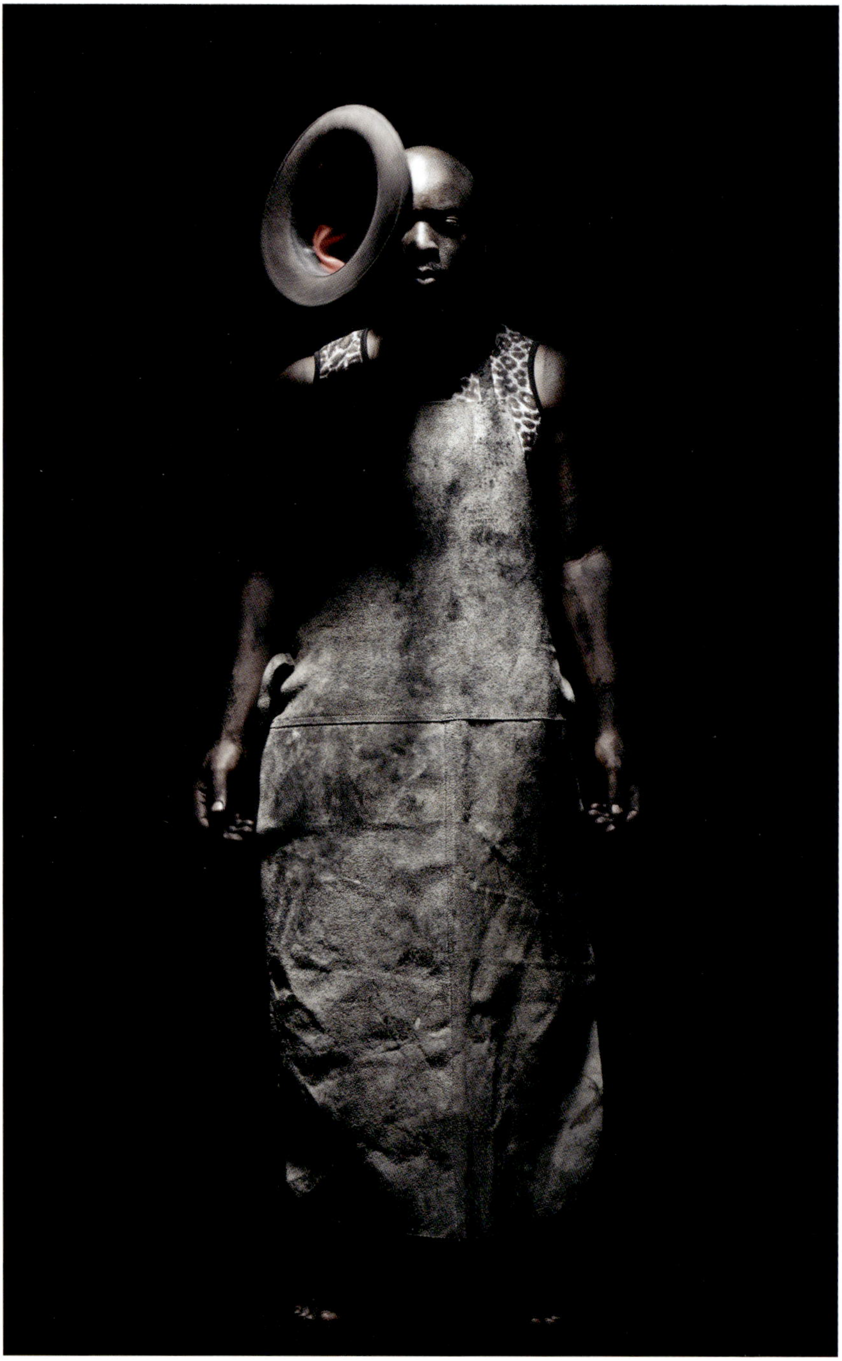

SELEKTIVE AUFMERKSAMKEIT

Die ersten Fotografen strebten nach absoluter Ruhe. Die Kamera auf ihrem Stativ sollte sich nicht bewegen, ebenso wenig wie das Motiv, weil schon die kleinste Regung ein unscharfes Foto bedeutete. Außerdem war bis Ende der 1880er-Jahre die Belichtungszeit sehr lang. Für Porträts nutzten die Fotografen manchmal Kopfstützen aus Metall, die mehr oder weniger gut versteckt waren, oder baten die Porträtierten, den Kopf in die Hand zu stützen. Deshalb wirken, wie der Fotografiehistoriker Clément Chéroux anmerkt, Fotografien aus dieser Zeit oft ein bisschen melancholisch. Das liegt nicht am Alter dieser Fotos, sondern an dieser teilnahmslosen, schwermütigen Pose.

Die Verschwommenheit in den Werken der britischen Fotografin Julia Margaret Cameron (1815–1879) wird durch die lange Belichtungszeit verursacht (unten), die sie ihren Motiven verordnete, obwohl die technischen Fortschritte nur noch wenige Sekunden des Stillhaltens verlangten. Sie mochte dieses Spielen mit dem »Sich tot stellen«, das den fotografierten Personen nicht nur eine gewisse Melancholie verlieh, sondern auch ihre Gesichtszüge verschwim-

Mohau Modisakeng
Untitled (Man with a Hat), aus der Serie »Qhatha«, 2011
Tintenstrahldruck auf Aquarellpapier, 170 x 108 cm

Der leicht von unten aufgenommene Mann tritt aus dem Schatten. Er scheint uns herauszufordern: Wollen wir, dass er wieder in die Leere zurückkehrt, die ihn nur Augenblicke zuvor verschluckt hatte? Dieses Foto ist scharf, was nicht bedeutet, dass es all unsere Fragen beantwortet – der schwebende Hut ist genauso seltsam wie die Handtasche der Großmutter.

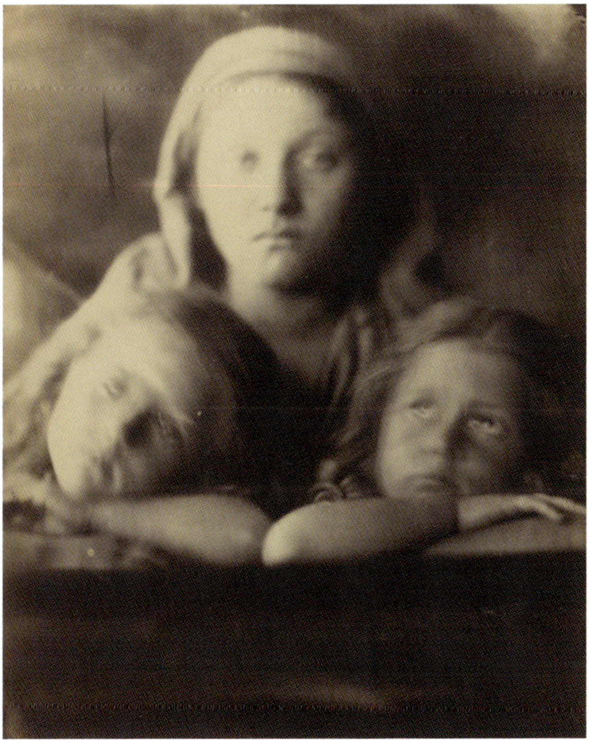

Julia Margaret Cameron
Mary Hillier und zwei Kinder, 1864
Albuminabzug, 26,6 x 21,1 cm

Wohin schauen die Kinder? Fragen sie sich, was sie dort machen, oder starren sie in den Himmel? Das kleine Mädchen auf der linken Seite hat den Kopf schiefer gelegt als das Mädchen rechts und auch sein Gesicht ist heller beleuchtet. Ein kleines Missgeschick mit den Chemikalien beim Entwickeln hat außerdem einen Strich über seinem linken Auge verursacht, der dafür sorgt, dass es nun halb ekstatisch und halb blind aussieht.

men ließ. Die weichen, undeutlichen Gesichter erfüllten ihren Zweck: Sie erinnerten an Geschichten und Mythen, statt akkurat ihre Besitzer abzubilden. Hier wird Mary Ann Hillier, Camerons Dienstmädchen, in die Jungfrau Maria verwandelt, und die zwei Kinder nehmen die gleiche Haltung an wie die berühmten Putten in der *Sixtinischen Madonna* von Raffael (ca. 1514). Die Unschärfe lässt alle unwichtigen Details verschwinden und erzeugt eine Art Halo; die Madonna und ihre Cherubim scheinen uns aufzufordern, über unsere Beziehung zur Religion nachzudenken.

Eine Welt zum Bewohnen

Mit Unschärfe kann man auch versuchen auszudrücken, wie Dinge unserer Aufmerksamkeit entgehen: Wenn wir uns auf etwas konzentrieren, verschwindet alles andere. In der Realität wird unsere Wahrnehmung durch zwei Typen von Unschärfe beeinflusst. Der erste betrifft die Ränder unseres Sichtbereiches, die sehr empfindlich auf Bewegungen reagieren, aber keine Details aufnehmen. Der zweite betrifft unsere Blickrichtung: Wenn wir uns auf ein Objekt konzentrieren, wird alles, was zwischen uns und dem Objekt liegt, unschärfer, genau wie dessen Umgebung. In der Fotografie ist diese zweite Art der Unschärfe gemeint, wenn wir von »Schärfentiefe« sprechen: Dieser Ausdruck bezieht sich auf den Bereich im Blickfeld des Objektivs, in dem Objekte scharf erscheinen. Dieser Bereich ist in *Red Umbrella* von Saul Leiter (S. 100) beschränkt, wo der Schnee im Vordergrund unscharf ist, genau wie in *Christina in a Red Cloak* von Mervyn O'Gorman (S. 118), wo wir das Meer im Hintergrund kaum erkennen können. In diesem Beispiel (gegenüber) des britischen Fotografen Roger Mayne (1929–2014) jedoch ist die Schärfentiefe sehr groß und die Motive heben sich aufgrund des starken Kontrasts zwischen hell und dunkel deutlich von ihrem Umfeld ab – und nicht etwa, weil sie schärfer sind.

Das kleine Mädchen links hat Roger Maynes Kamera entdeckt – als einziges von mehreren Kindern. Es setzt damit gewissermaßen eine Tradition von Renaissance-Künstlern fort, auf deren Gemälden oft eine Person zu sehen war, die sich der Gegenwart eines Betrachters bewusst war und das Gemälde quasi als eine Art Fenster in eine dreidimensionale Welt behandelte, *eine Welt zum Bewohnen*. Nachdenklich schaut das kleine Mädchen uns an, die Hände in den Taschen. Es ist auch das einzige Kind, das nicht spielt, das einzige, das für sich allein ist.

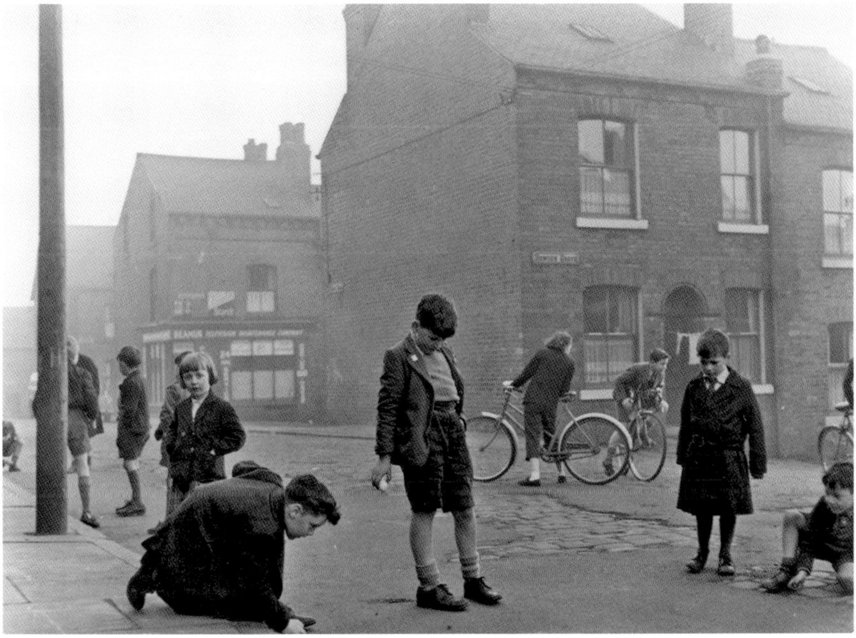

Roger Mayne
Street Scene, Leeds, 1957

Der faszinierende Kontrast zwischen der grauen Stadt, die aussieht, als sei sie in Nebel gehüllt, und der dunklen, fast schwarzen Kleidung, die diese Kinder tragen, hebt diese von ihrer Umgebung ab, so als wolle der Fotograf zeigen, dass sie genauso gut auch woanders spielen könnten als in dieser Straße in Leeds.

VERSCHIEDENE ARTEN VON UNSCHÄRFE

Sich »zu fokussieren« bedeutet, sein Interesse oder Handeln auf etwas zu konzentrieren. In der Fotografie hat das Wort eine etwas andere Bedeutung: Es heißt, das Objektiv so einzustellen, dass es im Bild keine unscharfen Bereiche gibt oder zumindest das Hauptmotiv scharf ist. In beiden Fällen besitzt das Wort jedoch dieselbe Grundbedeutung: auswählen, was wichtig ist, und ihm unsere volle Aufmerksamkeit widmen. Und in der Folge den Rest unscharf lassen.

Unschärfe gilt häufig als Zeichen eines schlechten Fotos oder als Mittel von Fotografen, die ästhetischen Überlegungen über das Vermitteln einer Botschaft oder Information zu stellen. Doch nur weil eine Fotografie unfokussiert ist, bedeutet das nicht, dass sie keine Botschaft besitzt, selbst (und vor allem) wenn die Unschärfe auf die Spitze getrieben wird. Ein Bild kann etwas sehr Präzises ausdrücken, auch wenn die Formen darin verschwimmen. Die beiden folgenden Arbeiten, entstanden durch Bearbeitung vorhandener Bilder, nutzen Unschärfe, um die Bedeutung der Erinnerung hervorzuheben.

Diese Installation (umseitig) des französischen Künstlers Christian Boltanski (1944–2021) fokussiert auf eine Gruppe, die ein noch größeres Risiko läuft, vergessen zu werden, weil wir nicht

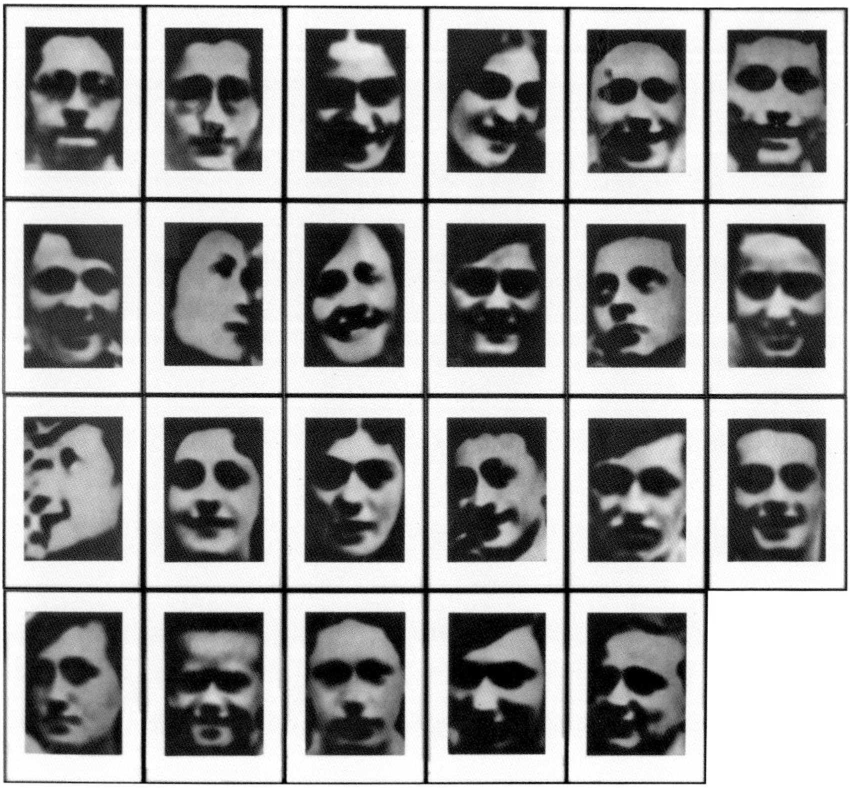

Christian Boltanski
Gymnasium Chases, 1991
Portfolio aus
24 Fotogravuren,
jeweils 48,3 x 33 cm

Die Unschärfe, die diese Teenager in die Anonymität schickt, ist eine sinistre Erinnerung an den Grund, aus dem sie ermordet wurden: die Rassenideologie der Nazis. In den Augen ihrer Henker war es egal, wer sie als Personen waren. Die Unschärfe ihrer Gesichter erinnert uns außerdem daran, wie Details verloren gehen, wenn wir physische Kopien herstellen. Da sowohl die Personen als auch die Originalfotos verschwunden sind, bleibt uns nichts anderes, als immer nur wieder diese Bilder zu kopieren, die jedes Mal weitere Details einbüßen, sodass wir am Ende gar keinen mehr erkennen und sie schließlich vergessen.

wissen, wer diese Leute sind oder was aus ihnen geworden ist. Ihre Gesichter wurden aus einem Klassenfoto herausgeschnitten, das 1931 an der jüdischen Chajes-Schule in Wien aufgenommen worden war. Die Bilder wurden vergrößert, durch Verstärken des Kontrasts unscharf gemacht und auf Metallkisten geklebt, die wie in einem Bestattungsunternehmen aufgereiht sind. Der Name der Schule wurde in »Chases« geändert – ein Wortspiel aus (engl.) »jemandem hinterherjagen« und »ziselieren« – und bezieht sich auf die Judenverfolgung in Österreich ab 1938 durch die Nazis sowie die Herstellung der Metallkisten durch Boltanski viele Jahre später. Dass die Kisten leer sind, verweist auf dasselbe Verlustgefühl wie die verschwommenen Gesichter. Die einzige Möglichkeit, sich zu erinnern, was passiert ist, bietet das menschliche Gedächtnis; alle Spuren sind verschwunden oder sind im Begriff zu verschwinden. Die 23 Kisten sind in Reihen aus sechs Kisten angeordnet, was das Gefühl verstärkt, dass etwas fehlt – das Quadrat, das sie bilden, ist unvollständig.

Wie sieht eine Katastrophe aus?

Der Wechsel zum Digitalen bedeutet nicht, dass ultrascharfe Fotos jetzt dominieren. Er ist auch nicht das Ende der Unschärfe. Fotos sind auch unscharf, wenn sie schnell aufgenommen werden, bei einem Notfall, wenn keine Zeit ist, mit der Kamera genau zu zielen, wie in diesem Beispiel (umseitig) der britischen Fotografin Alison Jackson (geb. 1970), die berühmt ist für ihre fingierten Promifotos.

In ihrer Serie »Disaster« stellt Jackson sich Menschen in einer Notlage vor – ihr Haus brennt, ihr Schiff sinkt, ihr Flugzeug stürzt ab –, die ihre Handys zücken, um den Augenblick festzuhalten. Die Kamera wackelt, allerdings nicht so sehr, als dass man keine Details erkennen könnte. Ziel der Künstlerin ist es jedoch nicht, uns für unsere Besessenheit zu schelten, alles jederzeit zu fotografieren und zu filmen, sondern eher, die »Industrie der Angst« hervorzuheben, die von den Medien durch »Sensationsfotos und -videos« geschürt wird. Auf ihrer offiziellen Website sagt Jackson, dass sie durch ihre Arbeit »unsere düsteren Fantasien darstellt, da wir in einer Welt der ständig drohenden Angst leben, was Fragen über die Vorliebe der Medien für schlechte Nachrichten aufwirft«.

Selbst wenn sich nichts bewegt – weder der Fotograf noch das Motiv – kann die einfache Tatsache des Speicherns von Dateien dazu führen, dass sie beschädigt werden. Schließlich muss man sie

Alison Jackson
Plane, aus der Serie
»Disaster«, 2010
C-Typ-Archivdruck

Trotz der technischen Fortschritte der Digitalfotografie kann das Wackeln der Kamera im Augenblick des Auslösens immer noch Unschärfe erzeugen. Warum sollte man diesen Effekt nicht ausnutzen, vor allem wenn es darum geht, die Sensationsgier einiger skrupelloser Medien hervorzuheben, die darauf aus sind, uns *alles* zu zeigen.

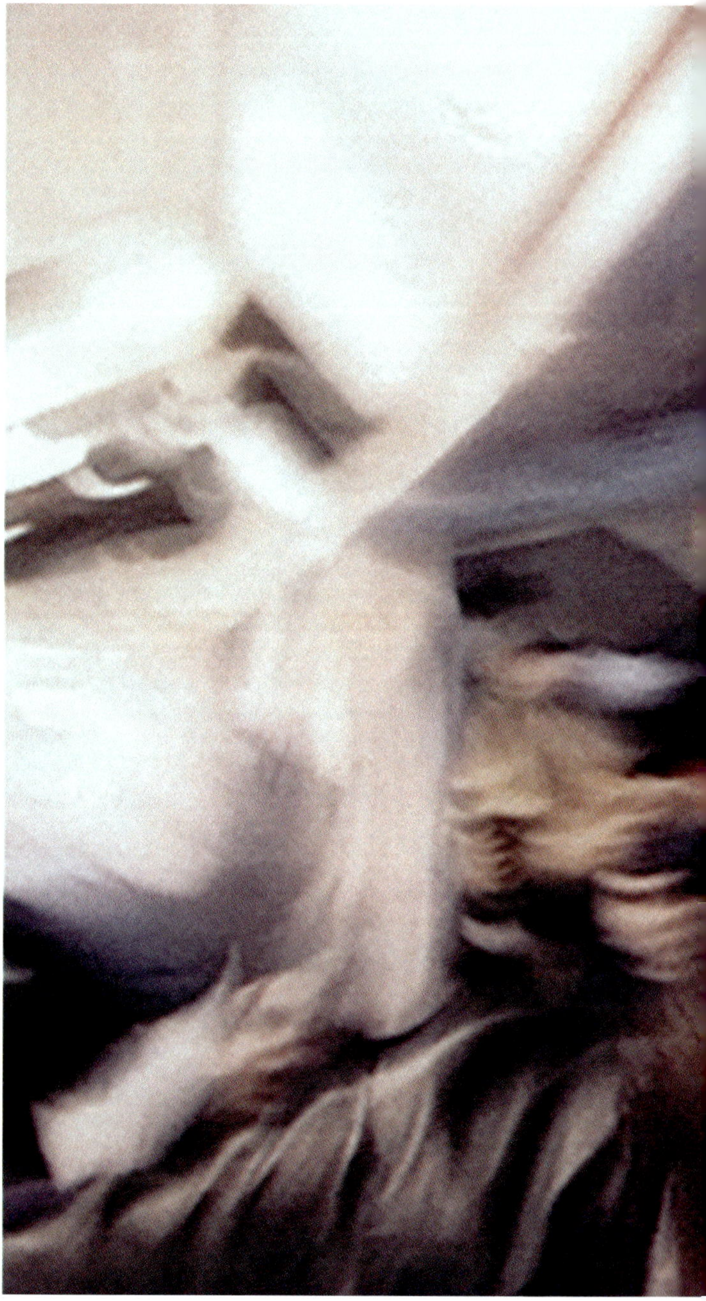

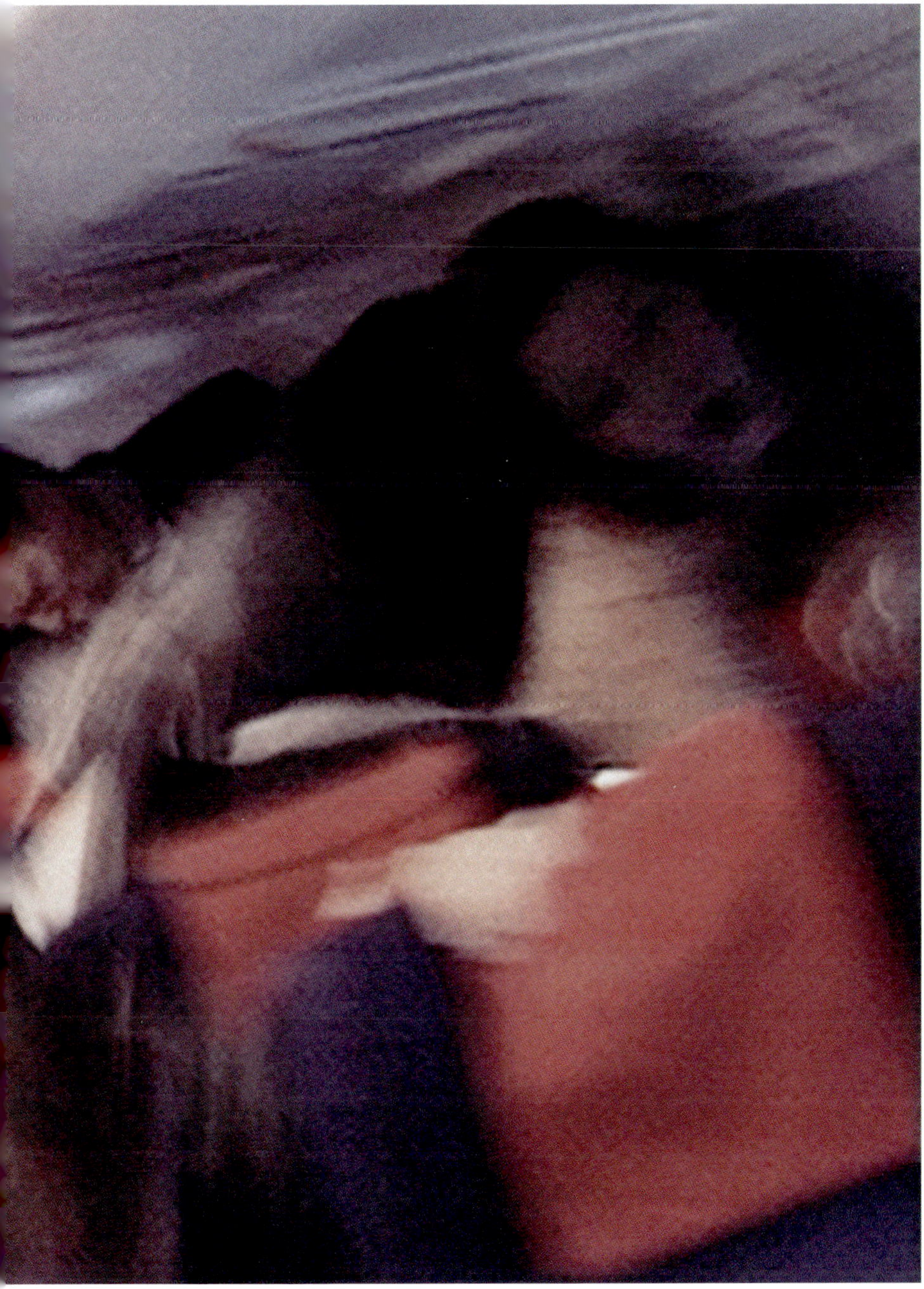

irgendwo ablegen: Sogar digitale Dateien haben eine Art von physischer Existenz. Als sie entdeckte, dass einige der Selbstporträts, die sie ein paar Jahre zuvor aufgenommen hatte, auf diese Weise beschädigt worden waren, beschloss die mexikanische Fotografin Susana Moyaho (geb. 1983), das Beste daraus zu machen (S. 77). »Ich konnte nicht anders, als über die Tatsache nachzudenken, dass ich nach Perfektion strebte, damit man sich genau so an mich erinnert, das von mir gewählte Medium diesen meinen Wunsch jedoch hintertrieb.« Hier ist es so, dass technische Unzulänglichkeiten und der Verlust an Details die Fähigkeit des Fotos, sein Motiv zu repräsentieren, tatsächlich nicht vermindern. Im Gegenteil: Während diese Störungen ein Fehlschlagen der Technik beweisen, stellen sie gleichzeitig die Eitelkeit bloß, die dazu führt, dass man versucht, der Kamera immer die beste und schönste Seite von sich selbst zu zeigen.

Susana Moyaho
Debris 20, aus der Serie »Misremember Me Correctly«, 2020
Video-Screenshot

Digitale Archive sollen zuverlässig sein. Übersetzt in Millionen von Nullen und Einsen bleiben die Pixel, aus denen die einzelnen Fotografien bestehen, angeblich exakt dort, wo sie sein sollen. Manchmal allerdings gibt es unerwartete Unfälle, die uns daran erinnern, dass nichts ewig ist.

WICHTIGE IDEEN

- Eine Fotografie muss nicht zwangsläufig scharf sein, um als technisch gut zu gelten.
- Unschärfe ist nicht immer ein Versehen.
- Wenn wir uns unsicher sind, was in einem Foto dargestellt wird, dann ist dies eine Chance, es als etwas anderes zu sehen als ein Fenster in die Welt.
- Unschärfe kann uns dazu veranlassen, über unsere Zweifel, unsere flüchtigen Eindrücke oder die Dinge, die wir normalerweise nicht bemerken, nachzudenken.

WICHTIGE FRAGEN

- Sollte Schärfe ein anzustrebendes Ideal sein?
- Ist es sinnvoll, lange Zeit damit zu verbringen, ein unscharfes Foto anzuschauen?
- Sollte ein Fotograf das Licht dem Schatten immer vorziehen?
- Sind Bereiche der Unsicherheit in Fotografien immer ein Zeichen, dass etwas vor uns verborgen wird?

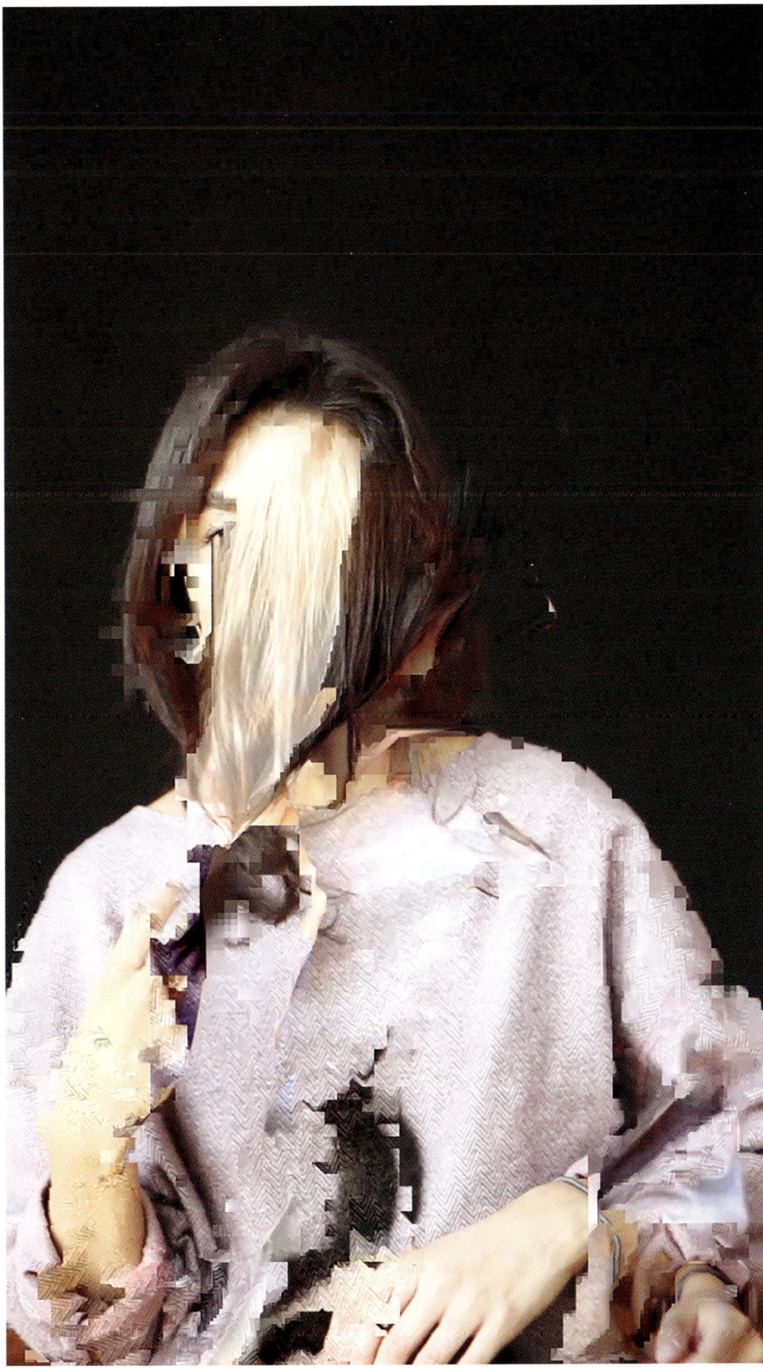

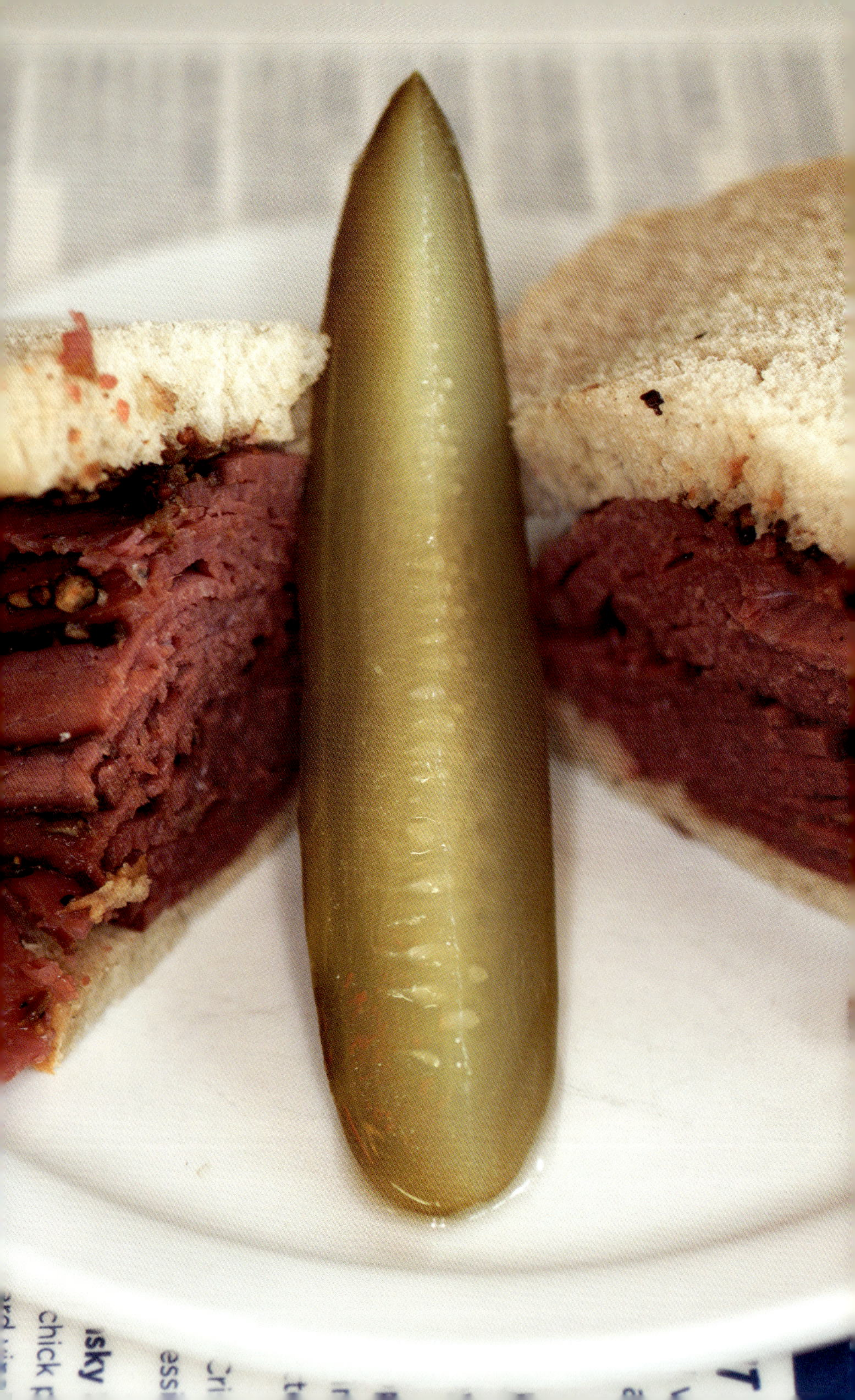

DER RICHTIGE WINKEL, DER RICHTIGE ABSTAND

-

Die Fotografien, die ich aufnehme, spiegeln einfach meinen Blickpunkt wider, und durch sie versuche ich, die Widersprüche in unserer Gesellschaft zu illustrieren.

-

Martin Parr

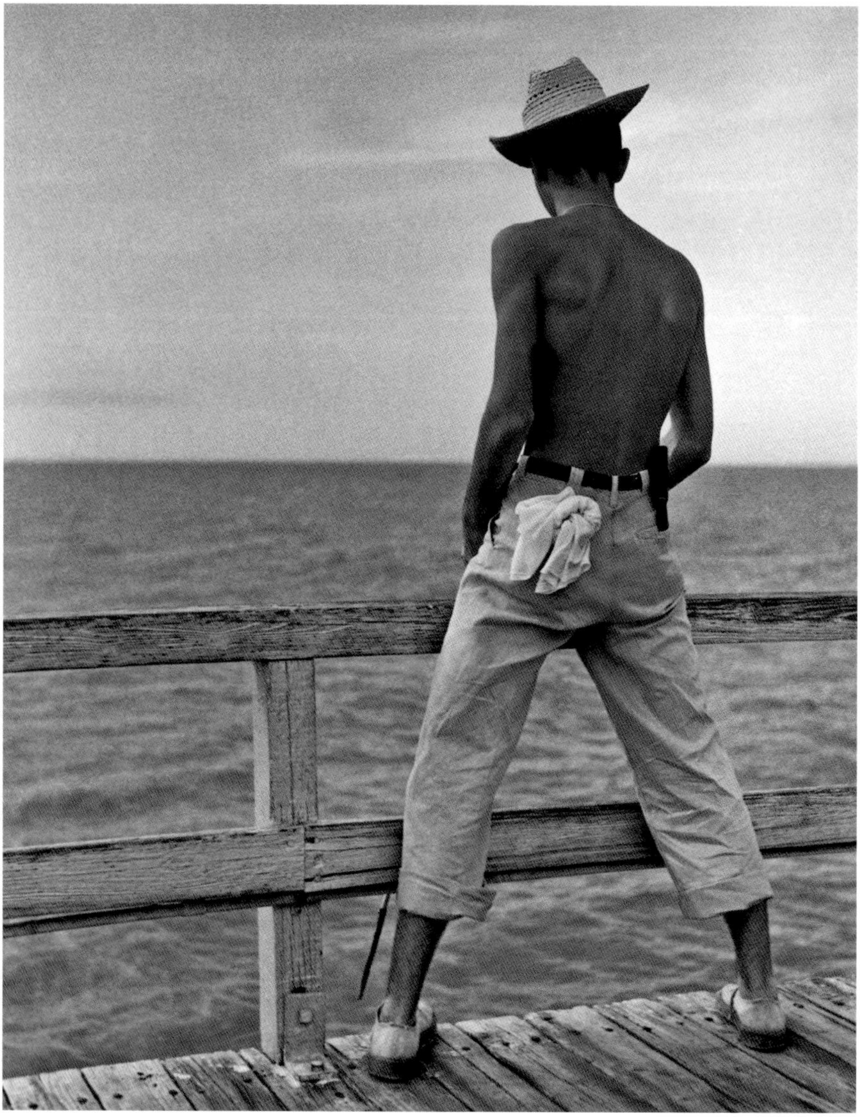

Berenice Abbott
Boy Fishing, Daytona Beach, Florida, 1954

Die gerade Horizontlinie ist auf derselben Höhe wie der leicht gewölbte Gürtel des Jungen. Die Linie, die den Himmel vom Meer trennt, verschmilzt mit der Linie, die den nackten Oberkörper des Jungen vom unteren, bekleideten Teil seines Körpers trennt.

Jeder kennt sicher den alten Witz von dem Fotografen, der am Hafen seine Freunde oder die Familie fotografieren will und mit dem Rücken zum Meer steht. Während er versucht, den richtigen Abstand für das Bild zu finden, macht er einen Schritt nach hinten, dann noch einen … und fällt schließlich ins Wasser. Profis sind vorsichtiger, aber alle Fotografen suchen nach derselben Sache: dem *richtigen Blickpunkt* – einer visuellen Perspektive, die, wie sie hoffen, auch ihre moralische, emotionale oder ideologische Sicht auf die Szene vermittelt. Bei der Wahl des richtigen Standortes ist immer eine subtile Kombination aus Ästhetik und Ethik am Werk – vermutlich mehr als in jeder anderen technischen Überlegung.

Auch der Unterschied zwischen klassischen Kameras und Smartphones spielt eine Rolle. Beim Blick durch den Sucher nutzen wir zwar das Objektiv, um die Sichtweise zu ändern, schauen aber immer noch direkt auf die Welt. Schauen wir uns dagegen das Foto, das wir machen wollen, auf einem Bildschirm an, konzentrieren wir uns nicht mehr auf die Welt selbst, sondern auf ein Bild von ihr.

ANNÄHERN / VERMEIDEN

Das Verhalten von Tieren wird durch zwei gegensätzliche Arten von Bewegungen bestimmt, die beide entscheidend für das Überleben sind: *annähern/vermeiden* – näher an die Beute gehen oder vor einem Raubtier fliehen. Menschen sind von dieser Regel nicht ausgenommen, auch wenn Fotografen sie zu einem gewissen Grad umstoßen. Kameras gehören wie Ferngläser und Teleskope zu den optischen Instrumenten, mit denen wir etwas von Nahem sehen können, auch wenn wir weit davon entfernt sind. Ein Foto ist wie eine schützende Glasscheibe. Wie ein Aquarium oder ein Käfig im Zoo gewährt es uns einen Einblick in eine feindselige Umgebung. Der Fotograf nimmt für uns alle Gefahren auf sich und riskiert manchmal sogar sein Leben, damit wir uns an den Bildern erfreuen können. Manchmal überlebt er es nicht, wie der schwedisch-argentinische Fotojournalist Leonardo Henrichsen, der während des Militärputsches 1973 in Santiago, Chile, seine eigene Ermordung filmte.

Ein falsches Gefühl von Allgegenwärtigkeit

Natürlich wirft es nicht so viele Probleme auf, wenn man sich etwas Schönem nähert. Manchmal spielt eine Kamera eine ähnliche Rolle wie ein Mikroskop oder ein Teleskop, indem sie es uns erlaubt, die Teile der Welt zu entdecken, die dem bloßen Auge verborgen sind. Diese Art der Erkundung macht Spaß, kann aber auf lange Sicht gefährlich sein, wie Susan Sontag behauptet: »Der ultramobile Blick der Fotografie schmeichelt dem Betrachter, weil er ein falsches Gefühl der Allgegenwärtigkeit erzeugt, eine trügerische Beherrschung des Erlebens.« Wir betrachten alles als Spektakel und befassen uns nicht mehr wirklich mit dem, was wir sehen.

Zum Glück gibt es Fotografen, die uns helfen, uns mit der Welt auseinanderzusetzen. Ihr Werk muss nicht spektakulär oder politisch sein, sondern ist einfach eine Feier der Menschlichkeit wie im Fall der amerikanischen Fotografin Berenice Abbott (1898–1991).

Was könnte einfacher sein, als einen jungen Mann beim Angeln zu verewigen (S. 80)? Es ist ein Traum für einen Fotografen, da er sich nicht bewegt. Abbott fotografierte ihn von hinten, um den Frieden des Augenblicks nicht zu stören. Wüssten wir allerdings den Titel des Fotos nicht, würden wir uns vielleicht fragen, was er dort macht. Man sieht keine Angelausrüstung – sie ist verdeckt, man erkennt nur die Spitze der Angel vor seinem linken Bein. Mit seiner entspannten Haltung, breitbeinig, eine Hand in der Tasche, sieht der junge Mann aus wie die *paisanos* (Bauern) aus John Steinbecks Roman *Tortilla Flat* (1935). Steinbeck schreibt, dass diese Männer »mit ihrer Umgebung verschmelzen. Unter Männern wird dies Philosophie genannt, und das ist eine schöne Sache«. Abbott fühlte es: Sie kam näher, aber zeigte auch Respekt; die Harmonie des Augenblicks ist ungestört, der Mann ist eins mit seiner Umwelt.

Ganz anders das Foto gegenüber, das die Schrecken des Krieges zeigt. Sie sind hier zweifach. Einerseits löste der Biafra-Krieg (1967–1970) in Nigeria eine Hungersnot aus, die mehr als eine Million Leben forderte; andererseits lebte der Sensationsjournalismus von den furchtbaren Szenen, die die Symptome der *Kwashiorkor* hervorriefen, einer schrecklichen Krankheit, die hungernde, unterernährte Kinder befiel. Als der iranische Fotograf Abbas (1944–2018), ein Mitglied der Agentur Magnum, vor Ort eintraf, war er verstört von dem, was er dort sah. Er entschied sich für den »Blick von hinten« und fotografierte vier seiner Kollegen, die ihre Kameras auf ein zitterndes Kind in zerrissener Kleidung gerichtet hatten. Wird hier der Spieß wirklich umgedreht? Aus visueller Sicht ist es sicher eine Umkehrung, doch auch aus ethischer Sicht? Egal, ob dieses arme, einsame Kind von hinten oder von vorn gezeigt wird, klar ist, dass niemand es um Erlaubnis fragte, bevor er den Knopf drückte.

Der Schutz, den uns die Fotografie bietet, ermutigt uns, Dinge anzuschauen, von denen wir uns ansonsten abwenden würden. Wir finden Gewalt weniger verstörend, wenn sie in einen rechteckigen

Abbas
End of Biafra, Owerri, Nigeria, 1970

Abbas blieb stehen; er wollte nicht das Spiel spielen, sich auf Augenhöhe zu dem Kind hinunterzubeugen.

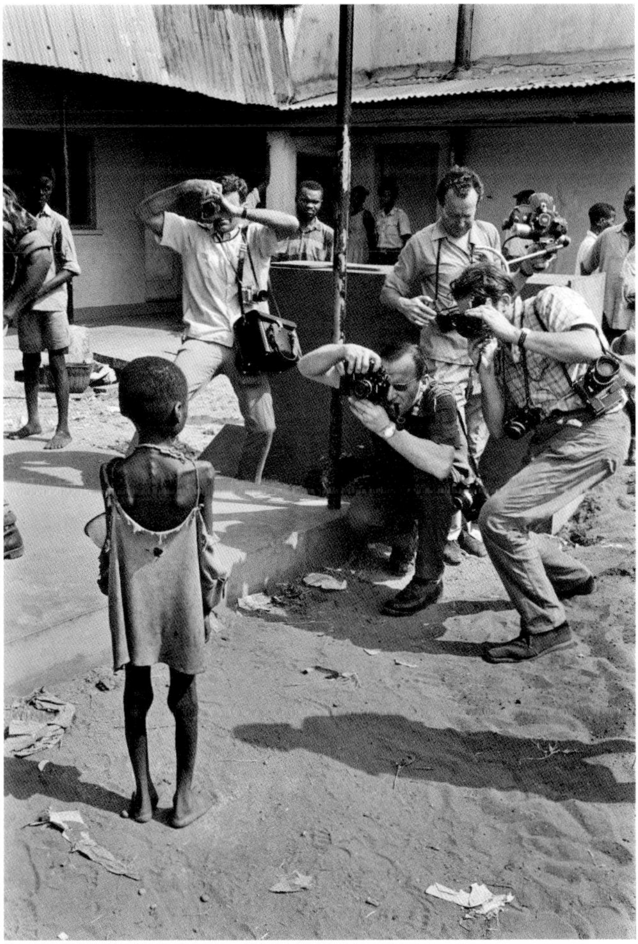

Rahmen eingeschlossen ist und eine ihrer drei Dimensionen eingebüßt hat, wir sie also nicht länger direkt wahrnehmen. Wir können sie distanzierter betrachten und sogar aus ästhetischer Sicht schätzen, unsere moralischen Skrupel vergessen. Deshalb spielen Kriegsfotografen immer in einem gewissen Maß mit dem Feuer. Wie steht es um die Ethik beim Zeigen der verstümmelten Leichen unglücklicher junger Männer, wenn die Person, die das Foto anschaut, bereits weiß, dass Krieg eine schreckliche Sache ist, und insgeheim gegen die Schadenfreude ankämpft, dass eine andere Person mehr leidet als sie selbst? Ein guter Fotograf lässt bei einer solchen Szene nicht zu, dass wir zu Voyeuren werden, sondern fordert uns auf, zu reflektieren und über unsere instinktive Reaktion hinauszuwachsen.

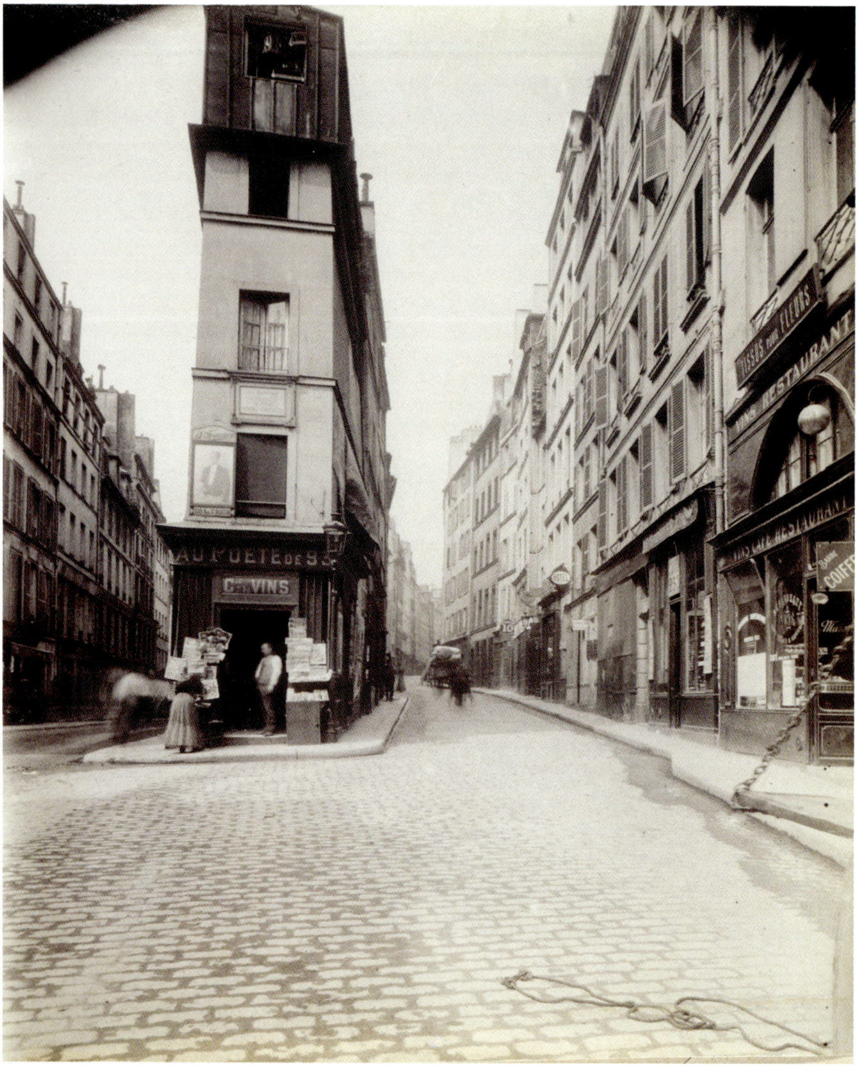

Eugène Atget
André Chéniers Haus,
Ecke Rue de Cléry und Rue d'Aboukir, Paris, 1907
Albuminabzug,
21,5 x 17,8 cm

Wie andere Fotografen in der Anfangsphase der Fotografie arbeitete Eugène Atget ohne Sucher; das könnte erklären, wieso der Dachfirst des Gebäudes den Bildrand berührt, während unten eine Menge leeres Straßenpflaster zu sehen ist.

AUGEN WIE SCHEREN

Touristen bei einer Safari und Fotografen bei einem Fußballspiel kommen nicht dicht an ihre Motive heran und nutzen daher Tele- oder andere Objektive mit langer Brennweite. Um zu erklären, wie das funktioniert, stellen Sie sich die Breite des Sichtfeldes wie eine Schere vor. Ist die Schere weit geöffnet, sind die beiden Klingen weit voneinander entfernt. Genauso breitet sich bei einem Objektiv mit kurzer Brennweite der beobachtete Raum zu beiden Seiten unserer Augen aus. Werden die beiden Klingen der Schere näher zusammengebracht, bilden sie einen spitzeren Winkel: Bei einem Objektiv mit langer Brennweite wird das Sichtfeld schmaler, ist aber komplett mit dem ausgefüllt, was zuvor klein und weit weg war.

Während die Brennweite unserer Augen fest ist, kann die Brennweite einer Kamera oder eines Smartphones variieren. Bewaffnet mit diesen Gerätschaften und einer kurzen Brennweite scheint ein nahes Objekt weit entfernt zu sein. Umgekehrt sehen wir mit einer langen Brennweite ein entferntes Objekt aus der Nähe.

Die Möglichkeiten, die durch das Variieren der Brennweite gegeben sind, verstärken die Gefahr des Voyeurismus. Menschen mit einem Teleobjektiv zu beobachten, kann als Spionage ausgelegt werden. Der Fotograf braucht einen guten Grund, will er nicht riskieren, aus den Reihen der respektablen Fotoreporter verbannt zu werden. Denken wir an den berühmten Spruch des ungarisch-amerikanischen Fotografen Robert Capa (1913–1954): »Wenn deine Bilder nicht gut genug sind, dann bist du nicht dicht genug dran.«

Oft jedoch benutzen Fotografen ein Weitwinkelobjektiv, wenn sie die Aufmerksamkeit auf die Beziehung zwischen unterschiedlichen Elementen in einer Szene lenken wollen. Der Fotograf kann damit *Dinge in Perspektive setzen*, und zwar sowohl im wörtlichen als auch im übertragenen Sinn, statt das Motiv zu isolieren, indem er es aus dem Kontext nimmt. Allerdings verzerrt diese Perspektive auch die Fluchtlinien, die dem Bild Tiefe geben: Das Ergebnis wirkt anders, als wir die Welt tatsächlich wahrnehmen. Die Fotos der Pariser Straßen des französischen Fotografen Eugène Atget (1857–1927) (gegenüber) setzen oft auf dieses Phänomen. Aufgenommen ungefähr zu der Zeit, als die Metro gebaut und die Hauptstadt durch die breiten Boulevards verwandelt wurde, nutzen sie die distanzierende Wirkung des Weitwinkelobjektivs, um das Gefühl zu vermitteln, dass das frühere Paris in den Tiefen der Zeit verschwindet.

Der Weinhändler im Erdgeschoss dieses schmalen Pariser Hauses ist schon lange weg und das Gebäude selbst scheint auch nicht mehr dasselbe zu sein. Doch niemand, der diese Straße entlang geht, hat jemals gesehen, dass die Fassaden sich so stark verjüngen

Luca Campigotto
Gulf of Bothnia, Lapland, 2003
Pigment-Archivdruck,
101,6 x 127 cm

Da das Schiff im Eis gefangen war und sich deshalb nicht bewegen konnte, hatte Luca Campigotto die Möglichkeit, den Verschluss lange geöffnet zu lassen – genau wie die Pioniere der Fotografie. Die Folge ist, dass die Personen, die sich unten rechts bewegt haben, unscharf geworden sind.

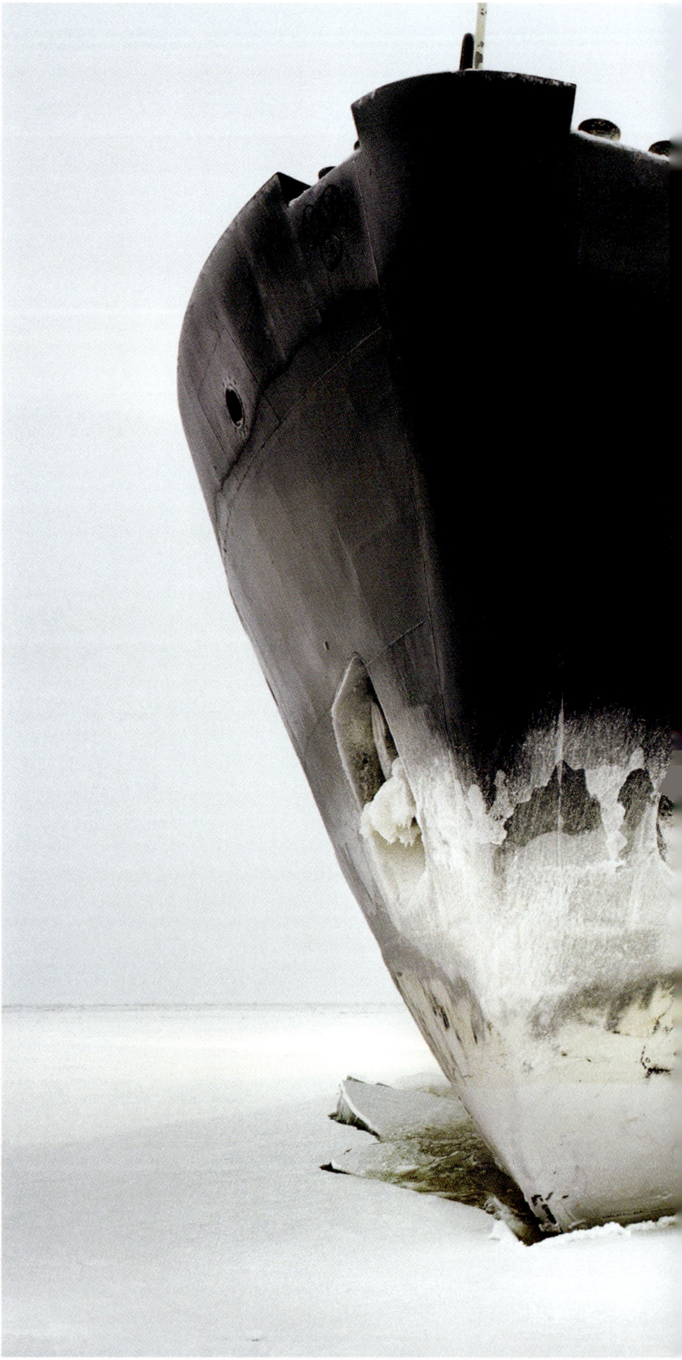

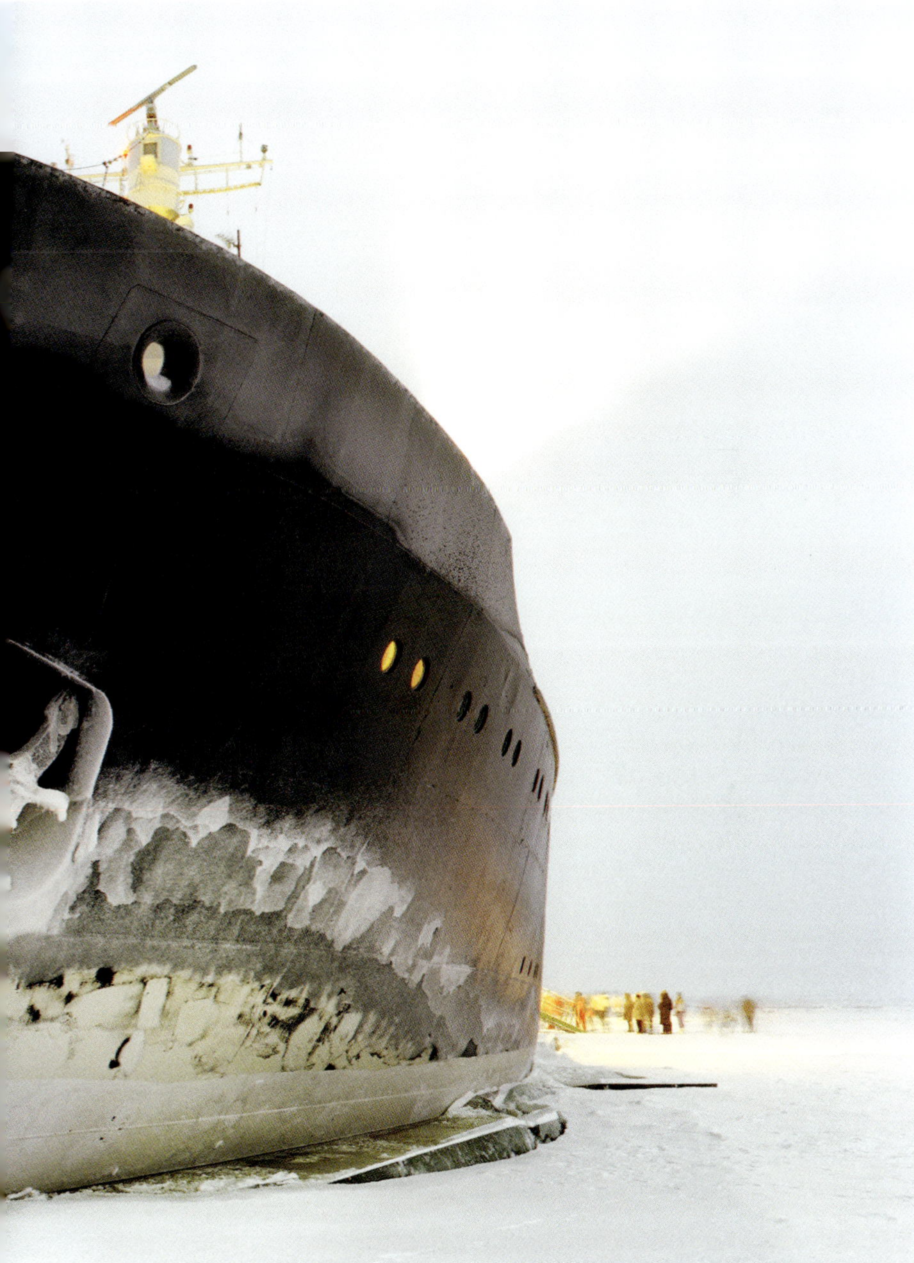

wie auf diesem Foto. Die Verzerrung der Fluchtlinien wird außerdem durch die abgerundeten Ecken des Bildes betont.

Um diese Effekte zu vermeiden, nehmen viele Fotografen am liebsten Objektive, deren Brennweite der unserer Augen ähnelt, und verändern physisch die Entfernung zum Motiv. Mit Verzerrungen können wir aber auch Ideen oder Gefühle ausdrücken. Der italienische Fotograf Luca Campigotto (geb. 1962) macht das in einem Projekt, das durch seine Reisen inspiriert ist (S. 86–87).

Durch das Weitwinkelobjektiv wirkt der Bug des Schiffes wie das Gesicht eines gigantischen Haies. Die beiden runden Öffnungen in der Verschanzung könnten Augen sein, die Anker lassen an Nasenlöcher denken und die vereisten Flecken unten erinnern an Zähne. Diese Szene entbehrt nicht einer gewissen Ironie: Menschen haben die Natur kopiert, indem sie ein Schiff in Form eines Fisches gebaut haben, und werden nun bestraft, indem das Eis verhindert, dass sie weiterkommen.

DER RICHTIGE ORT

Mit etwa sieben Jahren erreichen Kinder das von Psychologen so genannte »Vernunftalter« und beginnen, eine größere Fähigkeit zur Empathie zu entwickeln. Sie verstehen, wie die Menschen um sie herum fühlen, und stellen eine Verbindung zwischen Denken und Handeln her. Die Fotografie bietet eine konkrete Manifestation dieser Fähigkeit, indem sie es uns erlaubt, durch die Augen eines anderen zu schauen. Manchmal können wir mit dieser Perspektive eine Situation sogar besser verstehen, als wenn wir selbst an der Stelle des Fotografen gewesen wären. Interessanterweise bezieht sich der Ausdruck »Standpunkt« sowohl auf den Blick als auch auf das Urteil. Die körperliche Änderung unserer Position im Raum, um etwas anzuschauen, kann auch zu einer Änderung unserer moralischen oder politischen Position führen – manche Zeitungen führen eine Rubrik mit Aussagen der ausländischen Presse über die nationalen Ereignisse. Diese andere Perspektive beeinflusst nicht nur unser Denken, sondern erlaubt es uns manchmal, Schönheit an unerwarteten Stellen zu entdecken.

Nehmen wir etwa eine Grundschule (gegenüber). Egal, wo oder wann man sie sieht, es sind nur zwei Dinge nötig, um ihre Schönheit anzuerkennen: der richtige Augenblick und die richtige Position. Zehn Kinder bereiten sich auf die »Reise nach Jerusalem« vor. Die langen Schatten deuten an, dass es früher Morgen oder später Nachmittag ist. Ein Zögern liegt über der Szene; es scheint gleich loszugehen, aber vielleicht läuft das Spiel schon und die Erwachsene auf der linken Seite tröstet gerade ein Kind, das bereits ausgeschieden ist. Der indische Fotograf Vidyavrata (1920–1999) stand auf einem Dach oder

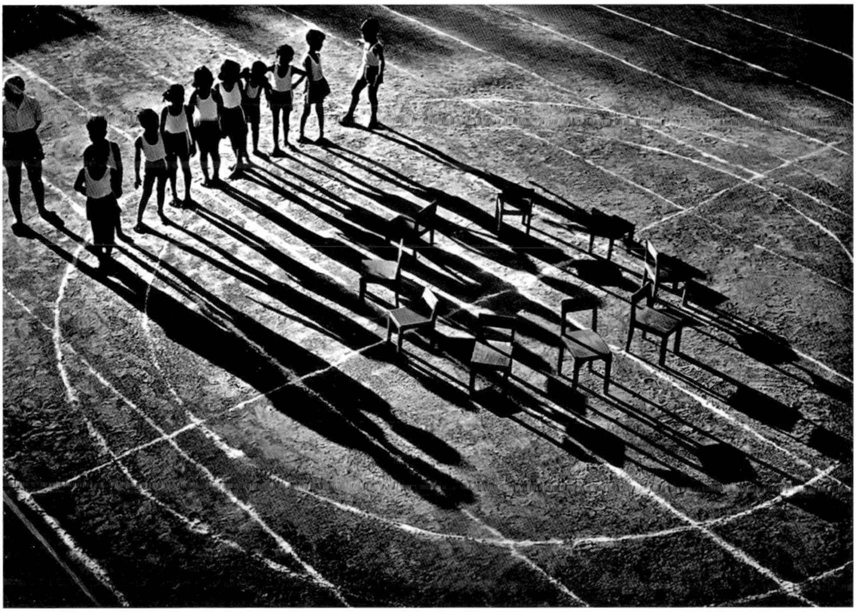

Vidyavrata
Music, Pondicherry, 1962
120-mm-Schwarz-Weiß-Filmnegativ

Um die grafische Schönheit dieses Augenblicks einzufangen, mit den Stühlen und den Schatten, die die Noten eines imaginären Musikstücks bilden, musste der Fotograf sich an exakt diese Position stellen.

Balkon. Er sah die geraden Linien auf dem Spielfeld und die im Kreis aufgestellten Stuhle.

Ein Fotograf kann die richtige Position auch finden, indem er sich vorstellt, wie die Szene als flaches Bild aussehen könnte – anders als die Wirklichkeit sind Fotos nur zweidimensional. Dieser Ebnungseffekt ist kein Nachteil, wenn wir uns von der Idee verabschieden, dass die Fotografie eine Kopie oder gar einen Klon der Welt erschaffen soll. Stattdessen können wir mit seiner Hilfe Dinge verknüpfen, die eigentlich zu weit voneinander entfernt sind, um die Beziehung zwischen ihnen zu erkennen.

Die äthiopische Künstlerin Aïda Muluneh (geb. 1974) will durch ihre Kunst auf die »Notlage der Wasserversorgung« in ihrem Land aufmerksam machen (umseitig). Es gibt viel Wasser in Äthiopien, allerdings befindet es sich in unterirdischen Lagerstätten und kann nur mittels teurer Technik erreicht werden. In der oberen Hälfte des Fotos dominiert Blau: Himmel, Schirm, Kopftuch und Make-up der Frau. In der unteren Hälfte fehlt diese Farbe vollkommen, obwohl sich das Wasser hier konzentriert. Die Pose der Heldin lenkt unsere Aufmerksamkeit darauf: Die Kanister, die sie lässig hinter sich herzieht, sind leer und der Schirm ist nutzlos.

Die Komposition will einem Problem visuellen Ausdruck verleihen, das viele Äthiopier das Leben kosten wird, wenn man es nicht löst.

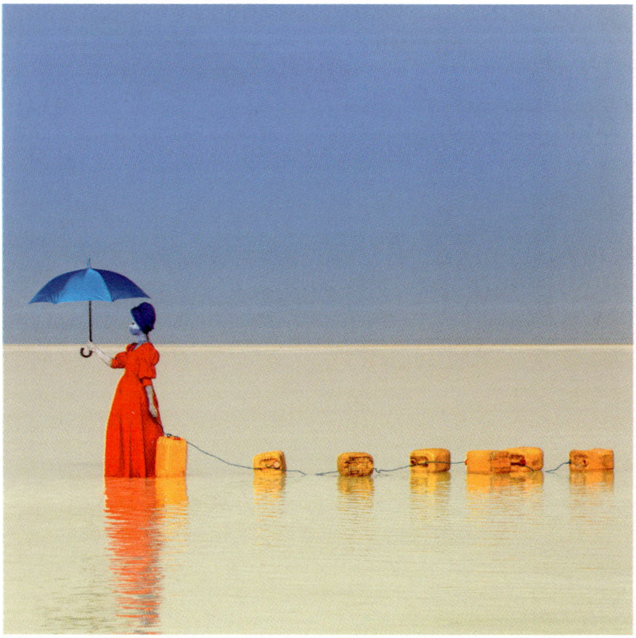

Aïda Muluneh
The Shackles of Limitations, aus der Serie »Water Life«, 2018
Tintenstrahldruck auf Papier,
80 × 80 cm

Der Horizont, der die Bildmitte durchschneidet, trennt den Kopf der Frau von ihrem Körper. Diese Linie in der Mitte der Komposition dient als Symbol für die grundlegende Trennung zwischen der Welt der Ideen (wie wir mit der Wasserkrise umgehen sollten) und der Welt der konkreten Handlungen (was in Wirklichkeit geschieht).

Das Auge der Kamera geht dorthin, wohin der menschliche Blick nicht reicht.

Getrieben von einem ähnlichen Drang, glaubten die Fotografen und Filmemacher der sowjetischen Avantgarde der 1920er-Jahre, dass es ihre Pflicht sei, Bauern, Fabrikarbeitern und Bergleuten zu zeigen, wie sie bei der Arbeit aussahen, um diesen eine andere Perspektive zu bieten. Sie wollten sie davon überzeugen, dass sie etwas Nobles taten. Vielleicht klappte es manchmal sogar.

Als sie sich selbst durch die Augen von Arkadi Schaichet (1898–1959) sahen, merkten diese zwei Arbeiter (gegenüber) vielleicht, dass ihre Arbeit beim Zusammensetzen des Globus am Giebel der Zentralen Telegrafenstation tatsächlich symbolisch für den Auftrag dieser Einrichtung stand. Beeinflusst ist die Komposition auch durch den Konstruktivismus, dessen Ziel es war, mit den unnötigen Feinheiten der Kunst zu brechen und sich auf geometrische Formen zu konzentrieren, die sich besser eigneten, die neue Welt darzustellen, die durch die Russische Revolution geschaffen wurde. Entsprechend liegen über den dicken Linien der inneren Struktur des Globus feinere Linien, die seine äußere Form nachzeichnen. Dieses Liniennetz repräsentiert die Verbindungen, die zwischen Menschen auf entgegengesetzten Seiten der Welt, auch solchen mit unterschiedlichen Ansichten, geschaffen werden – daher ist es nur richtig, dass die beiden Arbeiter Rücken an Rücken stehen.

DIE VERMESSUNG DER WELT

Die faszinierendste Perspektive ist vielleicht die Aufnahme aus einem extrem hohen Winkel, sozusagen Gottes Blick, den wir normalerweise nicht einnehmen können. In der Fotografie lässt sich sein Ursprung auf das Jahr 1858 zurückverfolgen, als der französische Fotopionier Nadar (1820–1910), der als einer der ersten künstliche Beleuchtung verwendete, ein Patent für die »aerostatische«

Arkadi Schaichet
Zusammenbau des Globus an der Moskauer Zentralen Telegrafenstation, 1928
Alter Silbergelatinedruck, 24 x 17,8 cm

Dieses Foto erschien auf dem Cover von *Ogonjok*, einer Wochenzeitschrift mit Fotoreportagen, die im Prinzip eine Art Gegenstück der UdSSR zum US-amerikanischen *Life*-Magazin darstellt. Zufälligerweise trägt der Arbeiter auf der linken Seite dieselbe Art von Mütze wie Trotzki, während die Kopfbedeckung des rechten Mannes der von Lenin ähnelt.

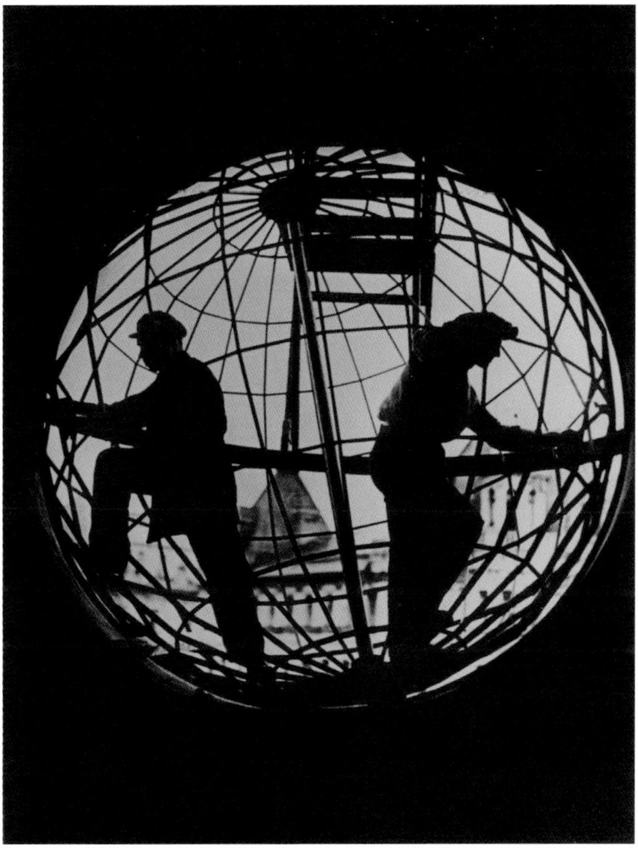

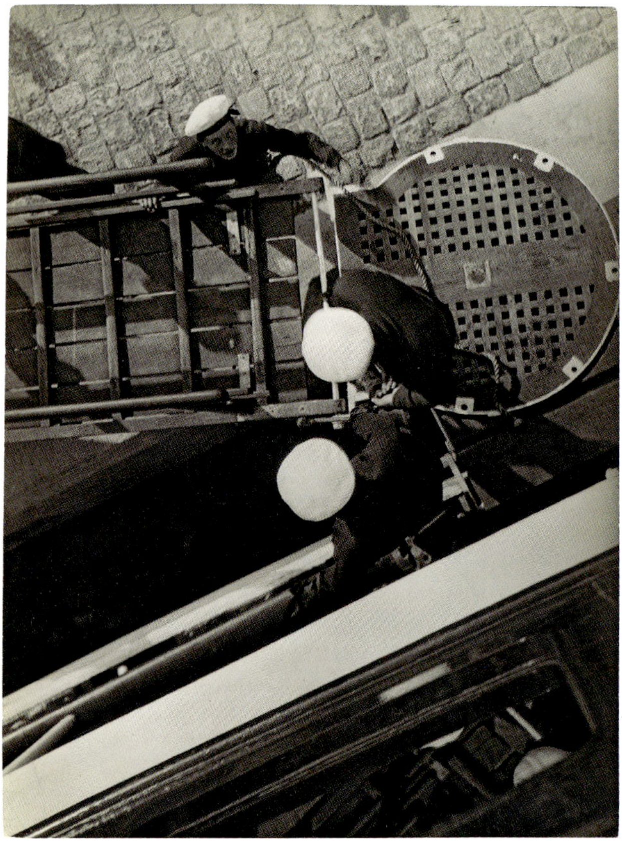

László Moholy-Nagy
Scandinavia, 1930
Silbergelatineabzug,
23,5 x 17,1 cm

Die Draufsicht erzeugt den Eindruck, *über allem* zu stehen, eine reinere Luft zu atmen, frei von all den materiellen Sorgen des Lebens darunter. Seit einigen Jahren macht im Internet der Hashtag #fromwhereistand die Runde, mit dem unzählige Fotos markiert sind, in denen man ebenfalls gottgleich von oben auf eine Szene blickt.

Fotografie anmeldete, das heißt, für Fotos, die von einem Heißluftballon aus gemacht wurden. Nadar ist heute zwar bekannt für die emotionale Kraft seiner fotografischen Porträts, doch sein Ziel bestand nicht darin, beim Flug in 200 Metern Höhe Kunst zu schaffen, sondern exakte Karten zu zeichnen und Messungen vorzunehmen. Nicht mehr, nicht weniger. Am Ende ist er dabei gescheitert. Die Fotos, die er schließlich zehn Jahre nach Einreichen des Patents gemacht hat, zeigen eine schräge Ansicht – erst Satelliten und Drohnen konnten exakt senkrecht von oben Fotos aufnehmen. Aber das ist egal: Diese außergewöhnlichen Bilder inspirierten Nadars Zeitgenossen, eine radikal andere Sichtweise anzunehmen, eine, die ihr volles Potenzial später, nach Erfindung der ersten Flugzeuge, entfaltete.

Zum Beschreiben dieser radikal neuen Perspektive könnten wir uns beim Vokabular des Kinos bedienen: dem umgekehrten

Blickwinkel, dabei dreht sich der Kameramann um manchmal bis zu 180 Grad, um aus der Gegenrichtung der ursprünglichen Einstellung zu filmen. Die Mythen und Glaubensvorstellungen vieler Kulturen und Religionen drehen sich um die einfache Geste, den Blick zum Himmel zu erheben; die Fotografie bot nun den umgekehrten Blickwinkel zu diesem Blick, sodass alle ihn sahen. Dies verwandelte die visuelle Kultur ganz grundlegend.

Ernst Haas
Park Avenue Taxis,
New York, 1958

Der große Winkel der Aufnahme hebt die Tatsache hervor, dass jede Kategorie von Objekten ganz eigene Farben aufweist, so als wäre kein Raum für irgendeine Art von Individualität in solchen Umgebungen: Die Pflanzen sind natürlich grün, doch kulturelle Konventionen diktieren, dass Gelb und Braun den Autos zugeordnet werden, während Schwarz und Weiß für die Menschen reserviert sind.

Was zeigt das Foto auf der linken Seite? Drei Matrosen, die an Land gehen? Nein. Es zeigt den Blick eines Beobachters auf dem Oberdeck eines Schiffes. Dieser Blick nimmt die geometrischen Formen wahr: Das Raster der Pflastersteine nimmt das Muster am Ende der Gangway auf, das so rund ist wie die Matrosenhüte. Der helle Streifen, der den Rand des Kais markiert, findet sich auch im Geländer wieder. Noch faszinierender ist, dass keine der Linien im Blickfeld parallel oder rechtwinklig zu den Rändern des Bildes verläuft. »In der Fotokamera haben wir die verlässlichste Hilfe, um einen objektiven Blick zu entwickeln«, sagte der ungarische Künstler László Moholy-Nagy (1895–1946). Statt Matrosen in einem Hafen wollte er uns die reine Kombination aus Linien, Mustern und geometrischen Formen sehen lassen. Paul Klee, sein Kollege am Bauhaus, nannte seinen nicht-analytischen Blick das »Kuhauge«. Ganz so einfach ist es aber nicht: Einer der Matrosen schaut direkt zu uns nach oben. Es ist deshalb unmöglich, den ungerührten Blick

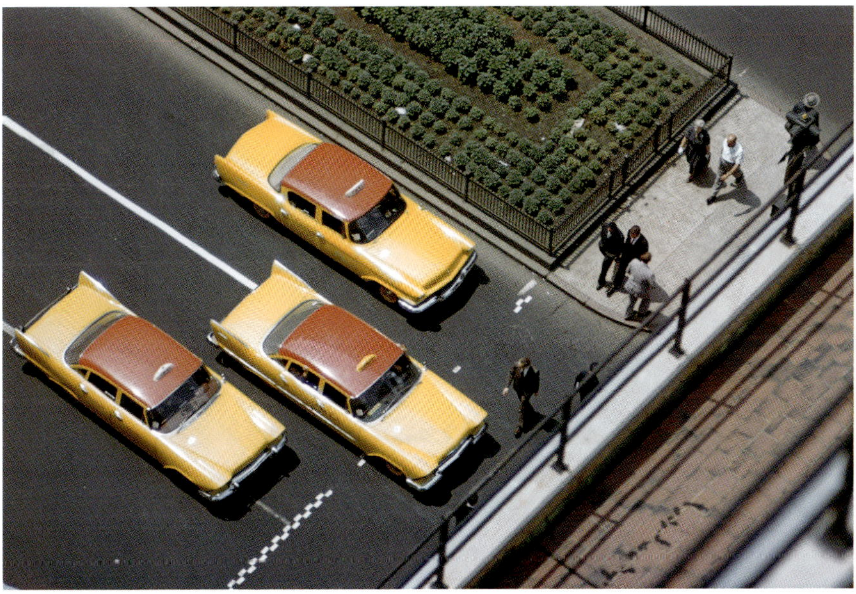

einer Kuh aufrechtzuerhalten. Wir fragen uns, was er von diesem komischen Typen hält, der ihn von oben fotografiert.

Das Bild auf Seite 93 stammt von einem Mann, der auch bekannt dafür war, die Welt in abstrakte Formen zu verwandeln, nämlich dem österreichisch-amerikanischen Fotografen Ernst Haas (1921–1986). Genau wie Moholy-Nagys *Scandinavia* enthält dieses Foto keine Linien, die parallel oder rechtwinklig zu den Rändern des Bildes sind. Doch die Komposition im 45-Grad-Winkel ist härter, strenger. Sie präsentiert eine Welt aus geometrischen Formen, einen Ort, den sich lebende (Menschen, Pflanzen) und unbelebte Objekte (Autos) teilen, die ihren vorgeschriebenen Linien folgen müssen, um nicht in Gefahr zu geraten. Alles ist rechtwinklig ausgerichtet. Eines der Taxis steht zu weit vorn und zieht sofort den – vermutlich missbilligenden – Blick des Fußgängers in Anzug und Krawatte auf sich.

Schau, was ich essen werde!

Das Herumspielen mit der Perspektive auf diese Art hat seinen Ursprung in der Populärkultur. Anfang des 20. Jahrhunderts gab es bereits Amateurfotografen, die die Fotografie als Hobby betrieben. Sie wollten mit ihren Kameras herumspielen, und das mit all den Implikationen des kindlichen Staunens, die dieses Wort hervorruft. Sie experimentierten mit all den Verzerrungen und Manipulationen, die wir im vorherigen Kapitel erkundet haben, waren aber vor allem fasziniert von ungewöhnlichen Perspektiven. Aufnahmen von hohen oder tiefen Blickpunkten aus zeugten von der Agilität der Amateure, die entschlossen waren, möglichst hoch zu klettern oder sich möglichst tief hinzukauern – 1907 veröffentlichte die beliebte Zeitschrift für Amateurfotografie *Photo pêle-mêle* sogar einen Artikel mit der Überschrift »Leib und Leben riskieren, um die Leser zu unterhalten«.

Man kann auch bescheidener von oben auf eine Szene blicken, wie die Fotos beweisen, die Menschen in Restaurants aufnehmen, bevor sie ihren Latte trinken oder ihr Sandwich essen. Der britische Fotograf Martin Parr (geb. 1952) wählte einen komplexeren Prozess für dieses Bild (gegenüber): Die Kamera war von einem Ringlicht umgeben, sodass es in dem Foto keine Schatten gibt – ein Effekt, der, wie Parr sagt, »ihm alle Romantik entzieht«.

Wir sitzen in einem Deli (auf der Karte stehen unter anderem Kischke und Gefilte Fisch) und werden gleich ein Pastrami-Sandwich essen, das mit saurer Gurke garniert ist. Mit »wir« meine ich sowohl den imaginären Kunden, der das Foto gemacht hat, als auch die

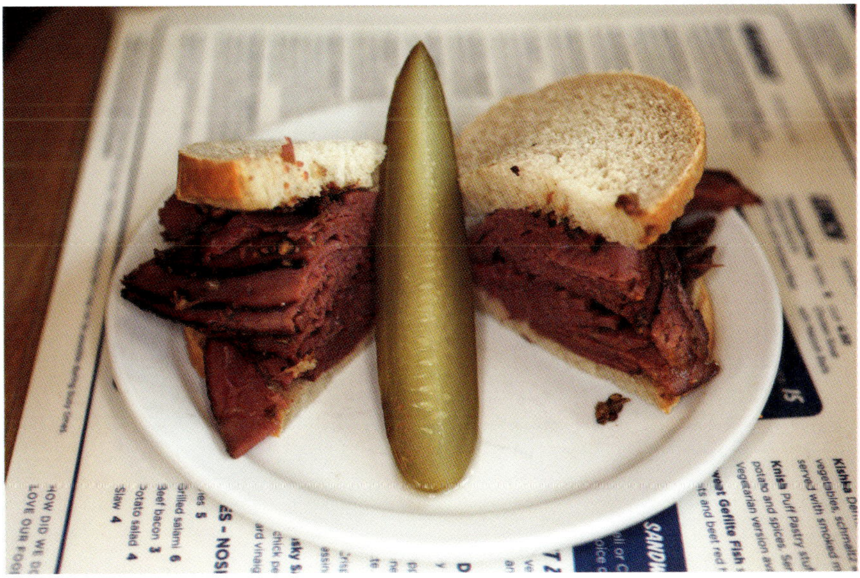

Martin Parr
Food, Toronto, 2012

Die Komposition wird durch eine Art von bilateraler Symmetrie in der Form des Sandwiches bestimmt. Allerdings trieb weder der Fotograf noch der Koch diese Regelmäßigkeit auf die Spitze: Fleisch und Brot sehen nicht auf beiden Seiten identisch aus, und das Motiv ist auch nicht vollkommen exakt zentriert (der Platz zwischen dem Teller und dem Bildrand ist links etwas größer als rechts).

Person, die es sich anschaut. Wir sind ein und derselbe. Das Umfeld ist verschwunden. Parrs Fotos sind oft Nahaufnahmen, die, wie er es sagt, »die Idee erkunden, mehr zu sagen, indem man weniger zeigt, indem man näher kommt«. Mehr zu sagen, bedeutet bei diesem Foto, zu betonen, wie hungrig man ist: Pass auf, ich werde dieses Sandwich mit einem Biss herunterschlingen. Dann ist da die Gurkenscheibe, die wie eine Trophäe in der Mitte liegt. Parr wird oft vorgeworfen, sich über die einfachen Freuden der Arbeiterklasse lustig zu machen, dabei überlässt er die Interpretation uns. Wenn wir denken, dass es lächerlich ist, ein simples Sandwich in Schmetterlingsform zu präsentieren, oder dass die Gurke etwas Phallisches an sich hat, dann liegt das an uns und nicht an dem Fotografen. »Wenn Sie es sehen wollen, dann werden Sie es sehen«, sagte Parr. Anderen Betrachtern läuft vielleicht einfach nur das Wasser im Mund zusammen.

ZEIGEN DURCH VERBERGEN

Fotografen, die Weitwinkelobjektive und Luftbildaufnahmen benutzen, wollen mit einer Aufnahme den größtmöglichen Raum abdecken. Es gibt aber auch welche, die eine Szene lieber reduzieren, statt soviel wie möglich zu zeigen. Sie sind von dem fasziniert, was man nicht sieht. Was wir spüren, fühlen, uns vorstellen – beginnend mit dem, was außerhalb des Bildes, jenseits der rechteckigen Form liegt, der rätselhaften, verlockenden Welt außerhalb unserer Reichweite.

Beginnen wir damit, was auf beiden Seiten des Bildes liegt (gegenüber), also mit dem, was wir sehen könnten, wenn wir den Kopf drehen oder die Augen bewegen. Sechs Kinder schauen uns an. Zwei sind hinter dem Fenster, zwei sind jeweils nur halb im Bild und zwei stehen genau in der Mitte vor der Kamera. Diese beiden sind die Hauptpersonen, geben dem Foto seinen Titel und repräsentieren sein »offizielles« Motiv – die schamlose Ausbeutung von Kindern, die die Schule verlassen und arbeiten müssen. Der amerikanische Fotograf Lewis W. Hine (1874–1940), ein ausgebildeter Soziologe, dokumentierte diese Praxis im Auftrag des National Child Labor Committee. Diese Kinder mit der Mimik, den Posen und der Kleidung Erwachsener haben etwas Ergreifendes an sich. Sie werden aber auch von den Sorgen Erwachsener geplagt, obwohl sie hier vor allem deshalb die Stirn kraus ziehen, weil sie in die Sonne blinzeln.

Wusste Hine, dass er ihre Freunde zu beiden Seiten abgeschnitten hatte? Vermutlich nicht. Damals war der Spiegelreflexsucher – ein Sucher, der den Fotografen mithilfe einer Spiegelkonstruktion genau zeigt, was im Bildbereich liegt – noch nicht erfunden worden. Man fotografierte, indem man den Objektivdeckel entfernte, um

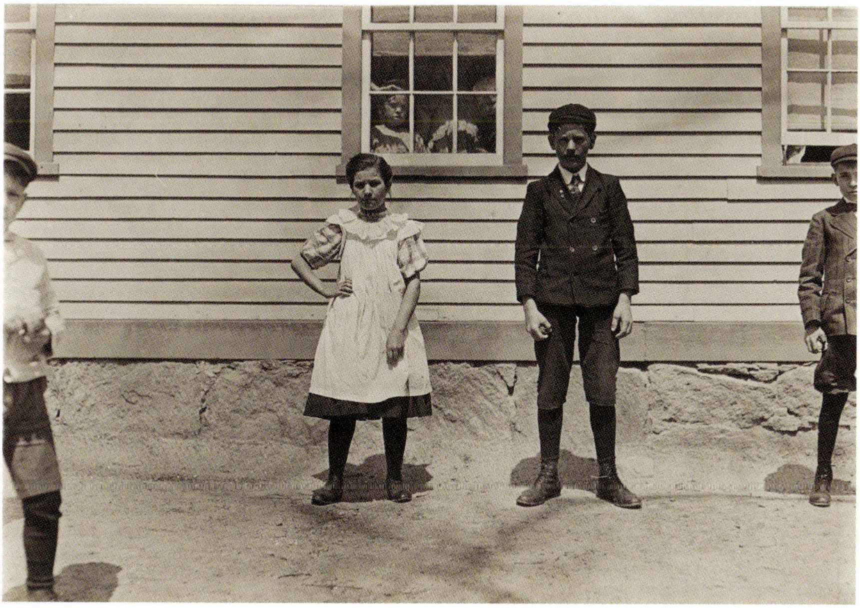

Lewis W. Hine
Edward St. Germain and His Sister Delia, Mill Workers, Phoenix, Rhode Island, April 1909
Silbergelatineabzug, 11,8 x 16,9 cm

Die Komposition ist um eine zentrale Symmetrielinie herum angeordnet: Links und rechts stehen jeweils genauso viele Kinder, und die vier Körper sind in der Mitte durch eine horizontale Linie getrennt, die am unteren Rand des Gebäudes verläuft.

Licht einzulassen. Die Bildgestaltung war größtenteils Spekulation. Vermutlich entschied Hine nach dem Entwickeln, die beiden Kinder am Rand zu behalten, weil sie dieselbe Botschaft vermitteln wie ihre Freunde: Ihnen wird die Hälfte ihrer Kindheit gestohlen, wenn man sie zwingt, mit acht oder neun Jahren in einer Fabrik zu arbeiten. Die beiden kleinen Schlingel hinter dem Fenster haben mehr Glück – scheinen aber auch traurig zu sein. Vielleicht ahnen sie schon, was sie erwartet.

Aufmerksamkeit auf das lenken, was nicht im Bild ist

Ein besonders faszinierender Bereich außerhalb des Bildes liegt auf der anderen Seite der »vierten Wand«. Dieser Ausdruck kommt aus dem Theater. Bühnenbildner bauen nur drei der vier Wände des Zimmers, in dem die Handlung stattfindet, die ansonsten verborgen bliebe. Diese vierte Wand existiert aber in unserer Fantasie, wo sie den Zuschauer von der Welt der Story trennt. In der Fotografie bildet die Oberfläche des Bildes diese vierte Wand. Um sich vorzustellen, was davor liegt, müssen wir uns umdrehen, um uns selbst zu fragen, wo der Fotograf war und was er vielleicht gedacht hat, als er

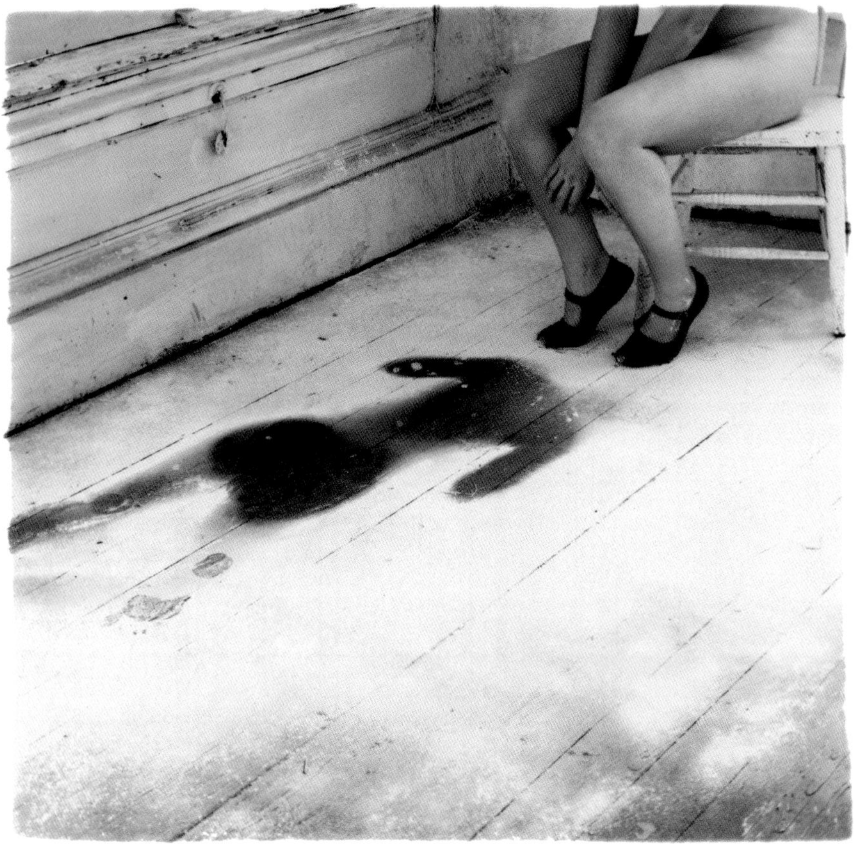

auf den Auslöser drückte. Das ist eine der Fragen, die die amerikanische Fotografin Francesca Woodman (1958–1981) in diesem Bild aufwarf (oben). Wir wissen nicht viel über ihr Werk. So wissen wir zum Beispiel nicht, ob sie einen Timer benutzt hat oder ob sie jemanden gebeten hat, auf den Knopf zu drücken. Es ist vermutlich ein Selbstporträt – aber wusste sie, dass ihr Kopf nicht mit im Bild war? Hier ist nicht nur die vierte Wand mysteriös, sondern auch das, was oberhalb des Bildbereiches liegt.

Das Foto erinnert an die »Anthropometrien« des französischen Malers Yves Klein, für die er Frauen, die er mit blauer Farbe bemalt hatte, bat, sich auf seine Leinwände zu legen. Wir interpretieren dieses Foto jedoch anders, wenn wir erfahren, was es uns nicht selbst erzählen kann: Die an Depressionen leidende Francesca Woodman beging Selbstmord, indem sie kurz vor ihrem 23. Geburtstag aus einem Fenster sprang. Nun wurden nicht mehr nur der Umriss der

Francesca Woodman
Providence, Rhode Island, 1976
Silbergelatineabzug

Die junge Frau hat einen Umriss ihres Körpers zurückgelassen, indem sie sich nackt auf den mit Mehl bedeckten Boden gelegt hat. Dieser unvollständige, unvollkommene Umriss findet seinen Widerhall in der Fotografie selbst, da durch den Bildaufbau auch das Gesicht des Modells weggeschnitten wurde.

Figur auf dem Boden und die sitzende junge Frau abgeschnitten, sondern auch das Leben der Fotografin selbst.

Schnitte und Ausschnitte

Die New York School of Photography war eine zwischen den 1930ern und 1950ern aktive informelle Bewegung. Sie vereinte ganz unterschiedliche Künstler, deren Ziel es war, ein ehrliches Porträt dieser Stadt zu zeichnen, in der nicht jeder immer glücklich sein kann – ein Porträt, das nicht romantisierte, aber auch nicht pessimistisch war. Einer von ihnen war der Amerikaner Saul Leiter (1923–2013). Als er dieses Foto einer winterlichen Straßenszene aufnahm (umseitig), war ihm sicher bewusst, dass er die Passantin mit dem roten Schirm abschnitt – vielleicht tat er es auch beim Entwickeln des Fotos, was auf dasselbe hinausläuft. Die einzigen Dinge, die wir von dieser Fremden im fallenden Schnee sehen, sind der Saum ihres Mantels und ein Teil ihres Schirmes.

Vermutlich eilt sie nach Hause, weil sie diesem Umfeld entkommen will, das für Autos gedacht ist, deren Reifenspuren den größten Teil des Bildes einnehmen. Sie haben den Schnee beschmutzt und wir sind der Passantin dankbar, dass sie der grauen Stadt mit ihrem leuchtenden Rot ein bisschen Wärme verleiht.

Der deutsch-kanadische Fotograf Fred Herzog (1930–2019), berühmt für seine bahnbrechende Street-Fotografie in Farbe, schnitt keine Objekte im Bildbereich ab, sondern entschied sich stattdessen für eine sehr enge Komposition, die jeglichen Kontext entfernt (S. 101). Dies erlaubt es ihm, mit drei Elementen zu spielen, die ansonsten in ihrem Umfeld verloren gegangen wären. Das erste Element ist die Balance zwischen den auffälligsten Farben im Foto, Grün und Rot. Rot ist die Komplementärfarbe von Grün, das aus Gelb und Blau gebildet wird, den beiden anderen Primärfarben. Zweitens wirkt der Fensterrahmen wie ein Bilderrahmen und verwandelt das Kleid in ein sehenswertes Objekt, das nun nicht mehr einfach nur ein Kleidungsstück ist, in das man, ohne nachzudenken, hineinschlüpft. Drittens sind wir nah genug, um den Schatten eines Kabels zu erkennen, der eine Linie über die Fassade zieht – wie ein Hauch von *Wabi-Sabi* in einem Zen-Garten, das ein bisschen Unordnung in die Symmetrie bringt. Ohne diesen Schatten wäre die Komposition zu präzise. Die Krönung – die Herzog aber nicht ahnen konnte – ist, dass die Linie in diesem Buch das rote Kleid mit Saul Leiters rotem Schirm verbindet.

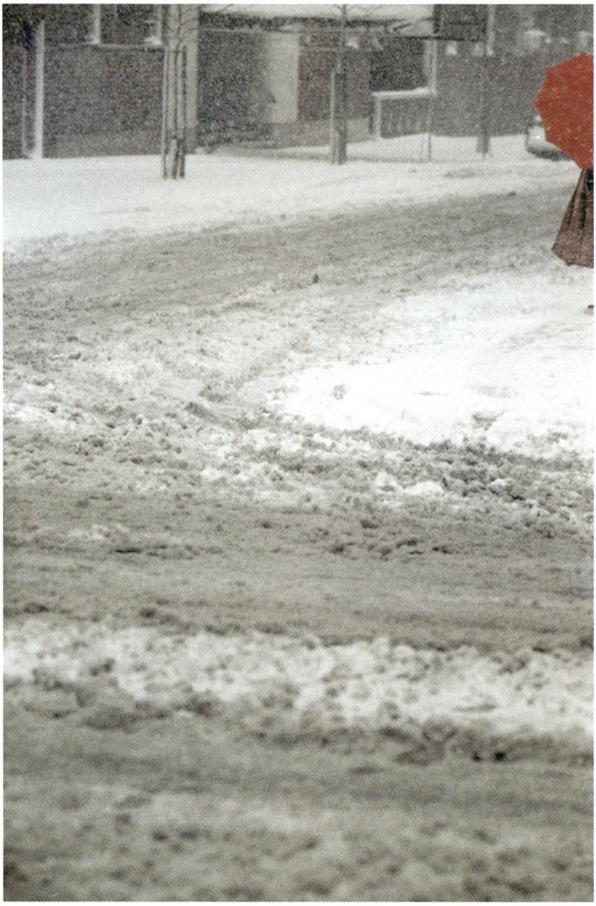

Saul Leiter
Red Umbrella, 1957

Am richtigen Ort zu sein, bedeutet manchmal auch zu akzeptieren, dass wir nicht alles sehen können. Zuerst halten wir dies für eine Studie des Schnees in Schwarz und Weiß, aber das ist nicht der Fall: Es ist ein Moment des Stadtlebens in Farbe. Hätte die Passantin das ganze Bild eingenommen, dann wäre sie das Hauptmotiv gewesen. So aber wurde dies der Kontrast zwischen dem Dreck der Stadt und der fast schon sommerlichen Fröhlichkeit des Schirms.

WICHTIGE IDEEN

- Das Interesse am Motiv eines Fotografen sollte uns nicht daran hindern zu fragen, was jenseits des Bildes außerhalb der Aufnahme passiert.
- Ein Fotograf muss seinem Motiv nicht körperlich nahe sein, um eine Nahaufnahme zu machen.
- Es lohnt sich immer zu fragen, wo der Fotograf war, als er auf den Auslöser drückte.
- Es gibt nicht DIE eine Sichtweise, die für den Blick auf ein Motiv am besten ist: Der Fotograf wählt eine visuelle Perspektive, um seine moralische, emotionale oder ideologische Sichtweise auszudrücken.

Fred Herzog
Dress in Window, 1986
Pigment-Archivdruck

Wurde dieses Kleid extra für das Foto arrangiert oder wurde es von einer Fremden zum Trocknen aufgehängt, die niemals den Verdacht hegte, dass es der Stadt einen Hauch Poesie geben würde? Am Ende ist es egal, entscheidend ist das Ergebnis.

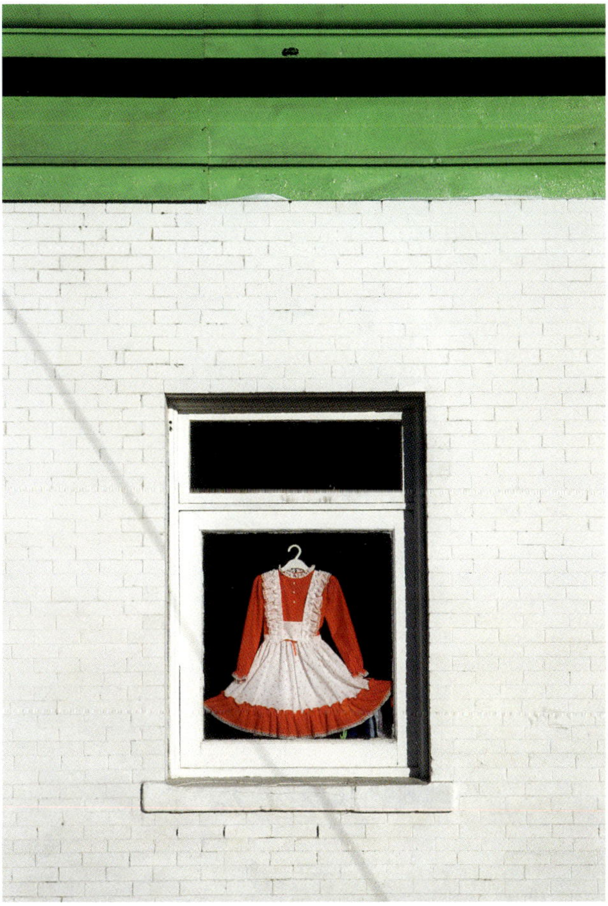

WICHTIGE FRAGEN

... die man mit einer Fotografie vor Augen stellen sollte:

- Ähnelt die Perspektive der Art und Weise, wie unsere Augen die Realität wahrnehmen, oder wirkt es, als würde die Szene durch ein optisches Instrument betrachtet werden?
- Wie beeinflussen Winkel und Abstand meine Gefühle hinsichtlich dieser Szene?
- Hätte ich eine ähnliche Reaktion, wenn die Perspektive anders wäre, wenn der Blickpunkt näher oder weiter von der Szene entfernt wäre?

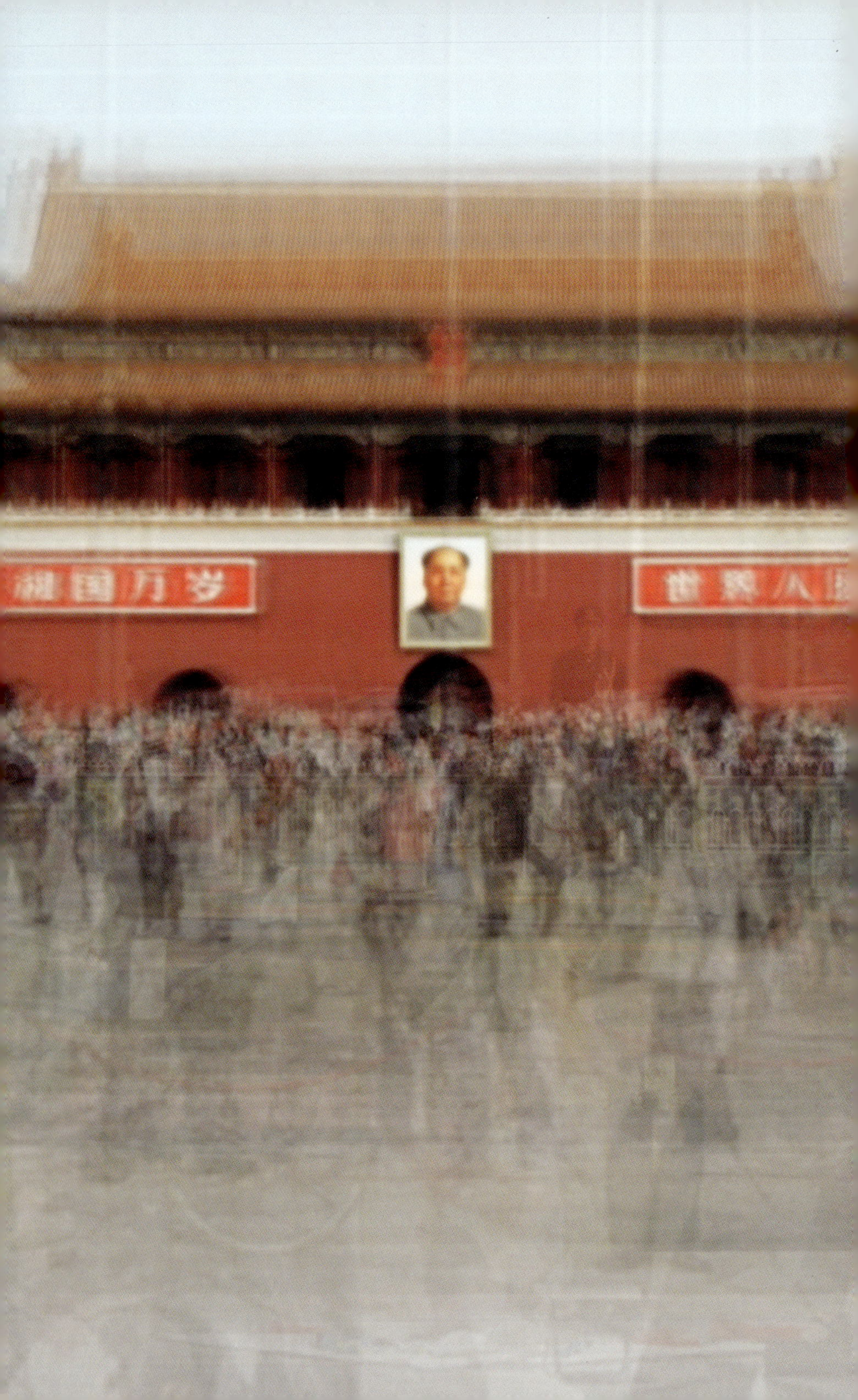

ANGEHALTENE ZEIT

-

Beziehen wir uns auf ein Bild, das wir schon kennen, wenn wir berühmte Sehenswürdigkeiten aufnehmen, wie den Schiefen Turm von Pisa oder den Eiffelturm? Versuchen wir, das Bild eines Bildes zu reproduzieren?

-

Corinne Vionnet

Bestimmte Kunstformen, wie Musik, Tanz und Kino, haben eine offensichtliche Beziehung zur Zeit, da ihre Werke Zeit benötigen, um aufgeführt und verwirklicht zu werden. Für Gemälde und Skulpturen gilt das nicht, auch wenn wir in ihnen spüren, wie die Zeit verstreicht. Jeder weiß, dass es lange, manchmal Jahre, dauert, um eine Leinwand zu bemalen oder eine Statue zu formen. Ein fotografisches Meisterwerk ist dagegen in einer Millisekunde fertig. Schauen wir jedoch genauer hin, dann erkennen wir auch hier eine direkte Beziehung zur Zeit.

Nehmen wir etwa den Kontext rund um die Geburt der Fotografie im goldenen Zeitalter der Romantik. Die Dichter und Schriftsteller dieser Bewegung waren fasziniert von Ruinen und der Melancholie, die geweckt wurde, wenn sie diese betrachteten und über die Schönheit der Gebäude nachsannen, die einst an deren Stelle standen. Diese Ruinen waren eine visuelle Repräsentation der düsteren Warnung in manchen Grabsteinen: »*Eram quod es, eris quod sum*« (»Ich war, was du bist, du wirst sein, was ich bin«). Fotografie hat oft die gleiche Wirkung, doch mit anderen Mitteln: Sie macht Schönheit unsterblich, indem sie deren Bild einfängt und uns einlädt, das, *was war*, mit dem, *was jetzt ist*, zu vergleichen.

Susan Sontag erklärte ganz überzeugt, dass »jede Fotografie ein *Memento mori* ist«. Es stimmt, dass die Menschen in Fotos unbewegt sind und Stillstand in lebendigen Wesen – Pflanzen ausgenommen – normalerweise ein Zeichen des Todes ist. Zum Glück sind jedoch diese melancholischen Reflexionen nicht die einzige Beziehung zwischen Fotografie und Zeit.

Paulette Tavormina
Cabbage and Melon, After J.S.C, 2010
Pigment-Archivdruck

Dieses Foto ist eine Nachahmung eines *bodegón*, eines Stilllebens mit Lebensmitteln, des spanischen Malers Juan Sánchez Cotán aus dem frühen 17. Jahrhundert. Der Rahmen und der schwarze Hintergrund verleihen ihm die Anmutung einer Todesnachricht – Früchte verderben schnell.

EINE NACHAHMUNG DES LEBENS

Nicht nur die Genauigkeit der Fotografie machte sie anfangs bei vielen Künstlern und Intellektuellen unbeliebt. Diese trauten ihr auch deshalb nicht, weil sie sich mehr auf Maschinen als auf Menschen zu verlassen schien. Aus diesem Grund schob man sie in den Bereich der *mechanischen Künste* ab, wie man das abschätzig nannte. In gewisser Weise imitiert die Fotografie den menschlichen Körper: Das Kameraobjektiv folgt, ob auf Film oder digital, einem ähnlichen Prozess wie unsere Augen. In anderer Hinsicht dagegen wurde die Fotografie als grundlegend inhuman angesehen. Und was sie nach Meinung der Kritiker am inhumansten machte, war ihre Beziehung zur Zeit. Kein Mensch kann, so sehr er sich auch konzentriert, die Zeit stillstehen lassen – ein Foto dagegen schafft das.

Die Kamera friert ein, was geschieht – wir verlieren jede Bewegung, gewinnen aber natürlich die Chance, uns Details erneut anzuschauen, die uns beim ersten Mal entgangen sind.

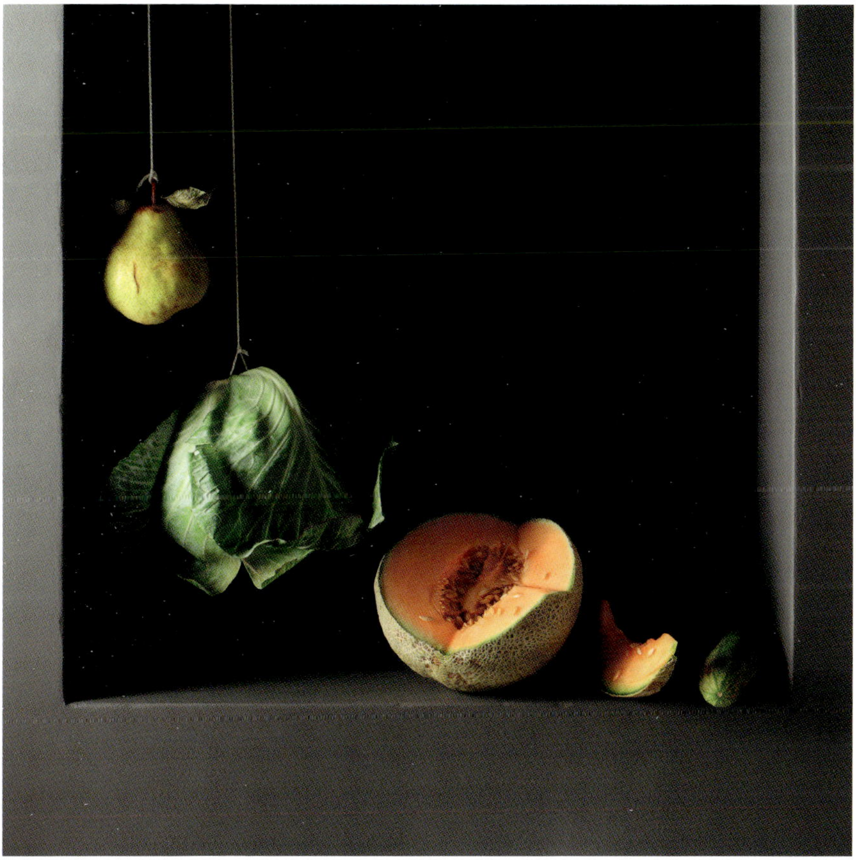

Dieses Stillleben (oben) der amerikanischen Fotografin Paulette Tavormina (geb. 1949) ist nicht komplett tragisch: Es hat etwas Kindliches, die Früchte an Schnüren aufzuhängen, »damit sie schön aussehen«, und die Melone sieht sehr appetitlich aus – als würden die Fotografin und ihre Assistentin sie sofort verspeisen, wenn sie mit dem Foto fertig sind! Der Maler hätte sehr lange gebraucht, um das *bodegón* fertigzustellen, auf dem das Foto beruht, länger als die Früchte gehalten hätten. Deshalb erinnert uns das Foto mehr noch als das Gemälde an das zarte und flüchtige Wesen schöner Dinge. Ein Foto zeigt nicht einfach nur, was *war*; oft zeigt es auch, was passieren *wird*. Natürlich – um auf Susan Sontags düstere Aussage zurückzukommen – ist diese prophetische Kraft angesichts des Bildes einer Melone leichtherziger, als wenn wir das Foto einer geliebten Person betrachten. Es nützt aber nichts, unsere Augen

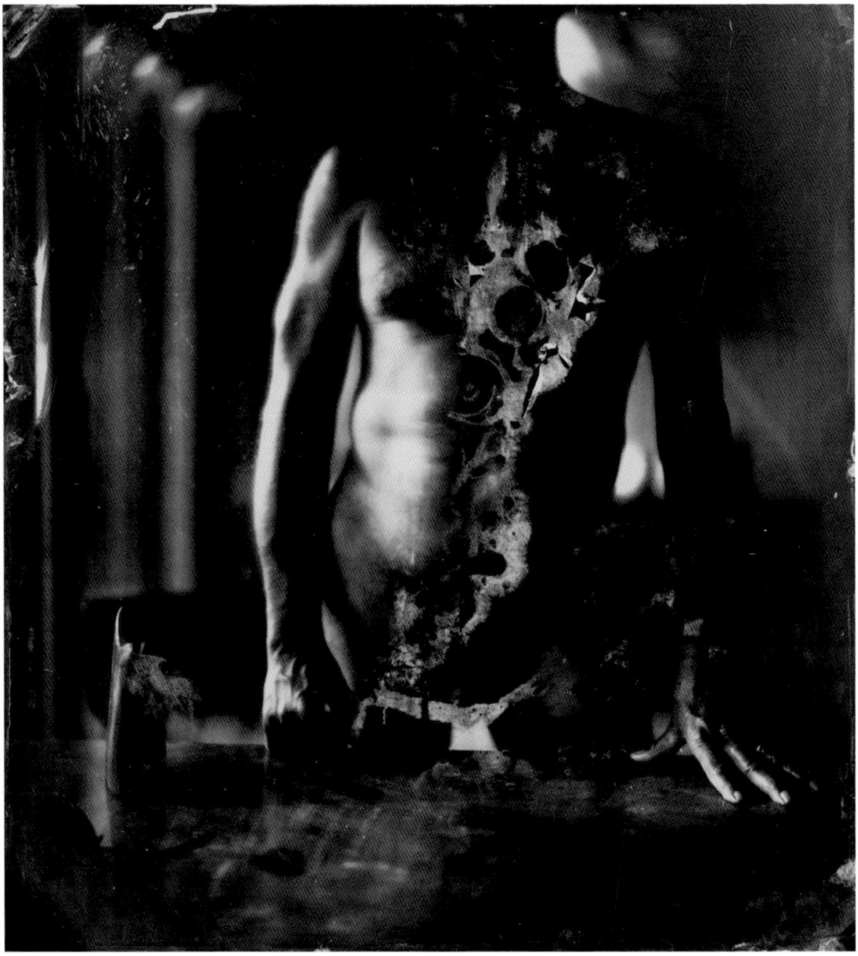

Sally Mann
Hephaestus, aus der Serie »Proud Flesh«, 2008
Silbergelatineabzug, 38,1 x 34,3 cm

Es ist verlockend, die Schrammen auf der Fotografie mit den Schrammen *in* der Fotografie gleichzusetzen: Diese technischen Unzulänglichkeiten wirken wie Zeichen der Krankheit. Wir erhalten sogar den Eindruck, dass sich das Foto im selben Tempo weiter zersetzen wird, in dem die Krankheit den Körper des Fotografierten übernimmt.

abzuwenden, da die Kunst der Fotografie raffiniertere Wege kennt, um uns über den Tod nachdenken zu lassen, als uns einfach nur den Unterschied zwischen zwei Porträts derselben Person im Abstand einiger Jahre zu zeigen, wie im Werk der Amerikanerin Sally Mann (geb. 1951).

Manns Arbeit (gegenüber) ist weit von der perfekten Exaktheit der Digitalfotografie entfernt. Sie verwendet Kollodium und Silbernitrat wie die Pioniere des 19. Jahrhunderts und lässt sich auf die Unvorhersehbarkeit dieses chemischen Prozesses ein. Aus diesem Grund sind ihre Fotos oft irgendwie beschädigt, wenn sie aus dem Labor zurückkommen. Für ihre Serie »Proud Flesh«, zu der dieses Bild gehört, fotografierte Mann ihren Ehemann Larry. Er litt an Muskeldystrophie, einer genetisch bedingten Krankheit, bei der die Muskeln schrittweise durch Fettgewebe ersetzt werden. Die Erkrankten werden immer schwächer, bis sie irgendwann nicht einmal mehr allein aufstehen können.

Die degenerative Krankheit greift den Körper an, während der Geist unbeeinträchtigt bleibt: Vielleicht positionierte sie seinen Kopf deshalb so, dass er sich außerhalb der Aufnahme befand. Die Wahl des Titels zeugt von Zärtlichkeit: Der Gott Hephaistos, der Schmiedegott der griechischen Mythologie, gewann trotz seiner sprichwörtlichen Hässlichkeit und körperlichen Missgestalt die Gunst der schönsten Frau des Olymps.

Verlorene Zeit wieder einfangen

Ziel der Fotografie ist es nicht nur, uns an das zu erinnern, was war, oder seltene und außergewöhnliche Dinge aufzuzeichnen. Sie kann auch triviale Momente festhalten, oder besser gesagt, Momente, die wir vielleicht zu schnell als trivial abgetan haben. Auf diese Weise ist sie ein Mittel, um verlorene Zeit wieder einzufangen. Nachdem sie durch Fotos »neugeschrieben« wurden, sind selbst die unwichtigsten Augenblicke, die bedeutungslos schienen, als wir sie durchlebten, durchtränkt von Charme, Interesse und Farbe, die sie zuvor nicht besaßen – oder die wir nicht gesehen haben.

Der niederländische Fotograf Erwin Olaf (1959–2023) ließ sich für seine Serie »Grief« von Jacqueline Kennedys Trauer um ihren ermordeten Ehemann inspirieren (umseitig). Einer der Sessel ist leer. Nur eine der Steckdosen unten links im Bild ist in Gebrauch. Die Frau hat ihren Whisky getrunken, nachdem sie auch für jemanden, der nicht mehr da ist, ein Glas eingeschenkt hat – unbewusst, aus

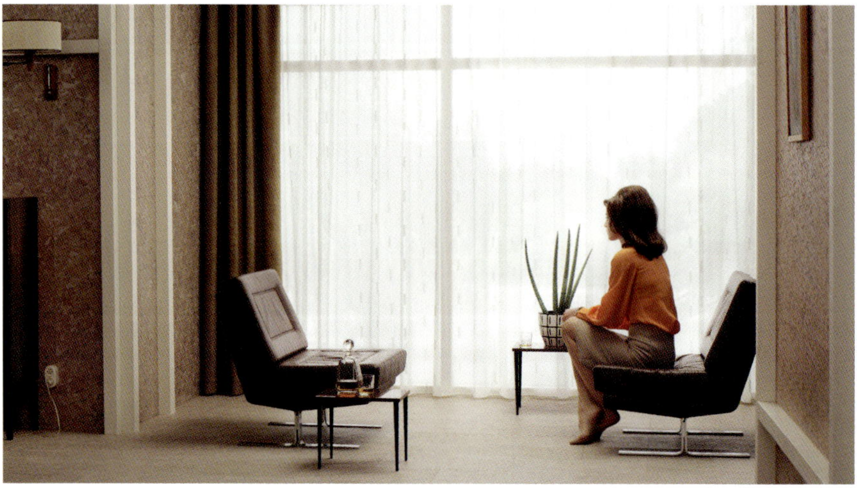

Erwin Olaf
Caroline, aus der Serie »Grief«, 2007
Chromogendruck

»›Grief‹ ist eine Serie über die Choreografie von Emotionen und was man im Studio herstellen kann«, sagt Olaf. »Ich wollte also die Frage stellen: Wie sieht Trauer wirklich aus? Was ist die Ästhetik des Trauerns?«

Gewohnheit, oder vielleicht mit Absicht, weil sie diese kleinen Alltagsrituale nicht aufgeben möchte. Ihre Füße sind nackt, sie geht nirgendwo hin, dennoch sitzt sie vorn auf der Sitzfläche, vorgebeugt, wie man es bei einer lebhaften Unterhaltung tut. Wenn dies die »Choreografie der Emotion« ist, dann ist es eine Choreografie des Leugnens: Tun wir so, als sei er noch hier. Der Bezug zur Ermordung Präsident John F. Kennedys scheint zu rechtfertigen, dass dieses Foto gestellt ist, auch wenn wir immer noch nicht genau wissen, was in Dallas an diesem Tag passiert ist. Beim Fehlen historischer Wahrheit haben die Fiktionen der Kunst freie Hand.

REISEN, OHNE SICH ZU BEWEGEN

Als er 1966 drohte, die Agentur Magnum zu verlassen, schickte Henri Cartier-Bresson (1908–2004) deren Direktoren einen recht knappen Brief, den er beschloss mit: »In diesem Sinne werde ich nun auf die Straße hinausgehen, um zu sehen, was passiert …« Für ihn lag die größte Verantwortung eines Fotografen darin, unterwegs zu sein, um denen, die nicht dort sein können, zu zeigen, was in der Welt los ist. Das Problem ist, dass die Welt sich auch dann weiter ändert, wenn die Kamera wieder weggepackt wurde.

Eine Lösung bot der Belinograph. Entwickelt im Jahre 1913 durch den französischen Ingenieur Édouard Belin, erlaubte er es, noch vor der Erfindung des Faxgerätes oder des Internets Fotos über große Distanzen zu verschicken. Fast unmittelbar, nachdem ein Ereignis stattgefunden hatte, tauchten Fotos davon in den Zeitungen auf.

Für die Leser war es, als ob Zeit und Raum zusammenfielen: »Die Erde ist geschrumpft. Wir lachen der Entfernung ins Gesicht«, prahlte ein Leitartikelschreiber.

Heute wirkt dieser Enthusiasmus putzig, da Nachrichtenbilder von Geschehnissen an weit entfernten Orten quasi »in Echtzeit« über unsere Bildschirme laufen. Nehmen wir noch die Fotos hinzu, die wir unseren »Freunden« in den sozialen Netzwerken schicken, werden wir so stetig mit Bildern bombardiert, dass wir kaum Zeit haben, mehr als nur einen kurzen Blick darauf zu werfen. In dieser Welt des Knipsens und Teilens dienen Fotos oft zum Illustrieren, Verzieren oder Ersetzen einer schnell getippten Nachricht und haben vermutlich ihre Bedeutung als Memento mori eingebüßt.

Wir leben in einer Welt, die vor Bildern strotzt. Wie sinnvoll ist es, ein Foto vom Tiananmen-Platz zu machen? Er wurde schon tausende Male fotografiert, fast immer von derselben Stelle aus. Die Arbeit der französisch-schweizerischen Künstlerin Corinne Vionnet (geb. 1969) zeigt, dass wir dazu neigen, Bilder von Bildern zu machen (unten). Kann ich wirklich sehen, was vor meinen Augen ist, selbst wenn ich dem Drang widerstehe, die Kamera herauszuholen? Kann mein Hirn, das Tausende identischer Bilder des Platzes kennt, all diese Archivbilder außer Acht lassen und mir erlauben, den Platz

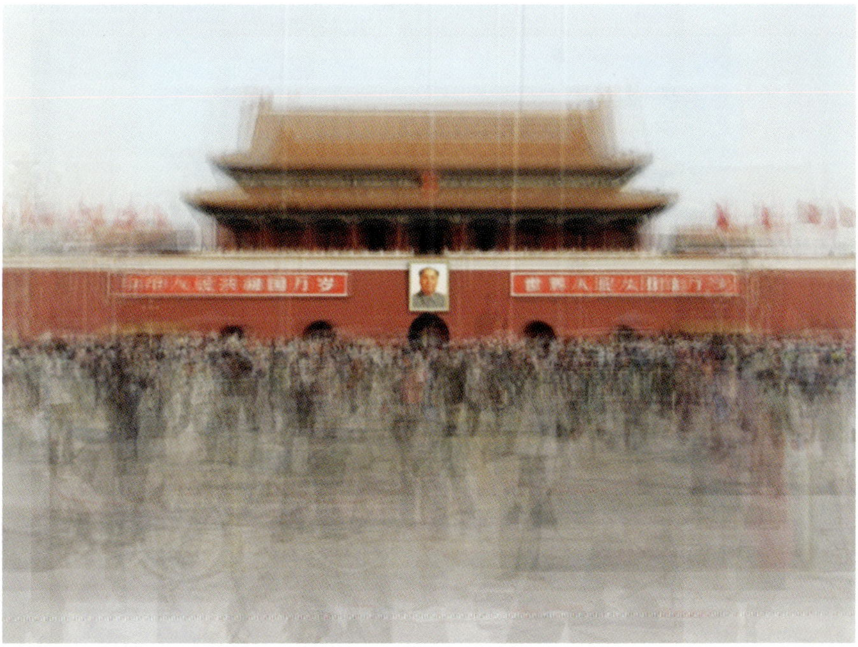

Corinne Vionnet
Beijing, 2007, aus der Serie »Photo Opportunities«, 2005–heute
Pigment-Archivdruck

Corinne Vionnet suchte im Internet nach Fotos, die von Touristen aufgenommen worden waren, und legte sie übereinander, sodass wir deren Ähnlichkeiten erkennen. All diese Amateurfotografen, die nach Peking reisten, entschieden sich, das Porträt von Mao Zedong, das am Tor des Tiananmen-Platzes hängt, in das Zentrum ihres Fotos zu stellen.

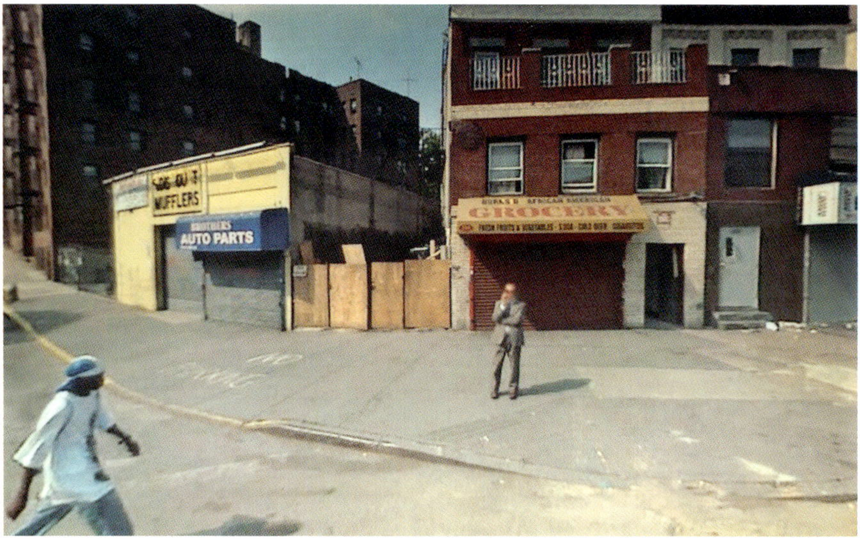

so zu sehen, als würde ich ihn zum ersten Mal entdecken? Selbst wenn wir wirklich das erste Mal einen berühmten Ort besuchen, ist es schwierig, die Dinge mit einem frischen Blick zu betrachten.

Wie der amerikanische Künstler Doug Rickard (1968–2021) sagte, werden unsere Bildschirme rund um die Uhr mit Bildern überflutet und wir sind »auf dem Weg, mehr zu ›wissen‹, aber weniger zu erleben«. Rickard versuchte, Sinn in diese Bilderfülle zu bringen oder zumindest einen Teil der Menschlichkeit in der Fotografie wiederherzustellen, indem er geduldig auf Fehler in Google Street View hinwies (oben). Der Street-View-Algorithmus entfernt Passanten, indem er aufeinanderfolgende Bilder zusammenfasst. Hier ist der junge Mann mit dem nach hinten gedrehten Basecap verzerrt, während der Anzugträger telefoniert. Was werden die beiden wohl denken, wenn sie einander sehen? Das Bild fordert uns auf, über die Beziehungen zwischen den unterschiedlichen Communitys in der Bronx nachzudenken.

Doug Rickard
#40.805716, The Bronx, New York N.Y., 2009, aus der Serie »A New American Picture«, 2011

Seit 2007 sind die Roboter von Google Street View durch die Straßen dieser Welt gefahren und haben alle zehn Meter neun Fotos aufgenommen. Doch manchmal geschehen Fehler, wie an diesem Tag im Herzen der Bronx.

DER ENTSCHEIDENDE AUGENBLICK

Niemand erschafft aus Versehen ein Gemälde, eine Sinfonie, einen Film oder Roman, aber jeder kann aus Versehen ein gutes Foto machen. Man muss einfach nur da sein, »wo es passiert«, und im richtigen Moment den Knopf drücken. Das ist der *entscheidende Augenblick*, um den von Henri Cartier-Bresson geprägten Begriff zu benutzen – das exakte Standbild, in dem die Szene eine Klarheit oder Fülle aufweist, die sie eine Sekunde zuvor nicht hatte und eine Sekunde später nicht haben wird.

Im Fall des Bildes unten: Dies ist Shanghai am 23. Dezember 1948. Cartier-Bresson war im Auftrag des amerikanischen *Life*-Magazins unterwegs, um die letzten Tage der Kuomintang-Regierung festzuhalten, während die Kommunistische Partei sich vorbereitete, die Volksrepublik China auszurufen. Aus Angst vor einer Währungskrise stürmten Menschen, die noch Ersparnisse hatten, in die Banken, um ihr Geld in Gold umzutauschen. Der Fotograf musste einfach nur den besten Platz finden und im richtigen Moment auf den Auslöser drücken.

Natürlich kann sich heute jeder dort wiederfinden »wo es passiert«. Handys verwandeln uns in Touristen, die unsere eigenen Leben besuchen, immer bereit, auf den Knopf zu drücken. Das Kennzeichen eines guten Fotografen ist nicht mehr nur die Fähigkeit, den richtigen Augenblick zu wählen. Die einfachste Digitalkamera kann in einer Sekunde viele Fotos aufnehmen; wir müssen nur noch das Beste auswählen. Es gibt aber immer noch Künstler, die etwas Schönes erschaffen wollen, ohne einfach nur draufloszuknipsen, auch wenn das nicht bedeutet, dass sie die Aufgabe, das tägliche Leben festzuhalten, an all die Amateure abgeben wollen, die mit dem Smartphone in der Hand durch das Leben gehen.

Henri Cartier-Bresson
Goldrausch. Am Tagesende Gedränge vor einer Bank, um Gold zu kaufen. Die letzten Tage der Kuomintang, Shanghai, 1948

Der entscheidende Augenblick: wenn die Arme der ungeduldigen Kunden sich in dieser komplexen Choreografie – halb Rugby-Gedränge, halb menschliche Raupe – verschlingen. Aber auch der Augenblick, in dem einige von ihnen in die Kamera schauen – und damit auf *uns*. Vielleicht sind sie wütend auf sich selbst, weil sie der Menschheit eine so würdelose Seite präsentieren; vielleicht denken sie aber auch, dass wir an ihrer Stelle nicht anders wären.

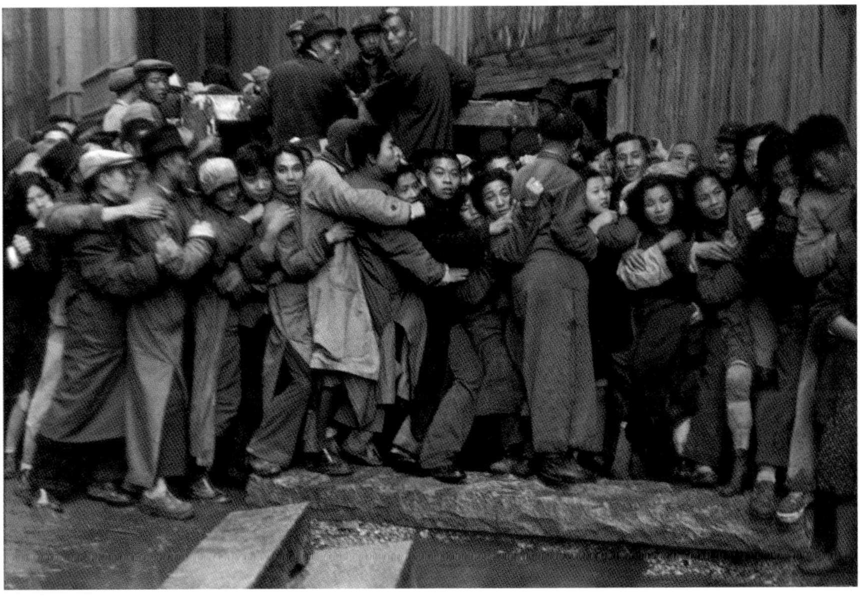

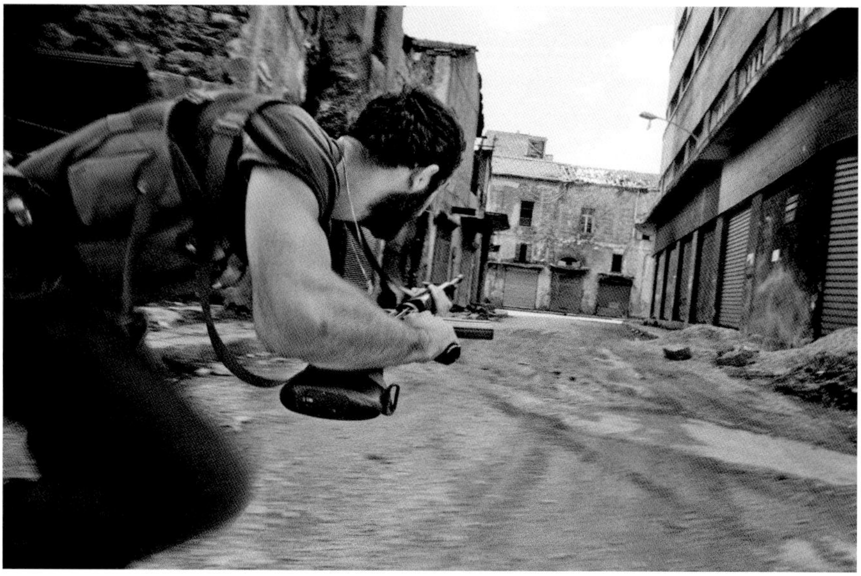

Raymond Depardon
Ein christlicher Phalangist, Beirut, 1978

Das Bein des Kämpfers ist unscharf, weil er schnell rennt, und er rennt schnell, weil er Angst hat. Der Bildaufbau, die leichte Schräglage, zeugt auch von der Angst des Fotografen, der ebenfalls Gefahr läuft, erschossen zu werden. Er steht direkt hinter dem Mann: Der rechte Ellenbogen des Mannes sieht größer aus als sein Kopf, was bedeutet, dass der Fotograf ein Kurzfokusobjektiv benutzt.

Die Zeit anhalten?

Die Beziehung der Fotografie zur Zeit ist ähnlich der eines Teleskops zum Raum: Wir nutzen sie, um unsere Neugier zu befriedigen, indem wir die Fähigkeit unseres Auges verbessern, etwas zu sehen. Doch »die Zeit anhalten« ist ein irreführender Ausdruck. Die Welt dreht sich weiter, während Licht durch den Verschluss fällt – ein Foto fängt nicht einen einzelnen Moment ein, sondern die verstreichende Zeit. Selbst wissenschaftliche Fotografien, die in einer Millionstel Sekunde entstehen, zeichnen einen Zeitraum auf. Deshalb sollten wir nicht lachen, wenn wir lesen, dass die Menschen 1839 dachten, Daguerreotypien, die Vorläufer der Fotografien, wären ein »fast augenblicklicher« Weg, Spiegelbilder zu erhalten, obwohl die durchschnittliche Belichtungszeit fast eine Viertelstunde betrug! Alle Fotos sind »fast augenblicklich«: Zeit muss verstreichen, damit das Licht in die Kamera eintreten und auf die Sensoren treffen kann. Sonst müssten wir uns mit einem schwarzen Rechteck begnügen.

Die Zeit, die verstreicht, hinterlässt manchmal eine direkte Spur auf dem Bild: die Bewegungsunschärfe. Die Pioniere der Fotografie wollten sie noch eliminieren, doch seit vielen Jahren nutzen ihre Nachfolger sie, um ein Gefühl von Geschwindigkeit zu vermitteln.

Beauftragt vom Magazin *Stern*, über den Bürgerkrieg im Libanon (1975–1990) zu berichten, hielt der französische Fotograf und Dokumentarfilmer Raymond Depardon (geb. 1942) den Alltag der christlichen Phalangisten-Kämpfer (gegenüber) fest. Er baut hier einen starken Kontrast zwischen Vorder- und Hintergrund auf, indem er eine kompositorische Linie in die Richtung verlaufen lässt, in die die Kamera zeigt. Das Auge wird vom Hintergrund in den Vordergrund (der Feind könnte auf den Phalangisten schießen) und vom Vordergrund in den Hintergrund gezogen (der Phalangist könnte auf den Feind schießen). Der Kopf des Kämpfers, der zur Seite gedreht ist, um nach Heckenschützen zu suchen, und seine geduckte Haltung definieren den Vordergrund als einen Ort der Sicherheit (solange er rennt, ist er am Leben) und zugleich den Hintergrund als einen Ort der Gefahr (er ist zu weit weg, um ihn deutlich zu sehen). Raum und Zeit arbeiten hier Hand in Hand, um uns glauben zu machen, wir würden diesen Moment gemeinsam mit dem Kämpfer erleben.

Was wir mit unserem bloßen Auge nicht sehen könnten

Bewegungsunschärfe ist nicht entscheidend, um das Verstreichen der Zeit zu signalisieren. Man kann die Person, die ein Foto anschaut, den Augenblick *vorher* und den Augenblick *hinterher* auch dadurch spüren lassen, dass man einfach jemanden oder etwas erstarren lässt. Das sehen wir unten in dem Bild des in Kenia geborenen britischen Fotografen Anup Shah (geb. 1949), in dem, wie in einem Gemälde,

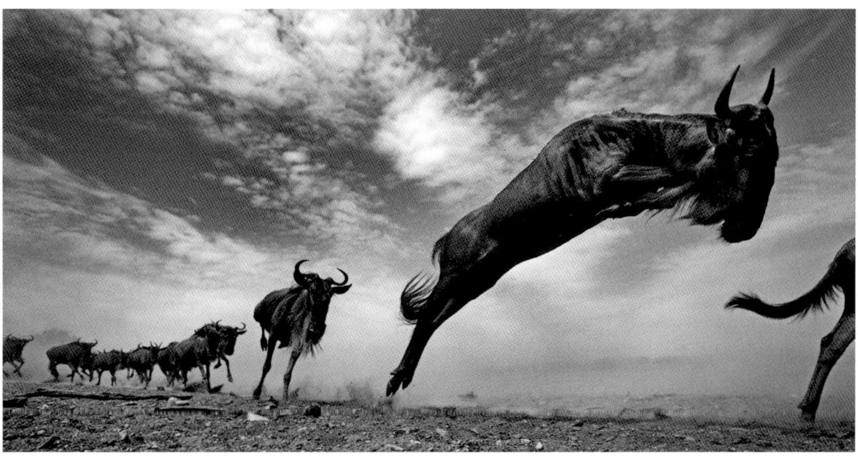

Anup Shah
The Seekers, aus der Serie »The Mara«, 2013
Fotodruck,
50,8 x 76,2 cm

Diese Fotografie lässt ein rennendes Gnu erstarren, seine Form ist durch das Kurzfokusobjektiv verzerrt. Der Fotograf ist nicht in Gefahr, da er seine getarnte Kamera aus der Ferne ausgelöst hat.

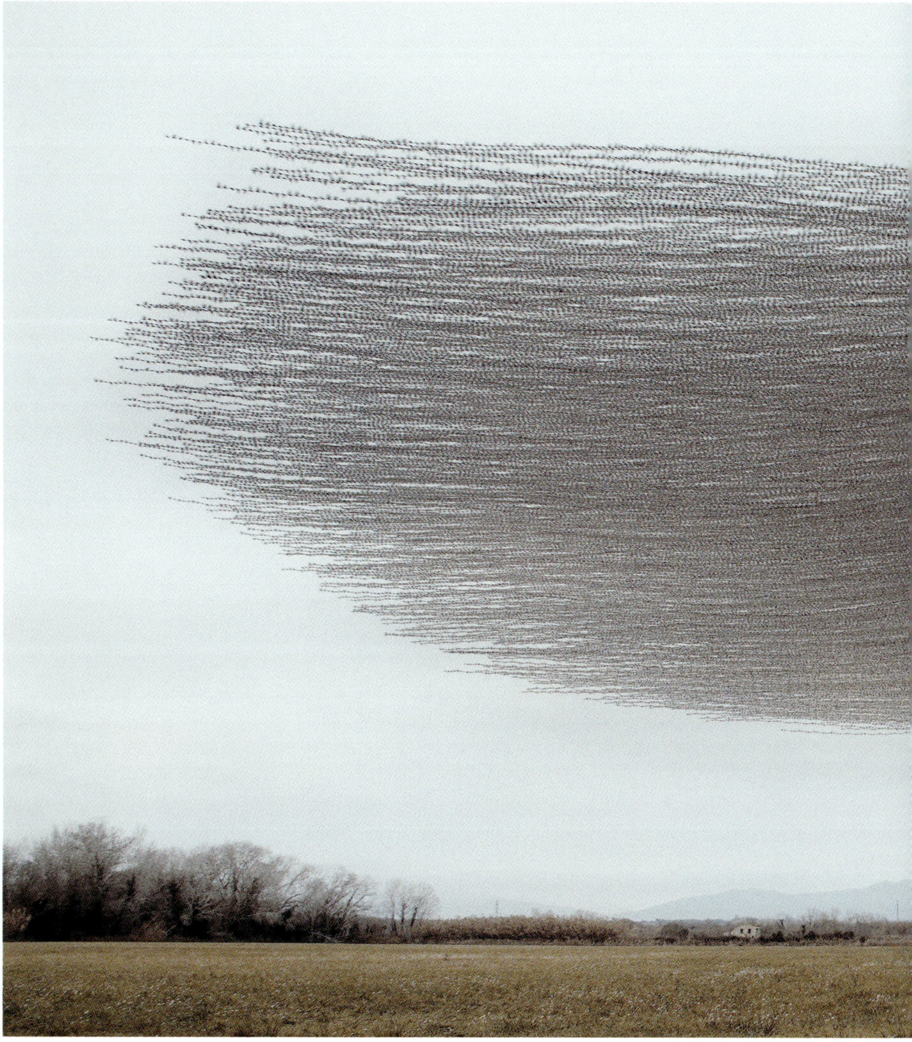

Xavi Bou
Ornithography #171, 2019

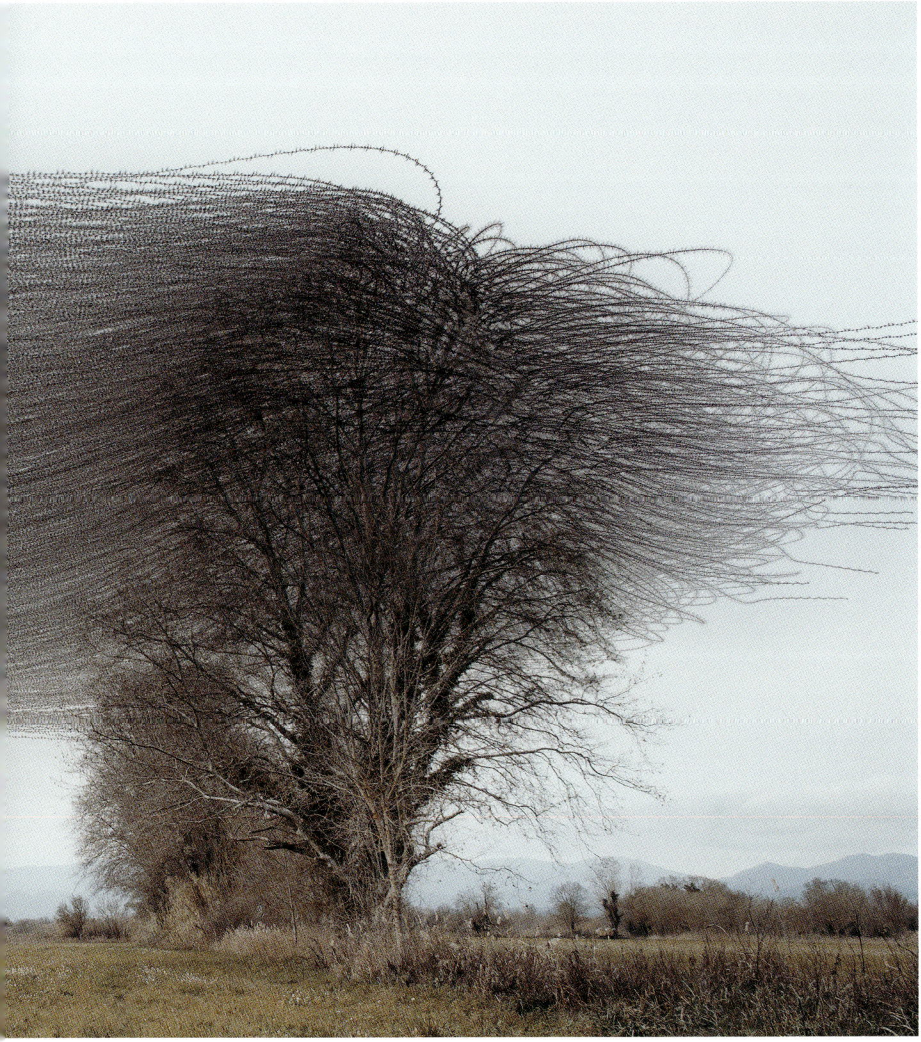

Dies geht weit über Muybridges 24 aufeinanderfolgende Aufnahmen hinaus. Die digitale Chronofotografie erfordert lediglich eine einzelne Kamera, die Bilder einer Szene macht, solange wir das wollen.

Anschließend muss man sie einfach im Computer übereinanderlegen. Hier können wir nun die unterschiedlichen Positionen der Vögel sehen, die gleichzeitig um den Baum herumgeflogen sind.

Ausdruckskraft den Vorrang vor anatomischer Korrektheit erhält. Der spanische Fotograf Xavi Bou (geb. 1979) wiederum hauchte der Chronofotografie neues Leben ein. Auch er nutzte Tiere als Motiv (S. 114–115).

Die Digitalära hat den Gegensatz zwischen Wahrheit und Fälschung bzw. zwischen Realismus und Ausdruckskraft nicht erfunden. Ende des 19. Jahrhunderts amüsierten sich Tausende von Amateurfotografen damit, menschliche Körper in der Bewegung festzuhalten – in Positionen, die man mit bloßem Auge nicht sehen könnte. Fotozeitschriften waren voll mit solchen Aufnahmen.

Gleichzeitig beendete die Fotografie eine Kontroverse zwischen Künstlern und Wissenschaftlern über die Bewegung von Tieren, speziell von Vögeln im Flug und Pferden im Galopp. In Gemälden scheinen Pferde oft über den Boden zu fliegen, vermutlich weil Künstler vor allem die Anstrengung des Tieres zeigen wollen, das auf den Drang seines Herrn nach Geschwindigkeit reagiert. Das Buch *Animal Mechanism* (1873) des französischen Physiologen Étienne-Jules Marey brachte den britischen Fotografen Eadweard Muybridge (1830–1904) auf die Idee, 24 Kameras neben einer Rennstrecke aufzustellen, um den Bewegungsablauf eines galoppierenden Pferdes festzuhalten. Er demonstrierte das 1878 vor Journalisten. Die Chronofotografie war geboren und die Maler merkten, dass sie den Kampf um den Realismus verloren hatten.

SPUREN DES VERSTREICHENS DER ZEIT

Zeit, wie Fotografen sie erleben, bewegt sich vorwärts, von der Gegenwart in die Zukunft (sie denken darüber nach, *was sein wird*, das heißt, wie die Aufnahme nach dem Entwickeln aussehen wird). Schauen wir dagegen das Foto an, bewegt sich die Zeit rückwärts, von der Gegenwart in die Vergangenheit (wir stellen uns vor, *was war*). Wir erkennen die Objekte, Tiere und Menschen in der Szene als *Symbole der Vergangenheit*, ob es sich um die jüngere oder die ferne Vergangenheit handelt. Natürlich spielt unser Allgemeinwissen eine Rolle bei deren Interpretation, doch da sich zum Beispiel Moden so schnell ändern, können wir sie meist recht einfach identifizieren. Fotografien altern schneller als Bücher, da visuelle Erscheinungen sich viel schneller ändern als Wörter.

In seinem Buch *Schottenfreude* (2013), beschrieben als »eine Sammlung neu geschaffener deutscher Wörter für die heutige Welt«, prägt der britische Autor Ben Schott den Neologismus *Rolleirückblende* – einer Kombination aus »Rollei« (einer berühmten deutschen Kameramarke) und »Rückblende« im Sinne von: die Flut

Gertrude Käsebier
Porträt von Gertrude Elizabeth Käsebier in *Crécy-en-Brie*, 1894
Trockenplatte-Negativ, 20,3 x 25,4 cm

Manchmal ist die Fotografie ein Kampf gegen die tickende Uhr, an dessen Ende wir unsere Kamera zücken wie ein Cowboy seinen Revolver (schließlich werden auch Fotos *geschossen*). Wir können uns aber auch weigern, uns abzuhetzen – wie es die Fotografin hier getan hat – und stattdessen eine visuelle Darstellung der verstreichenden Zeit erschaffen.

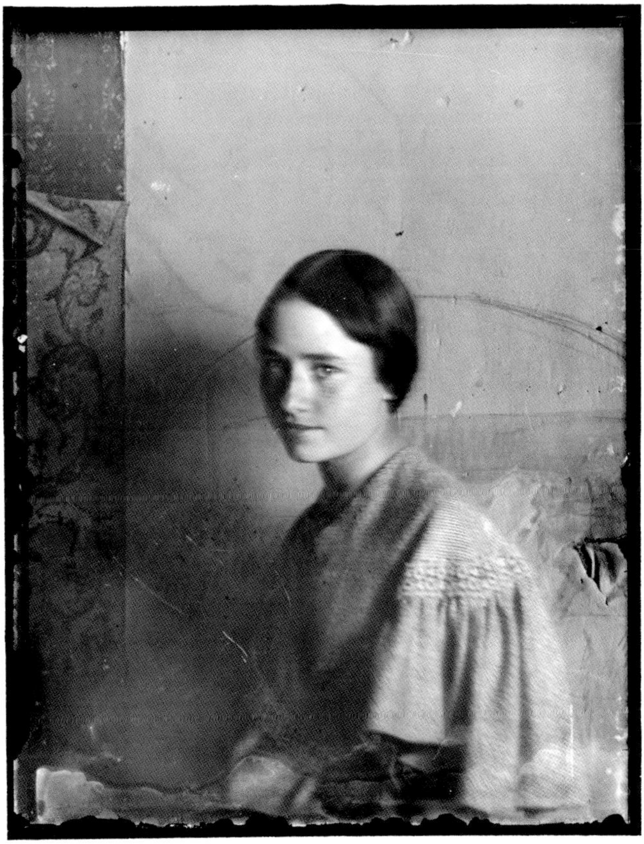

an Erinnerungen, die aufkommen, wenn man alte Fotos anschaut. Doch vielleicht sollten wir unterscheiden zwischen Erinnerungen an eine Zeit, die wir selbst erlebt haben, und dem, was wir uns für die Zeit vor unserer Geburt vorstellen. Einige der beliebtesten Filter auf Foto-Sharing-Sites erlauben es den Benutzern, ihren Fotos eine »1960er-Tönung« zu verpassen – oder auch 1970er, 1980er, ganz nach Belieben. Doch die Menschen, die in diesen Jahrzehnten gelebt haben, sahen diese in ihren wahren Farben, und diese Filter imitieren lediglich, wie Fotos in einem bestimmten Stadium einer sich laufend weiterentwickelnden Technologie ausgesehen haben.

Die amerikanische Fotografin Gertrude Käsebier (1852–1934) glaubte, dass Fotografie als Medium geeignet sei, um die Zeit stillstehen zu lassen (oben). »Kunst ist lang und die Kindheit flüchtig, entdeckte ich bald, und die Kinder verloren ihre Babygesichter, bevor ich lernte, Porträts zu malen, weshalb ich ein schnelleres Medium

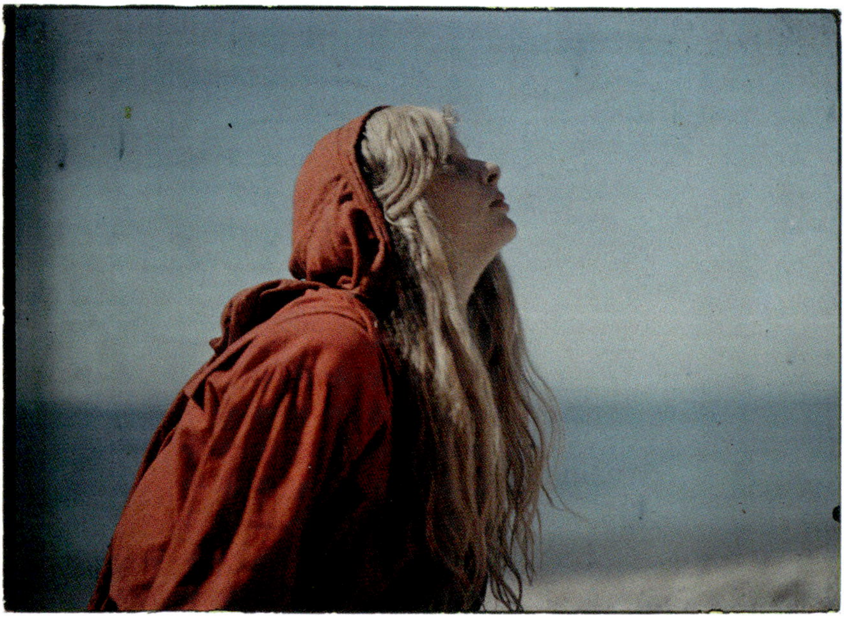

Mervyn O'Gorman
Christina in a Red Cloak,
1913
Autochrom,
12 x 16,4 cm

Uns würde es nicht überraschen, wenn es hieße, dass dieses Foto für die neueste Ausgabe der *Vogue* gemacht worden wäre: Die geringe Schärfentiefe ist typisch für Modefotografien, da deren Schöpfer selten wollen, dass der Hintergrund vom Modell ablenkt. Die losen Haare des Mädchens, seine Haltung und sein Kleidungsstil vermitteln ebenfalls den Eindruck von Aktualität. Dabei entstand dieses Bild vor mehr als einem Jahrhundert!

wählte.« Dieses Porträt ihrer Tochter jedoch zeigt deutliche Spuren der Zeit. Käsebier hätte sie vor einem gemalten Hintergrund, wie es damals üblich war, oder auch vor einem weißen Tuch oder einer leeren Wand posieren lassen können. Stattdessen entschied sie sich für eine marode Wand voller Risse, Löcher und abfallendem Putz. Heute ist das Negativ dieses Bildes im gleichen Zustand. Es ist eine alte Fotografie. Dennoch hält sie für immer dieses kleine Lächeln fest, das an Leonardo da Vincis *Mona Lisa* erinnert. Durch die zwei kleinen weißen Punkte in ihrem linken Auge, vielleicht eine Reflexion, strahlt der Blick des Mädchens ganz besonders. Da das Foto jedoch altersbedingt mit vielen ähnlichen Spuren übersät ist, wissen wir nicht, ob es tatsächlich eine Reflexion ist oder doch eher ein Zeichen für den Verfall des Fotos. Das ist aber auch egal – die Wirkung ist trotzdem magisch.

Man muss jedoch nicht professionell sein, um Fotos zu machen, die das Verstreichen der Zeit ausdrücken – jedes Klassenfoto oder Familienalbum hat denselben Effekt auf uns. Oft dominiert aber nicht das Gefühl der Melancholie, wie wir an der Arbeit des Ingenieurs Mervyn O'Gorman (1871–1958) sehen, einem der Pioniere des militärischen Flugwesens in Großbritannien, der sich auch für die Autochromfotografie interessierte (siehe S. 61). Die Fotos, die er von der Tochter seines Nachbarn machte (gegenüber), hinterfragen unsere Annahme, dass die Vergangenheit radikal anders war

Louis Daguerre
Ansicht des Boulevard du Temple, Paris, 1838
Daguerreotypie

Dies ist das Gegenteil eines Fotos, das in einem Sekundenbruchteil aufgenommen wurde: Die Belichtungszeit von 5–6 Minuten lässt die Szene anders aussehen, als wenn man wirklich dort gewesen wäre. Denn dann hätten wir viele Menschen auf diesem »Boulevard des Verbrechens« herumlaufen sehen, wie die Straße wegen der Kriminalstücke in den dortigen Theatern auch genannt wurde.

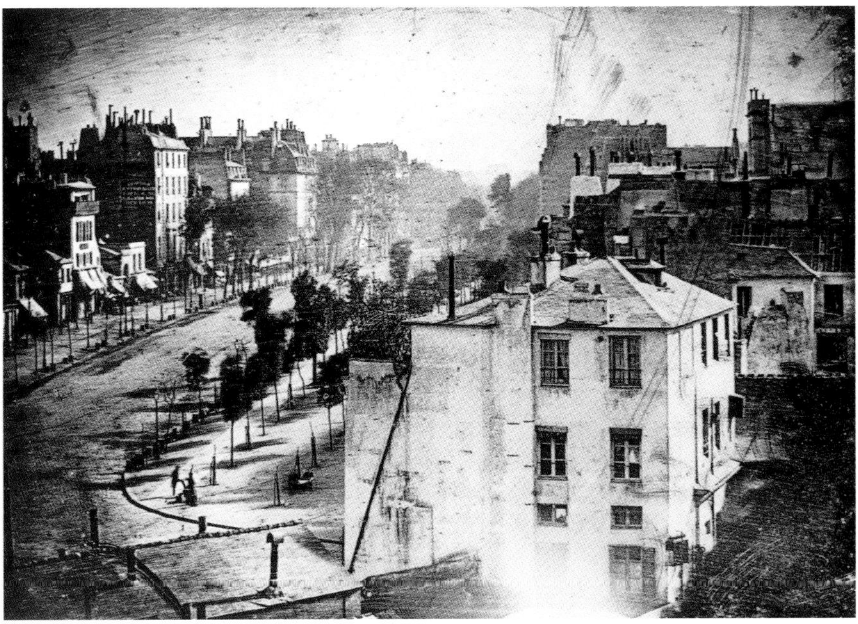

als das, was wir heute erleben. Meist können wir uns nicht vorstellen, dass ein Mädchen in den 1910er-Jahren mit offenem Haar und Kapuzenumhang am Strand herumgehangen hat. Das Rot des Umhangs leuchtet satt, wenn auch ein bisschen verblichen. Das macht es noch schwieriger, das Foto einer Zeit zuzuordnen, da es an die Technicolor-Ära des Hollywood der 1950er erinnert.

Das Bild der Zeit selbst einfangen

Alle Menschen, die an diesem Frühlingstag 1838 auf dem Boulevard du Temple in Paris unterwegs waren, sind lange tot, und diese Daguerreotypie (S. 119) – der Vorläufer der Fotografie, benannt nach ihrem französischen Erfinder Louis Daguerre (1787–1851) – kann in ihren Betrachtern keine Erinnerungen mehr wecken. Sie kann nur Eindrücke und mentale Bilder hervorrufen, die möglicherweise die Frage beantworten: »Wie war es?«

Sind die Passanten wirklich alle vom Boulevard du Temple verschwunden, weil sie sich zu schnell bewegt haben, um eine Spur auf der Platte zu hinterlassen? Nein. Unten links im Bild können wir die Figur eines Mannes erkennen. Experten sind sich uneins darüber, ob dies der erste Mensch ist, dessen Abbild auf einer fotoempfindlichen Oberfläche aufgezeichnet wurde. Die Ursache, weshalb er sich nicht wie die anderen Passanten verflüchtigt hat, besteht darin, dass er der einzige war, der sich während der Belichtungszeit nicht bewegt hat. Und das aus gutem Grund: Er ließ sich gerade die Schuhe putzen. Wir können auch die Figur des Schuhputzers erkennen, zumindest den Teil seines Körpers, der sich am wenigsten bewegt hat.

Dieses Foto (gegenüber) des japanischen Architekten und Fotografen Hiroshi Sugimoto (geb. 1948) befasst sich ebenfalls mit den Themen des Daseins und Verschwindens. Er ließ den Verschluss die ganze Zeit offen, während ein Film in einen leeren Raum projiziert wurde. Angesichts einer Leinwand, die 24 Bilder pro Sekunde zeigt, hielt die Kamera nur ein weißes Licht fest: Der Film selbst ist verschwunden. Was bleibt, ist paradoxerweise der Raum selbst, den das Publikum sonst eigentlich vergisst, wenn es vom Film gefesselt wird. Außerdem würden solche Räume schon bald ein Ding der Vergangenheit sein: Für seine Serie »Theatres« wählte Sugimoto alte Filmpaläste, die kurz vor dem Abriss standen oder schon verfallen waren. Die vollkommen geometrische Komposition seiner Fotografien gibt diesen Räumen ein Gefühl von Gleichgewicht und Stabilität, das ihnen im wirklichen Leben verwehrt wurde.

Hiroshi Sugimoto
Regency, San Francisco, 1992
Silbergelatineabzug, 41,9 x 54 cm

Wären wir an der Stelle des Fotografen gewesen, hätten wir statt dieser leeren Leinwand einen Film gesehen. In diesen zwei Stunden war der Raum schwach durch den Projektor erleuchtet und wurde dunkel, als dieser anhielt – ein Vorgeschmack auf das Verschwinden dieses Kinosaals, da niemand mehr Kinos mit solch opulenter Ausstattung mehr baut.

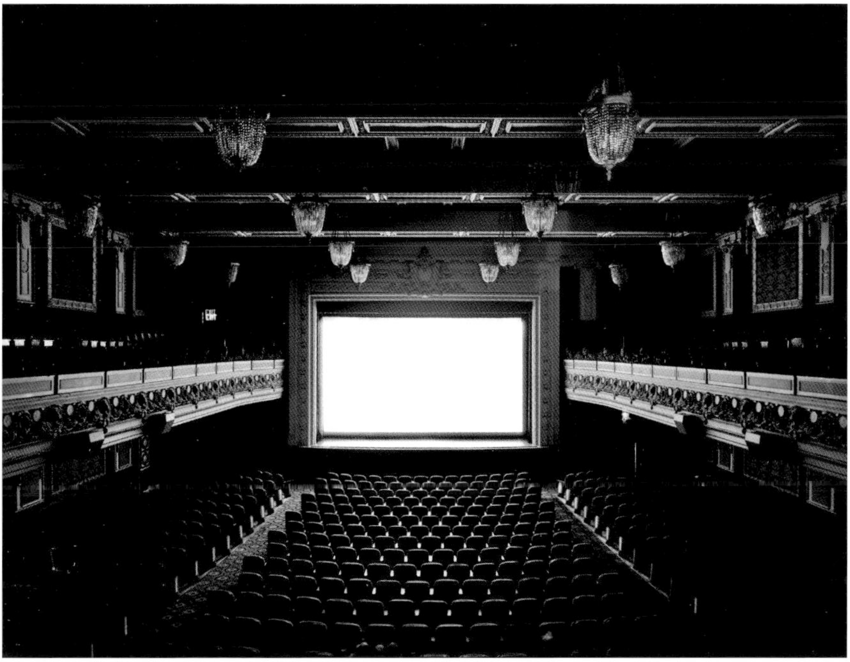

WICHTIGE IDEEN

- Zeit kann durch die Bewegung der abgebildeten Objekte ihre Spuren auf einer Fotografie hinterlassen.
- Jedes Foto erlaubt es uns, eine bestimmte Idee von einer Gegenwart zu entwickeln, die jetzt Vergangenheit ist.
- Indem wir Dinge erstarren lassen, die normalerweise in Bewegung sind, bietet uns die Fotografie die nötige Zeit, um sie zu studieren.

WICHTIGE FRAGEN

... die man mit einer Fotografie vor Augen stellen sollte:

- Schaue ich auf ein Foto, das in Sekundenbruchteilen entstand, oder ist es das Produkt einer Langzeitbelichtung?
- Anhand welcher Symbole kann ich dieses Foto zeitlich einordnen? Sind sie zuverlässig?
- Wäre dieses Foto ebenso interessant, hätte der Fotograf einen Augenblick früher oder später auf den Auslöser gedrückt?
- Hat das Verstreichen der Zeit Spuren auf diesem Foto hinterlassen? Falls ja, wieso hat der Fotograf entschieden, diese Spur zu bewahren?

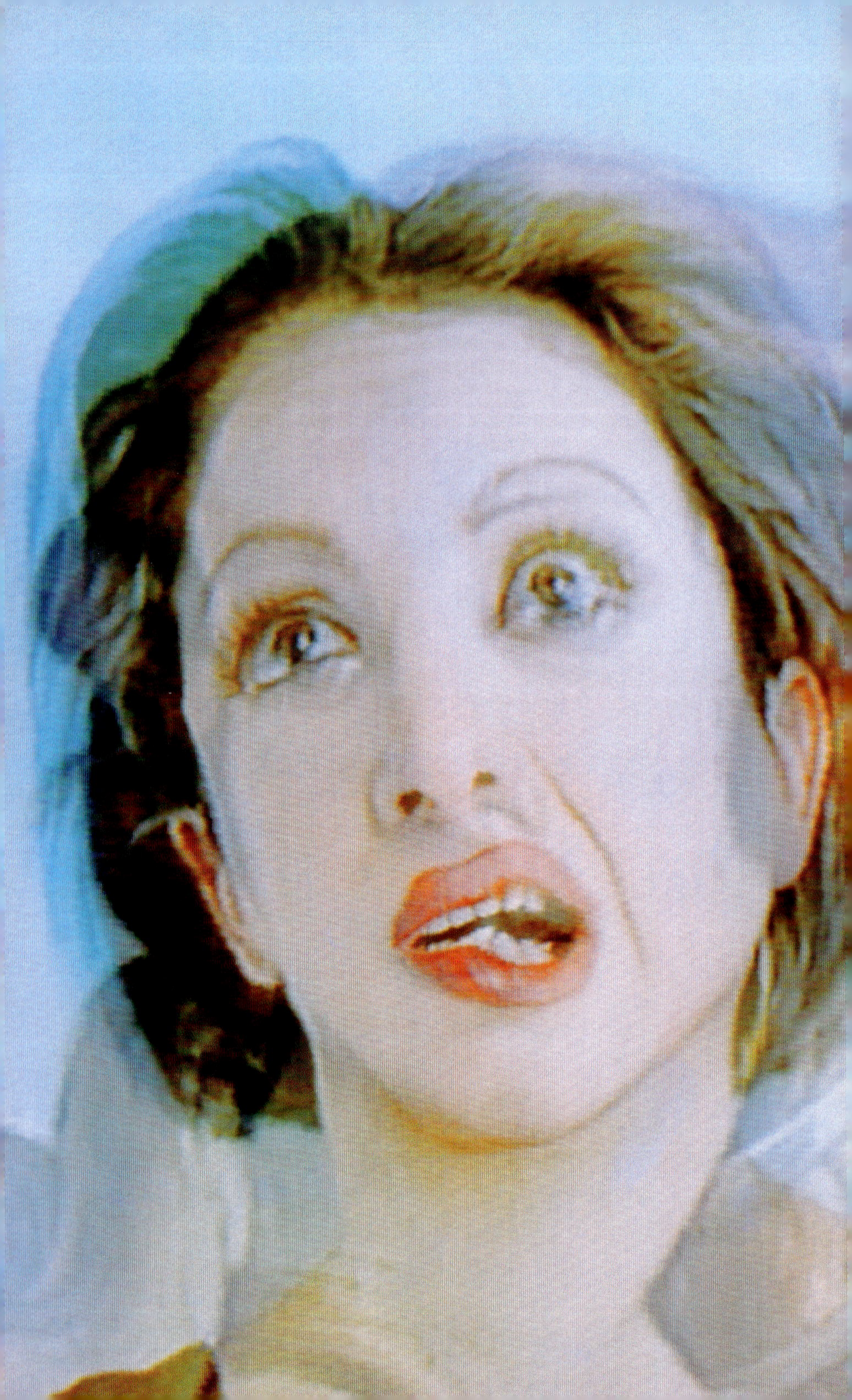

VON PORTRÄTS ZU SELFIES

-

Jede bildliche Darstellung ist unzureichend, doch keine zu erschaffen, wäre schlimmer. Das würde bedeuten, ohne Gesicht zu sein, ohne Bild, ohne Möglichkeit, sich selbst darzustellen.

-

ORLAN

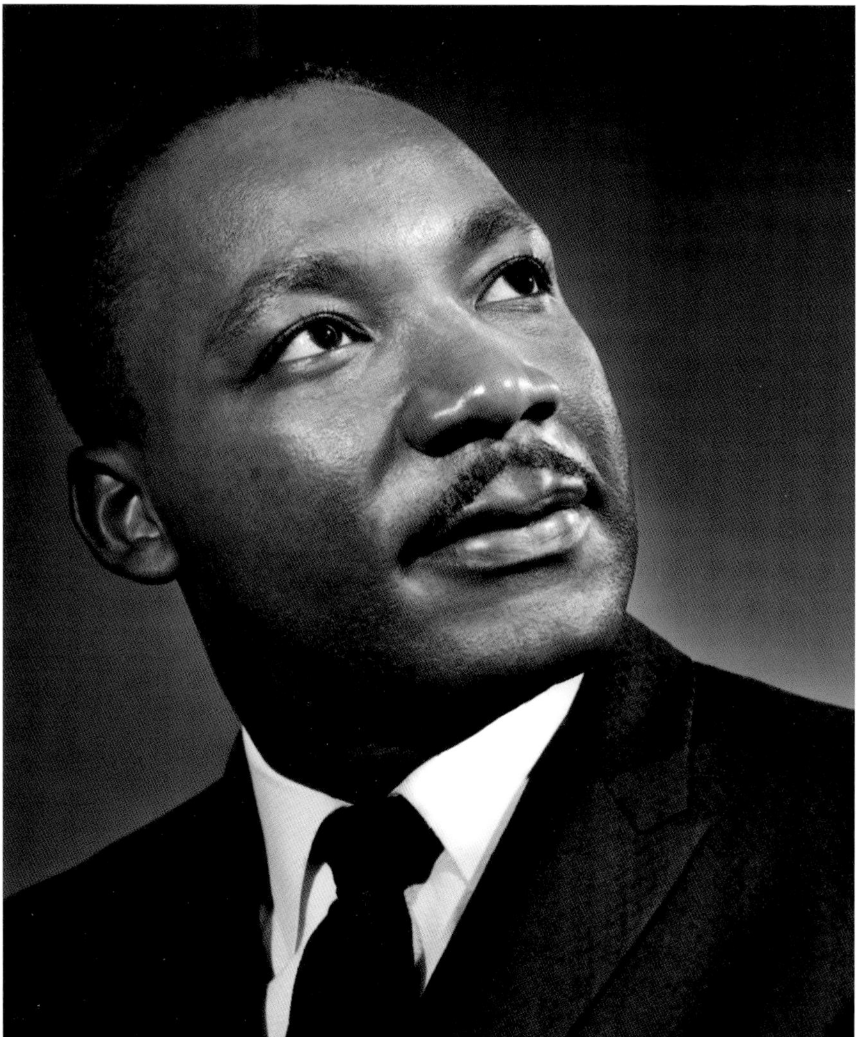

Yousuf Karsh
Martin Luther King, 1962

Reverend King hat sein Gesicht dem Licht zugewandt, das von oben auf ihn fällt. Diese Pose passt zu einem Baptistenpastor, da diese Glaubensrichtung genau wie andere religiöse Bewegungen Gott hoch in den Himmel setzt und Licht mit Glauben assoziiert.

Wir sehen uns gern selbst. Die berühmtesten Gemälde und Fotos aller Zeiten sind Porträts. Beliebte Fernsehserien und Filme stellen menschliche Wesen dar – oder Tiere, die reden und handeln wie wir, was auf dasselbe hinausläuft. Im Mittelpunkt der meisten Religionen und Mythen stehen Gottheiten oder übernatürliche Wesen, die menschenähnlich aussehen oder handeln. Und ein großer Teil der Millionen von Fotos, die stündlich in den sozialen Medien veröffentlicht werden, zeigen Menschen. Spieglein, Spieglein an der Wand, wer ist der Interessanteste im ganzen Land?

Porträts dienten nicht immer dazu, unsere Avatare in den sozialen Netzwerken und Medien zum Leben zu erwecken. In der Vergangenheit nutzte man sie vor allem, um uns an die Abwesenden zu erinnern, ob physisch weit entfernt oder durch die Zeit von uns getrennt – mit anderen Worten: tot. Heutzutage erwarten wir mehr von Porträts: Sie sollen weit über das äußere Erscheinungsbild hinausgehen. Das ist aber keine völlig neue Entwicklung. Marcel Proust schrieb 1915 in einem Brief, dass ein Fotograf festhält, »was in einer Person fortdauert«. Ein Porträt kann sogar eine Epiphanie auslösen, indem es jemandes wahre Persönlichkeit enthüllt. Es liegt irgendwo zwischen Psychoanalyse und Röntgenbild.

EINE POSE EINNEHMEN

Der amerikanische Fotograf Elliott Erwitt (1928–2023), Mitglied der Agentur Magnum, hatte einen genialen Trick, um seine Motive, wenn nicht intelligent, dann wenigstens aufmerksam aussehen zu lassen: »Es ist fast schon peinlich, aber ich habe einen Trick für Auftragsporträts. Ich habe eine dieser kleinen Fahrradhupen dabei, und wenn jemand sauertöpfisch oder starr guckt, dann drücke ich die Hupe. Das bricht das Eis. Es ist albern, funktioniert aber.« Stehen wir jedoch einer Berühmtheit gegenüber, jemandem, der würdevoll und einschüchternd ist, wird es schwierig mit der Hupe …

Der armenisch-kanadische Fotograf Yousuf Karsh (1908–2002) hatte an diesem Tag im Jahre 1962 (gegenüber) nur einige Minuten mit Martin Luther King in einer mehr oder weniger ruhigen Ecke seiner vollen Kirche. »Was ich vor meinem inneren Auge sah und hoffentlich auch in dem Porträt zu sehen ist, ist die Hingabe des Mannes und seine deutliche Vision des letztendlichen Sieges.« King blickt nach rechts oben, er schaut mit unerschütterlichem Glauben seinem Ziel entgegen, dem Gipfel des Berges, den zu erklimmen er sich vorgenommen hat. Der inspirierende Blick ist ganz passend, da King später auf der ganzen Welt für seine Rede »Ich habe einen Traum« berühmt werden würde. Hier ist er 33 Jahre alt. Zwei Jahre später erhielt er den Friedensnobelpreis, weitere vier Jahre später wurde er ermordet. Das Bild hätte ein etwas hölzernes offizielles Porträt werden können, aber dann wäre sicher vorher ein Assistent gekommen und hätte ihm die Nase gepudert. Die glänzende Nase erinnert uns daran, dass der große Mann auch nur menschlich ist.

Wie wir sehen, vor allem, wie wir uns selbst sehen, ist Teil des Menschseins. Psychologen sagen, dass unser Blick zugleich egozentrisch (Ich sehe, was in mir ist) und allozentrisch (Ich »sehe mich selbst«, wo immer ich bin) ist. Das Konzept des allozentrischen Blicks mag seltsam erscheinen, aber wir sind daran so sehr gewöhnt, dass wir dies im Alltag gar nicht merken – ich weiß z. B. sehr gut, wo ich bin, wenn ich dieses Buch lese, welche Position mein Körper hat und wie ich auf jemanden wirke, der ins Zimmer kommt. Wir müssen uns damit abfinden, wie wir aussehen, vor allem in Fotografien. In *Das Buch der Unruhe* beschrieb der große portugiesische Dichter Fernando Pessoa (1888–1935) seine Eindrücke, als er zum ersten Mal ein nicht weiter bemerkenswertes Foto sah, das in den Büros der Versicherungsgesellschaft aufgenommen worden war, bei der er 1930 arbeitete. Alle seine Kollegen blickten ausdrucksvoller als er: der Chef, der Stellvertreter, sogar der Kurier! Pessoa spürte, dass er akzeptieren musste, was die Kamera ihm zeigte, nämlich, dass er wie ein Idiot mit leerem Gesicht in den Raum starrte.

Die in Deutschland geborene französische Soziologin und Fotografin Gisèle Freund (1908–2000) bemühte sich, ein teilnahmsloses offizielles Porträt zu vermeiden, als sie dieses Foto von Frida Kahlo (gegenüber) aufnahm. Kahlo posiert darin neben einem Gemälde, auf dem ihr Vater Guillermo, ein Profifotograf, zu sehen ist, in Mexiko Anfang des 20. Jahrhunderts. Sie trägt ein *Enagua* (Rock) mit Blumenmuster und ein *Huipil* (traditionelle Bluse) aus Baumwolle, bestickt mit einem Motiv, das typisch für die Region Tehuantepec ist. Ein roter *Rebozo* (Schal) ist über die Stuhllehne drapiert. In der Mitte eines *Huipil* gibt es normalerweise keine Verzierungen, sodass die *Torzales* (Halsketten) betont werden. Frida Kahlos Ketten sind aus Gold; eine von ihnen zeigt eine Fledermaus im vorkolumbianischen Stil. Dies ist ihre Alltagskleidung. Zwischen den Fingern steckt eine Zigarette; dieses in offiziellen Porträts eigentlich nicht zu findende Objekt markiert eine Abkehr von der Ernsthaftigkeit dieses Genres. Unter der Staffelei sehen wir sogar die Packung zusammen mit einer Schachtel Streichhölzer.

Gisèle Freund
Frida Kahlo vor dem Porträt ihres Vaters, des Fotografen, Mexiko-Stadt, 1951
35mm-Farbfilm

Die mexikanische Malerin Frida Kahlo sitzt; wir bleiben stehen, ein bisschen eingeschüchtert. Nach ihrem ersten Treffen verglich die Fotografin sie mit »einer aztekischen Prinzessin«, an jedem Finger »ein riesiger Ring mit fein gearbeiteten Edelsteinen«.

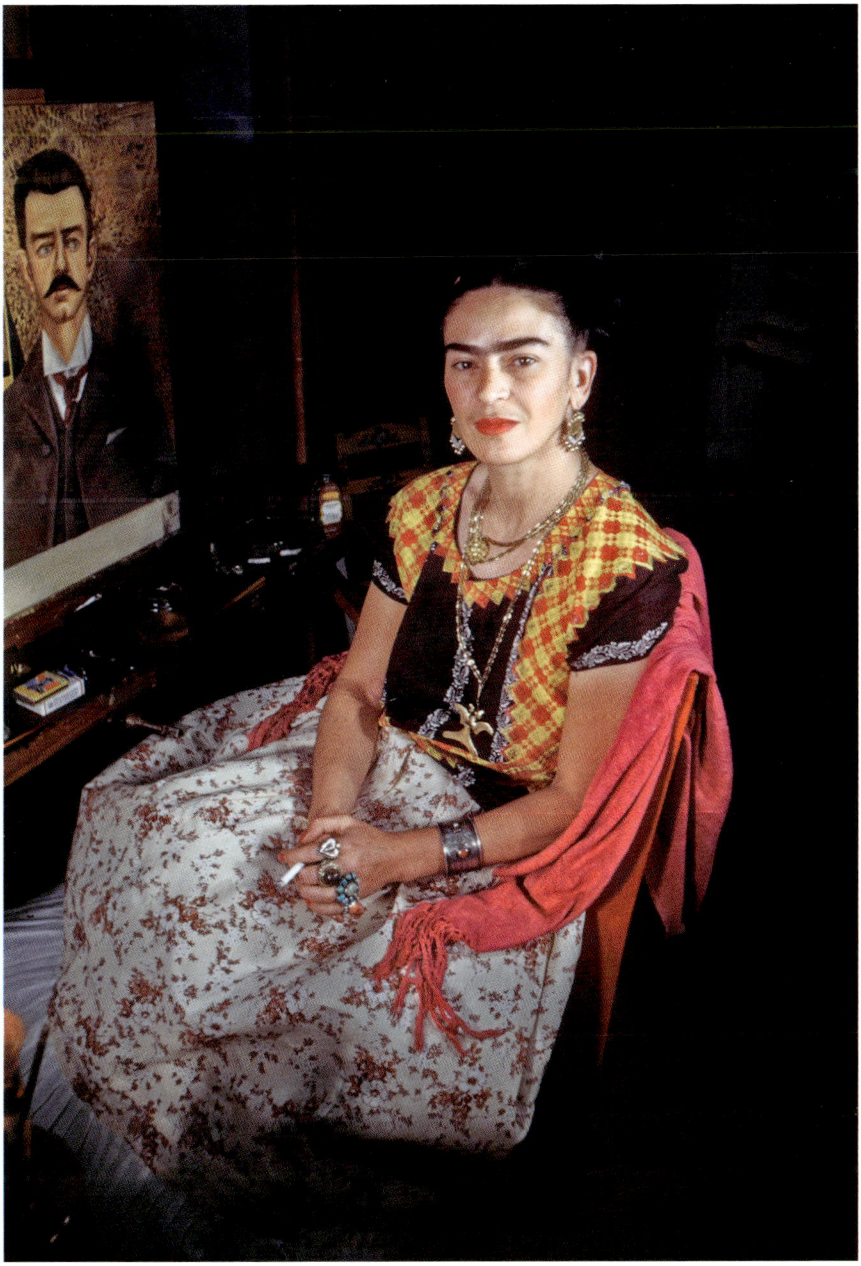

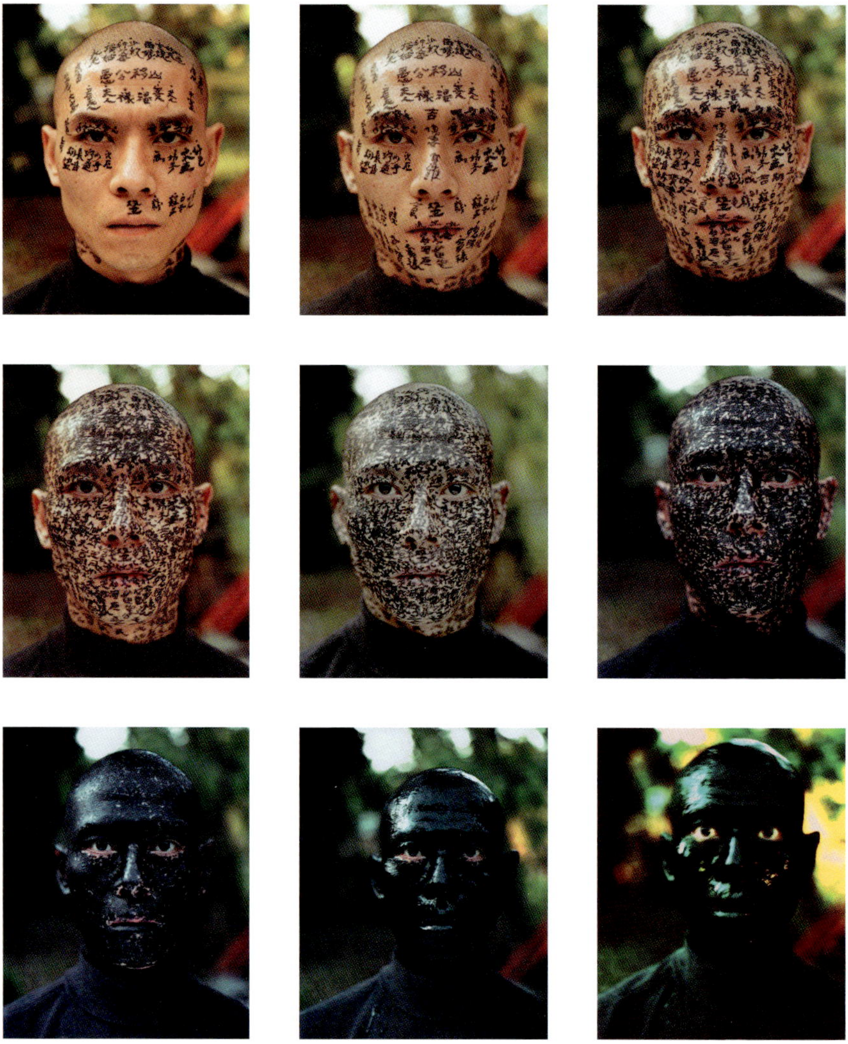

Zhang Huan
Family Tree, 2001

»Immer mehr Kultur erdrückt uns langsam und lässt unsere Gesichter schwarz werden. Es ist unmöglich, das uns angeborene Blut und die Persönlichkeit wegzunehmen«, sagt Zhang Huan. Es gibt aber so etwas wie Informationsüberlastung: Wenn wir den Sättigungspunkt erreicht haben, ist es vielleicht einfacher, wieder von vorn zu beginnen.

DAS SELBST SCHREIBEN

Als er älter wurde, malte der niederländische Meister Rembrandt van Rijn eine Reihe von Selbstporträts, die schonungslos seinen körperlichen Verfall dokumentierten – auch sein Gesicht, das stetig müder und ernüchterter wurde. Doch nicht jeder sieht sich selbst so gnadenlos. Schon vor dem Ersten Weltkrieg nahmen Porträtfotografen an ihren Fotos ebenso viele »Verbesserungen« vor wie heutige Benutzer an ihren schmeichelhaften Bildern, die sie auf Instagram, Flickr oder anderen sozialen Netzwerken veröffentlichen. In einer Abhandlung namens *The Art of Retouching Photographic Negatives* schrieb Robert Johnson 1913: »Ein sehr gekonnter Retuscheur kann drastische Veränderungen an einem Gesicht vornehmen, wie etwa den Mund schließen, der so weit offen steht, dass man die Zähne sieht, leicht schielende Blicke ausrichten oder sogar Augen öffnen, die bei der Belichtung geschlossen waren.«

Heute wenden viele Menschen in den wohlhabendsten Staaten der Welt eine Menge Zeit und Geld für ihre persönliche Weiterentwicklung auf und arbeiten an sich wie an einem Muskel, der durch Training gestärkt werden kann. Aber nicht alle Kulturen fassen das Individuum auf diese Weise auf – beispielsweise schamanische Kulturen oder in mancherlei Hinsicht die buddhistische Philosophie, wie der chinesische Künstler Zhang Huan (geb. 1965) sie begreift. Für seine Performance *Family Tree* (gegenüber) bot er sein Gesicht drei Kalligrafen an, die es mit Zitaten aus Huans Memoiren sowie der klassischen chinesischen Literatur bedeckten. Inspiriert ist das Werk von der uralten Kunst, die Zukunft einer Person anhand der Analyse ihrer Gesichtszüge vorherzusagen.

Family Tree bezieht sich außerdem auf das *Nicht-Selbst*, ein grundlegendes Konzept in der buddhistischen Philosophie. Entsprechend dieser Überzeugung ist die Idee, dass wir alle eine Identität haben, die permanent und für uns als Individuum speziell ist, eine Illusion, weil nichts im Universum unabhängig von seinem Kontext existiert. Kunstkritiker haben die tragische Dimension von Zhang Huans Performance kommentiert – die persönliche Identität verschwindet hinter einem Übermaß an kulturellen Symbolen. Dabei erinnern diese geschwärzten Gesichter auch daran, dass wir unter einer oberflächlichen Schicht aus Kultur alle gleich sind.

Anfang der 1990er-Jahre bat die britische Konzeptkünstlerin Gillian Wearing (geb. 1963) Hunderte von Passanten, auf ein Blatt zu schreiben, was sie gedacht haben, als sie sie trafen (umseitig).

Es ist paradox, dass ein Polizist, der den Bürgern helfen soll, selbst um Hilfe bittet. Diese Umkehrung reflektiert die Stimmung an diesem Punkt der Geschichte, als sich Personen ohne tief

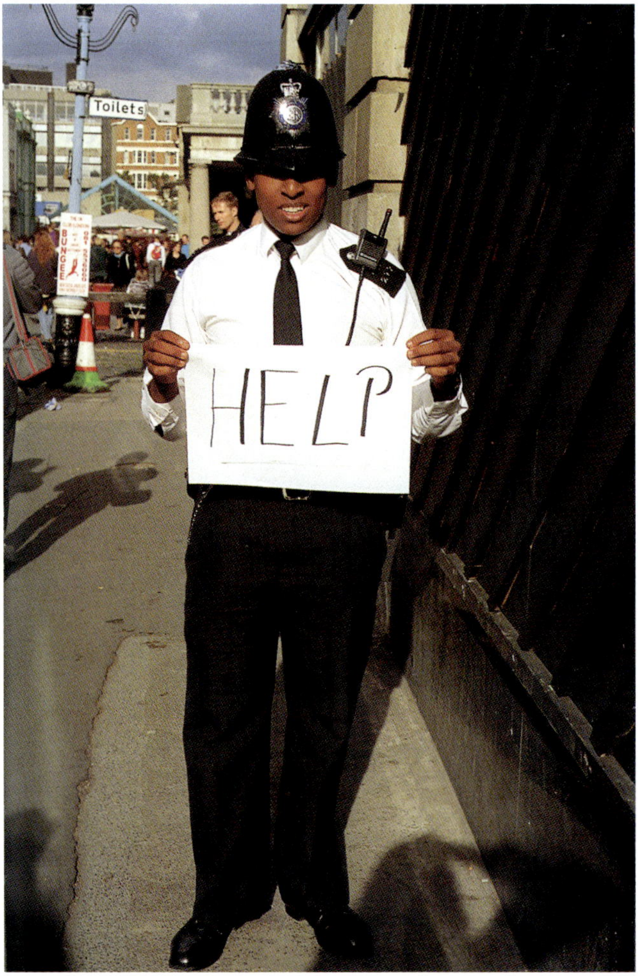

Gillian Wearing
Help, aus der Serie »Signs that Say What You Want Them To Say and Not Signs that Say What Someone Else Wants You To Say« (Zeichen, die sagen, was Sie sagen wollen, und nicht Zeichen, die sagen, was jemand anderes will, dass Sie es sagen), 1992–93
C-Typ-Abzug, auf Aluminium aufgezogen, 44,5 x 29,7 cm

Der Polizist verzieht das Gesicht, geblendet von der Sonne. Sein Ausdruck scheint also zu der Botschaft zu passen, die er hochhält. Der Titel dieser Serie lässt an eine Welt denken, in der die Redefreiheit verschwunden ist, allerdings ist das nicht ganz ohne Widerspruch: Wenn diese Porträts in einer Galerie ausgestellt werden, könnten die Botschaften, die auf das weiße Blatt geschrieben wurden, eine Bedeutung annehmen, die ihre Urheber nicht geplant hatten.

empfundene politische oder religiöse Überzeugungen in bestimmten Ländern und Gesellschaftsschichten verloren in einer Welt fühlten, die sie nicht verstanden. Man erkennt hinter dem Mann eine Anzeige für Bungeespringen, ein Beispiel für eine Aktivität, die Leuten Aufregung bietet, die bereit sind ihr Leben zu opfern, um Spaß zu haben, statt für eine noble Sache zu kämpfen.

Doch nicht jeder ist gleichermaßen verloren, es gibt auch Leute, die verstehen, wie wichtig es ist, um Anerkennung in einer Gesellschaft zu kämpfen, die einen ausgrenzt oder unterdrückt.

GENDER AUSDRÜCKEN

Zwei Schmalzlocken auf der Stirn, zwei Herzen auf den Wangen, Handstulpen, die wie Abendhandschuhe aussehen, ein Leotard mit aufgemalten Nippeln und der Aufschrift »I am in training, don't kiss me«: Diese Arbeit (unten) der französischen Künstlerin Claude Cahun (1894–1954) ist eine *Performance des Genders* – das in der Zwischenkriegszeit noch keinen Namen hatte. Die Hanteln auf ihren Schultern sind ein Requisit, das normalerweise Hypermaskulinität kennzeichnet, die lässige Haltung lässt erkennen, dass es Attrappen sind. Cahun sieht Symbole der Geschlechtsidentität als Spiel: »Maskulin? Feminin? Kommt drauf an.« »Neutral ist das einzige Geschlecht, das immer zu mir gepasst hat.« Angesichts einer Welt, die diese Indifferenz nicht akzeptierte, sagte Cahun: »Die glücklichsten Momente meines Lebens? – Ein Traum – Mir vorstellen, dass ich anders bin. Meine bevorzugte Rolle spielen.«

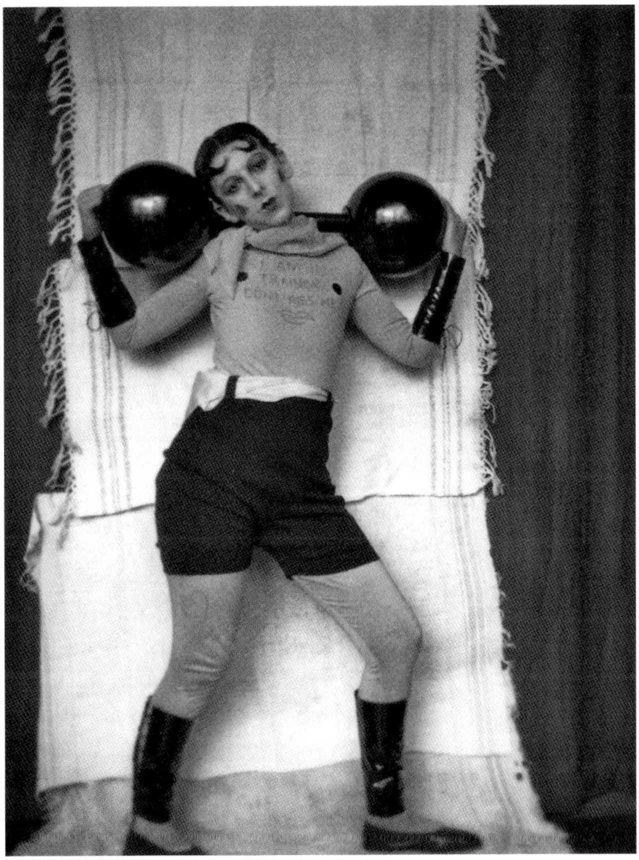

Claude Cahun
Ohne Titel (Selbstporträt),
ca. 1927
Silbergelatineabzug,
10,4 x 7,6 cm

Mit ihren Armen in Form eines W und den seitlich gestellten Füßen parodiert Cahun die Silhouetten der antiken ägyptischen Kunst. Nur ihr Gesicht ist direkt auf uns gerichtet und fordert unsere Reaktion heraus. Der Vorhang, halb Schlafzimmergardine, halb Kabarettvorhang, suggeriert, dass der Unterschied zwischen der Bühne und der Stadt vermutlich gar nicht so groß ist.

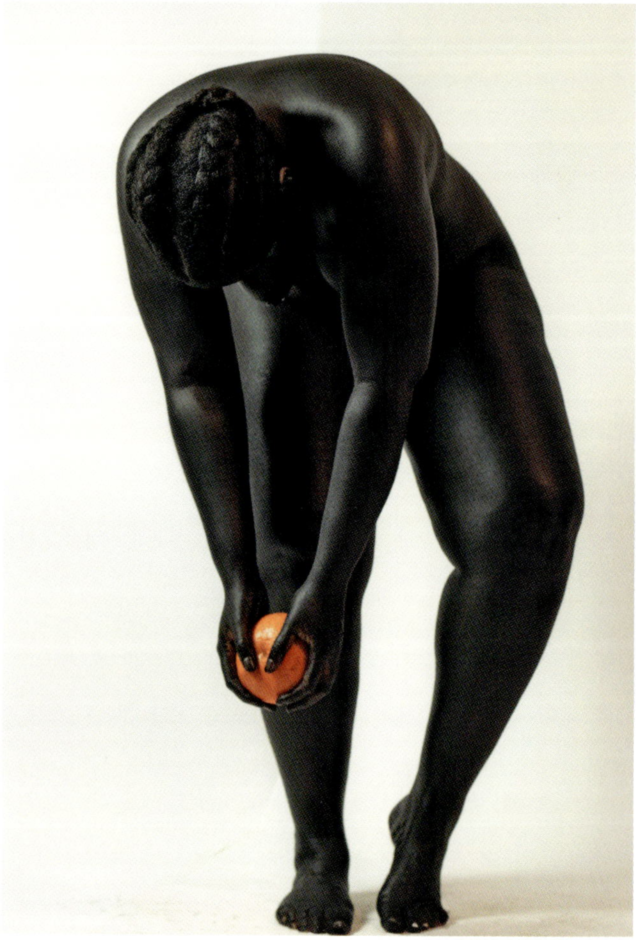

Eva Woolridge
Weight of Trauma, aus der Serie »Size of a Grapefruit«, 2019

Die Fotografin hält die Grapefruit, als wäre sie sehr schwer – und symbolisch gesehen stimmt das auch. Die Farbe hebt sich überaus deutlich von ihrem Körper ab und betont damit, dass es ein fremdartiges Objekt in einer fremden Umgebung ist.

Die autobiografische Serie, zu der *Weight of Trauma* (oben) gehört, hat eine direktere Verbindung zum Alltag: Sie dokumentiert einige Monate im Leben der schwarzen chinesisch-amerikanischen Fotografin Eva Woolridge (geb. 1993) vom ersten, scharfen Schmerz bis zu ihrer langsamen Genesung nach der Operation: der Entfernung einer Eierstockzyste von »der Größe einer Grapefruit«, die sie hier mit einer echten Grapefruit darstellt. Nach einer ersten Fehldiagnose (Lebensmittelvergiftung) musste sie schon einen Tag nach der Diagnose operiert werden. Durch die elegante Darstellung ihrer persönlichen Erfahrung, ohne aktiv Mitleid im Betrachter auszulösen, prangert sie »rassistische Vorurteile und Mikroaggression in der Medizinbranche an«.

David LaChapelle
Last Supper, aus der Serie »Jesus is my Homeboy«, New York, 2003
Chromogenabzug

Dieses Foto im typischen Stil seines Schöpfers stellt Figuren und Objekte nebeneinander, die leicht erkennbar sind. Die Mehrdeutigkeit ergibt sich nicht aus der fotografischen Technik – es gibt nicht viele dunkle oder unscharfe Bereiche –, sondern aus der Nebeneinanderstellung selbst.

Statt von Grund auf neu zu beginnen, können Künstler, die eine bestimmte Gesellschaft beleuchten wollen, auch deren Ikonografie benutzen – wie etwa die katholische Bilderwelt. Einerseits hält sich der amerikanische Künstler David LaChapelle (geb. 1963) getreu an den Bericht des Neuen Testaments (unten): Am Tisch sitzen dreizehn Leute, Jesus Christus ist leicht zu erkennen und der Titel des Werkes folgt der Tradition. Selbst der Titel der Serie spiegelt die Darstellung Jesu' in den Evangelien wider. LaChapelle sagt: »Wäre Jesus heute hier, würde er mit den Typen von der Straße und den Randgruppen abhängen: den Armen, den Obdachlosen, den Prostituierten, Drogendealern, Gangstern und so weiter.« Der Fotograf bedient sich außerdem der Traditionen in der Malerei, wenn er eine Technik imitiert, die Rembrandt 1629 in seiner Version von *Das Mahl in Emmaus* benutzte: Wir sind nicht sicher, ob das Licht von Jesus selbst ausgeht oder von einer Lichtquelle hinter ihm. Andererseits nimmt er sich bestimmte Freiheiten bei der katholischen Ikonografie heraus. Die Freunde trinken keinen Wein, sondern Bier und Brandy, und eine junge Frau kommt in den Raum gestürmt. Wir können selbst entscheiden, ob das Maria Magdalena, die reuige Sünderin ist, die angeblich bis zu seinem Tod bei Jesus blieb, aber eigentlich nicht beim letzten Abendmahl dabei war.

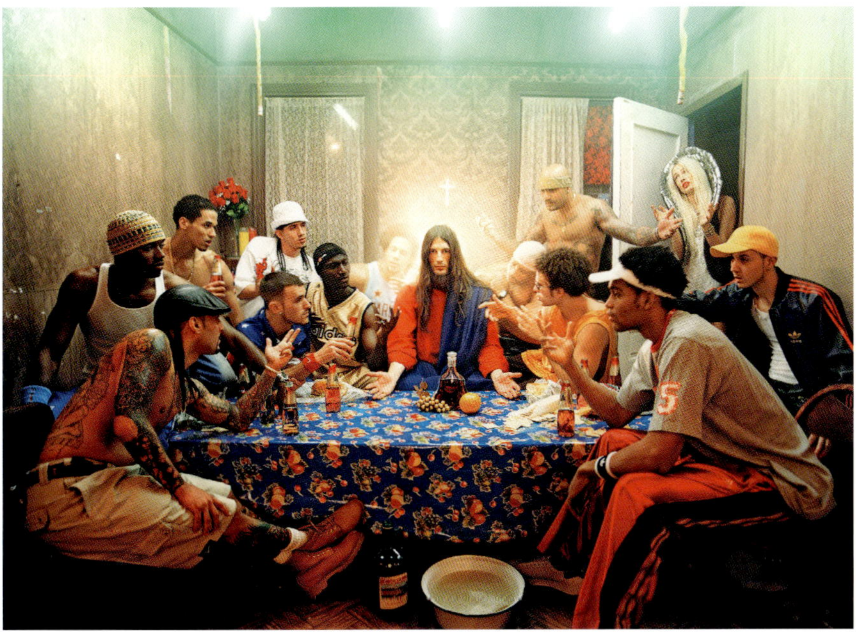

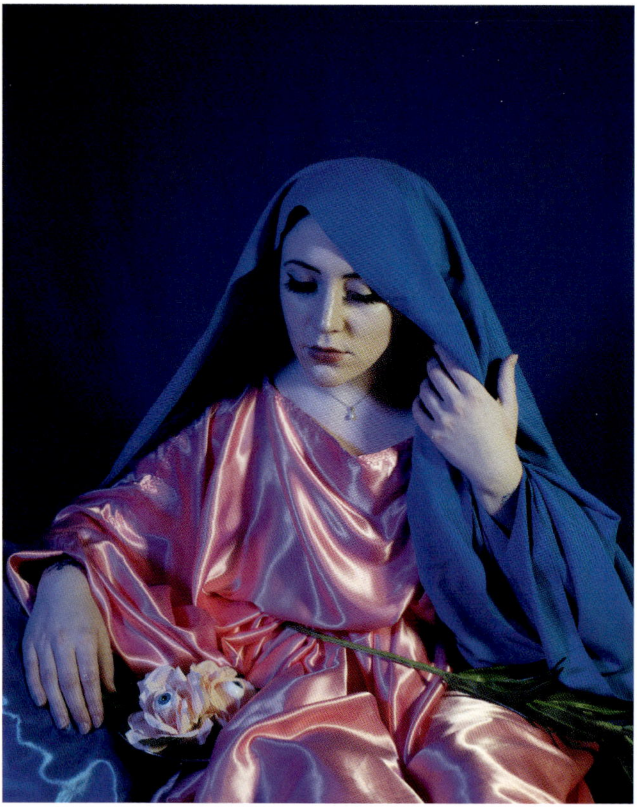

Hyacinth Schukis
Santa Lucia (After Palma and del Cossa), aus der Serie »Afterlives«, 2020
Tintenstrahl-Archivdruck, 61 x 76,2 cm

»Ich bin weiß«, sagt Schukis in ihrer Erklärung, »bei der Geburt als weiblich eingeordnet, transgender-nichtbinär, in der Mittelklasse aufgewachsen, neurodivergent, chronisch krank und queer. All diese Facetten meiner Identität äußern sich in gewissem Maß in meinen Bildern.«

Die Amerikanerin Hyacinth Schukis (geb. 1996) lässt in ihren Fotos ebenfalls Raum für Interpretation. Ihre Installation (oben) ist inspiriert vom Martyrium der heiligen Lucia von Syrakus im 4. Jahrhundert. Die junge Frau weigerte sich, eine »gute Ehe« einzugehen, da sie Keuschheit geloben und ihr Leben den Armen und Schwachen widmen wollte. Zur Strafe stach einer ihrer Peiniger ihr die Augen aus. Dieses gruselige Motiv inspirierte zwei Maler der italienischen Renaissance: Francesco del Cossa, der sie mit zwei Blumen darstellte, deren Stempel die Form von Augen hatten, und Palma il Giovane, bei dem sie ihre Augen auf einem Teller trug. Schukis kombiniert hier die zwei Versionen. Lucia schaut nach unten auf die auf Rosenblätter gebetteten Augäpfel, wir wissen aber nicht, ob es ihre sind, da ihre Augen hinter den riesigen künstlichen Wimpern verborgen sind. Das Foto erinnert nicht nur an das Martyrium von Menschen, die nicht den von der Mehrheit gebilligten Weg gehen, sondern wirft auch die Frage auf, wie wir uns selbst und andere sehen: Sollte verhindert werden, dass Lucia sich selbst sieht oder dass sie uns nicht mehr sieht?!

ICH, ICH, ICH!

Wie stehen wir vor einer Kamera? Was sollte ein Gesicht »sagen«? Antworten auf diese Fragen sind immer von unserer Kultur geprägt. So werden etwa Familienfotos aufgrund von Werbekampagnen von Firmen wie Kodak in unserer kollektiven Fantasie mit Glücklichsein assoziiert. Sie sind Schuld, dass all diese Amateurfotografen vergebens darauf warten, dass ihr Baby lächelt, oder die Leute immer wieder auffordern, »Ameisenscheiße« zu sagen, nur damit diese noch schlimmere Fratzen schneiden.

Das Werk der französischen Künstlerin ORLAN (geb. 1947) arbeitet in ihrem Streben nach Befreiung auf zwei verwandte Ziele hin (umseitig). Das erste, illustriert durch diese »Selbst-Hybridisierung«,

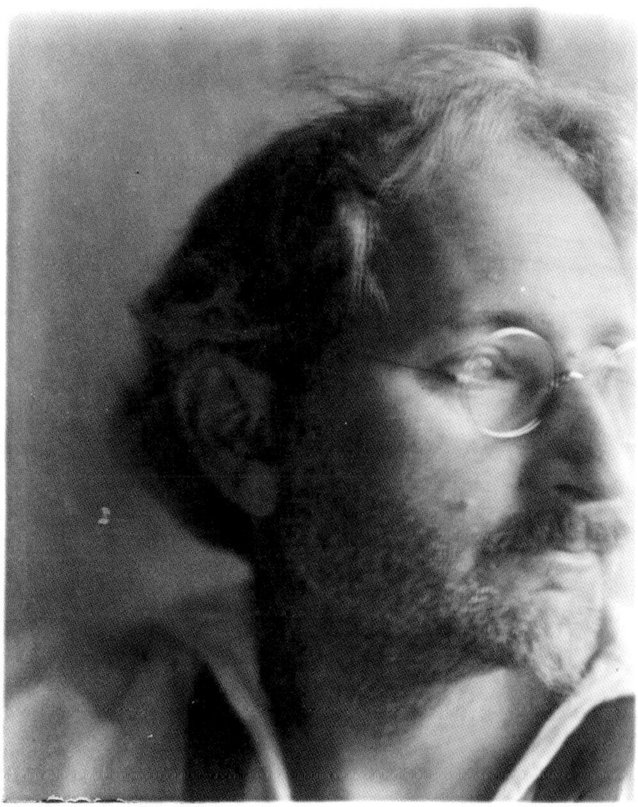

Fred Holland Day
Selbstporträt im Matrosenanzug, 1911
Cyanotypieabzug

Der amerikanische Fotograf Fred Holland Day (1864–1933) hat sich nicht nur bewegt, wodurch das Bild unscharf wurde, sondern seinen Kopf auch zu weit zur Seite gedreht – vielleicht tat er das auch mit Absicht, um uns zur Achtung zu mahnen. Wenn wir uns ein Porträt anschauen, dann glauben wir oft, sagen zu können, was für eine Art Person jemand ist. »Dieses Bild zeigt dir nur einen Teil von mir«, scheint er in diesem Foto sagen zu wollen.

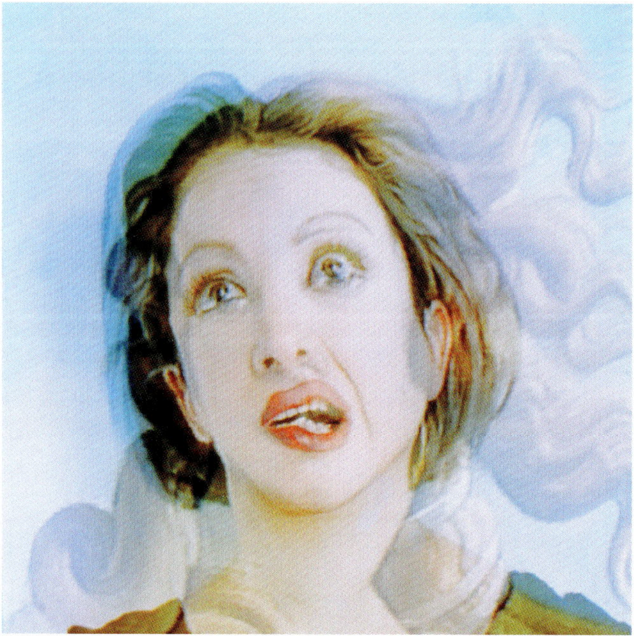

ORLAN
Self-Hybridation, In Between with ORLAN's portrait n°4, 1994
Farbfotografie in Lichtkasten, 120 x 160 cm

Das Gesicht der Künstlerin ist über *Die Geburt der Venus* (ca. 1485) des italienischen Malers Sandro Botticelli gelegt. Allerdings versucht sie nicht, dieser ähnlich zu sehen. Mit ihrem verzogenen Mund macht sie sich über die Gesetze der weiblichen Schönheit lustig. Freche Kinder in Klassenfotos sind nicht die einzigen, die Fratzen schneiden können.

besteht aus dem Abbau von Schönheitsstandards. Das zweite ist ambitionierter: Es soll uns aus der genetischen Beschränkung unseres natürlichen Erscheinungsbildes befreien. Dieses Ziel ist viel komplexer, vielleicht sogar unmöglich. Um ihren Widerspruch zur »Natur« zu zeigen, lädt ORLAN Besucher ihrer Website ein, eine *Petition gegen den Tod* zu unterschreiben. Wir sollen über das Äußere hinaus schauen, da dieses selten die wahre Identität einer Person ausdrückt. Dieser Zwiespalt zwischen dem Sein und dem Scheinen einer Person dominiert ihre Arbeiten. Im Mittelpunkt stehen oft ihr eigener Körper und ihre Identität: Sie verwandelt sich ständig selbst, sowohl in ihren Selbstporträts als auch im wahren Leben, wo sie in vielen ihrer Performance-Stücke sogar auf plastische Chirurgie zurückgreift.

ORLAN ist nicht die einzige Künstlerin, die auf diese Art die Verbindung zwischen Anschein und Realität untersucht. Genau wie Barbara Kruger (siehe S. 26) startete die amerikanische Künstlerin Cindy Sherman (geb. 1954) ihre Karriere mit der Pictures Generation, einer informellen Bewegung, die bekannt ist für ihre kritische Analyse der Medieneinflüsse auf die Art und Weise, wie wir unsere Identität konstruieren und wahrnehmen. Seitdem hat sie Tausende von Fotos von sich selbst aufgenommen, in denen sie niemals gleich, aber auch niemals wie eine völlig andere Person aussieht. Sie ist wahlweise brünett, blond oder rothaarig, jung oder alt, schön oder hässlich, lebendig oder tot. Nie hat sie jedoch die Tatsache verborgen, dass sie Make-up, Prothetik und Digitaltechnik für diese Transformationen benutzt. Sie nennt sie daher auch nicht Selbstporträts, sondern »Mittel, jeden Tag zu Halloween zu machen«: Wir verkleiden uns, spielen mit Erwartungen und der Frage, wie sehr man der äußeren Erscheinung trauen kann. Auf Instagram veröffentlichte Sherman Porträts, die mithilfe der KI-App Lensa erzeugt wurden (unten). Sie sagte, dass sie nur herumgespielt hat, dass dies keine Kunst sei, doch die Idee bleibt gleich: Misstrauen wir den Darstellungen, die wir in den Medien sehen.

Alles änderte sich nach 2000 mit der Ausbreitung von Foto-Handys. Fotografie wurde ein Mittel der Kommunikation und sogar ein Mittel, neben dem echten Leben ein Parallelleben zu erschaffen. Dieses Leben wird von einem Avatar gelebt, der in Videos und Fotos auftaucht und exakt so aussieht und klingt wie die Original-

Cindy Sherman
I'm ready, März 2019
Instagram-Posting

Dieses Foto wurde mit dem Programm Lensa hergestellt. »Man gibt sie in dieses Programm ein und das macht aus den Selfies Avatare«, erläutert Sherman. »Ich glaube, meist versuchen sie, wirklich attraktive Avatare aus deinem Gesicht zu machen. Aber da die Bilder, die ich eingegeben habe, diese veränderten Bilder sind, werden die Ergebnisse umso überraschender.«

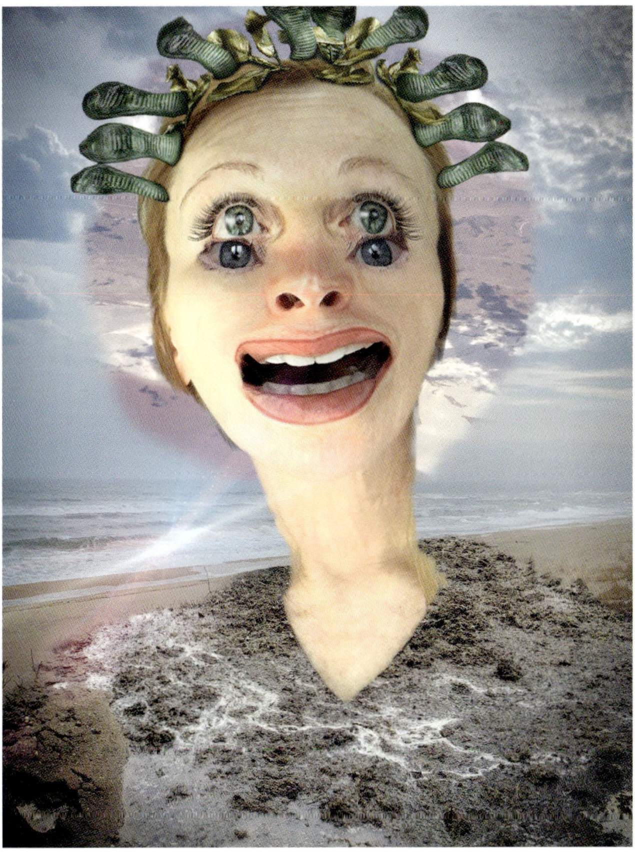

person (vielleicht ein bisschen retuschiert), aber nur in digitaler Form in den sozialen Netzwerken existiert. Eine der gebräuchlichsten Manifestationen dieses Avatars ist das Selfie, das Selbstporträt mit dem Smartphone. Es hat verschiedene Zwecke, die manchmal seriöser, manchmal verspielter sind. Einer der einfachsten besteht darin, den Fotografen an einem bestimmten Ort zu zeigen: »Ich bin hier!« Da man aber schon weiß, wo man sich befindet, ist ein solches Foto nur als Mittel der Kommunikation wirklich sinnvoll, um also zu sagen: »Schau, wo ich gerade bin!«

Im Allgemeinen sind Selfies gestellt. Wir sorgen dafür, auf bestimmte Weise zu gucken, suchen nach dem besten Winkel, dem besten Kompromiss, uns gut aussehen zu lassen und das Umfeld zu inszenieren. Filter, die es uns erlauben, das Motiv in den Mittelpunkt zu stellen, minimieren das Risiko, im Hintergrund zu verschwinden. Nebeneinander gestellt, sind Selfies weniger eine Aufzeichnung des Lebens ihrer Schöpfer als vielmehr ein beständiges Versteckspiel zwischen dem »wahren Ich« und dem »idealen Ich«, unterlegt mit einem unstillbaren Drang nach Anerkennung. Jedes Bild ruft laut: »Schaut her! Ich existiere!«

Die Selfie-Form, die Cindy Sherman hier parodiert, ist das Gegenteil einer Paparazzi-Aufnahme: Diese drückt den Wunsch aus, gesehen zu werden, während jene Ablehnung, Angst oder Verdruss darüber vermittelt, ausspioniert zu werden. Wir mögen glauben, dass es nicht viele Amateure gibt, die versucht sind, Paparazzi zu spielen, vor allem, weil sie nicht dafür bezahlt werden. Doch seit einigen Jahren nutzen Menschen die Taktiken der Profifotografen, um gegen Belästigung zu kämpfen. Die Non-Profit-Site righttobe.org, die diese Praxis unterstützt, sagt, dass alles 2005 mit einer jungen Frau in New York begann. »Thao Nguyen stellte sich mutig jemandem gegenüber, der sie belästigt hatte. Ein älterer, wohlsituierter Restaurantbesitzer masturbierte, als er ihr in der New Yorker U-Bahn gegenübersaß. Verängstigt fotografierte sie ihn, um ihn zu melden. Als die Polizei ihre Anzeige ignorierte, veröffentlichte sie das Foto auf Flickr.« Heute hat die Site den Staffelstab aufgenommen und bietet einen sicheren Raum, um Belästigungen öffentlich zu machen.

Aufsehen erregen

Viele Jahre lang hatte die Fotografie eine enge Beziehung zur Werbung und damit auch zur Modewelt, die an der Schnittstelle zwischen dem Geschäftlichen und der Selbstwahrnehmung einer

Person liegt – vor allem bei Fotos, die verbessert und retuschiert wurden. Werbung beruht auf der Idee des Mehrwertes: Sie soll ein Produkt mit etwas Begehrenswertem verknüpfen, wie Schönheit, Glück oder Luxus. Man will Kunden überzeugen, dass der Kauf eines Kleidungsstücks oder Accessoires ihnen in irgendeiner Form Zugriff auf diese Ideale bietet. Wenn eine Marke mit einem wichtigen Fotografen zusammenarbeitet (wie Cindy Sherman für die MAC-Make-up-Produkte), dann macht sie diese Zusammenarbeit publik und der Fotograf selbst wird zum Mehrwert: Die Marke profitiert von dessen Prestige; das Geschäftliche verschwindet für eine Weile hinter dem Kulturellen.

Der italienische Fotograf Oliviero Toscani (geb. 1942) verstand diesen Austausch sehr gut, wie man an seiner Arbeit für die Marke Benetton sieht, die 1984 begann (unten). Er erkannte, dass der Mehrwert einer Werbekampagne nicht den Stil der verkauften Kleidung widerspiegeln muss. Und so wurden die relativ sittsamen Pullover und Kleider von Benetton mit provozierenden Fotos assoziiert. Einige sorgten für Proteste und sogar juristische Beschwerden gegen die Marke und, wichtiger noch, für Tausende von Zeitungsartikeln – den heiligen Gral jeder Werbekampagne. Mit anderen Worten: kostenlose Publicity. Diese Strategie ist noch unaufhaltsamer, wenn die Kampagne quasi dazu aufruft, einander zu lieben, ohne Unterschiede aufgrund von Hautfarbe, Religion oder Sexualität zu machen – schließlich haben wir alle etwas gemeinsam, beginnend mit einem schlagenden Herzen.

Oliviero Toscani
Hearts, Werbekampagne für Benetton, Frühjahr/Sommer 1996

Ein paar Rassisten wiesen darauf hin, dass die drei Herzen nicht vollkommen identisch waren. Doch wussten andere diesen Aufruf zur Solidarität zu schätzen? Ein Vorteil dieser Art von Kampagne bestand darin, dass er nicht auf Supermodels beruhte, die dafür sorgen sollen, dass die Kleidung, die sie tragen, begehrenswert aussieht.

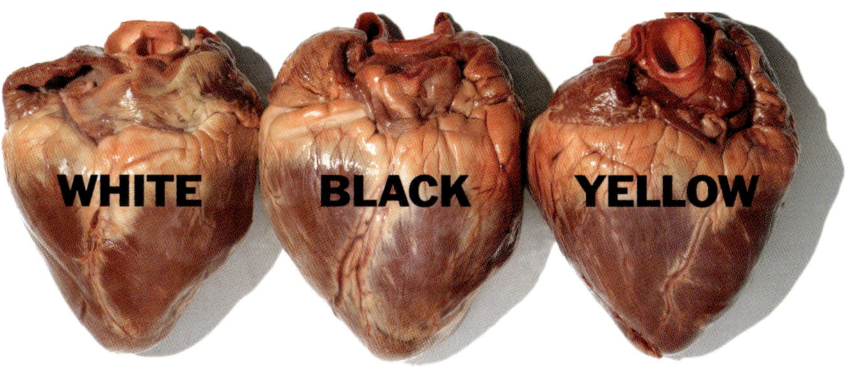

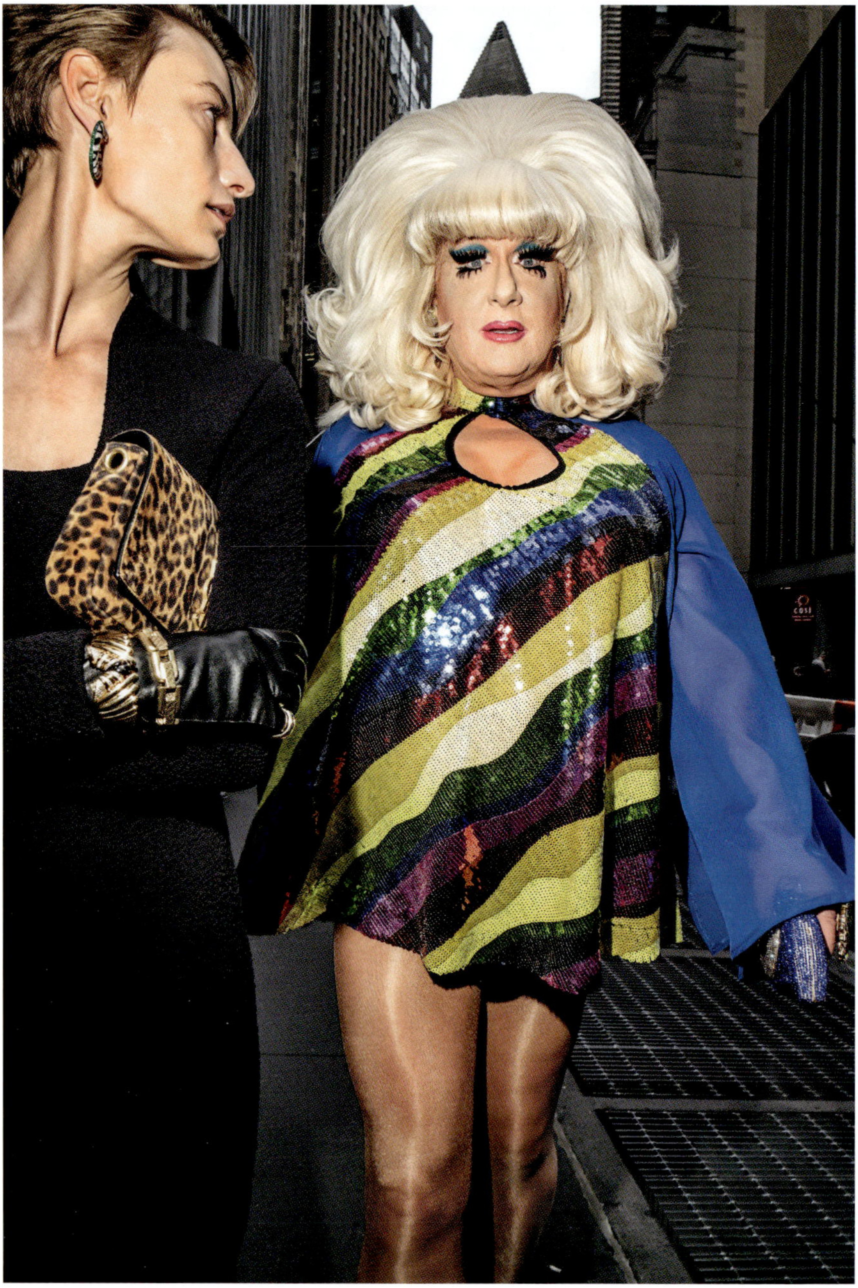

Bruce Gilden
Drag Legends Milk and Lady Bunny Show Off This Season's Most Extravagant Accessories, Fashion Shooting für das *W*-Magazin, New York City, 2019

Dieses Foto entstand für die Zeitschrift *W*. Neben dem Profimodel Veronika mit ihren luxuriösen Accessoires steht die Dragqueen Lady Bunny in ihrer eigenen Kleidung. Allerdings beschloss der Fotograf, Veronika abzuschneiden, sodass die Hälfte ihres Körpers außerhalb des Bildes ist. Stattdessen konzentrierte er sich auf Lady Bunny, so als hätte er erkannt, dass Extravaganz und Glitter das Auge natürlich stärker anziehen als der diskrete Chic eines schwarzen Kleides – zumindest auf den ersten Blick.

Der amerikanische Fotograf Bruce Gilden (geb. 1946) ist eher als Street-Fotograf bekannt und weniger als Modefotograf: Er arbeitet häufig mit einem Blitz, um grelle, rohe Bilder herzustellen. »Seine Nahaufnahmen sind so unbarmherzig und aufdringlich, dass sie das Motiv entmenschlichen«, hieß es im *Guardian*. Das ist bei dieser Fotografie jedoch nicht der Fall (gegenüber). Natürlich heben der Blitz und die perfekte Schärfe die Künstlichkeit dieser Gesichter hervor, wie das Make-up und die künstlichen Wimpern, und das, was Modefotos normalerweise verbergen wollen, wie Falten unter dem Kinn. Aber das ist kein Problem: Keine der beiden Personen im Foto scheint wütend auf den Fotografen zu sein, dass er sie so zeigt, wie sie sind. Sie sind einander zugewandt, wie im Gespräch, während sie die U-Bahn in Manhattan verlassen – als hätten sie sich einfach für sich selbst zurechtgemacht, nicht für andere.

STARS WIDER WILLEN

Nicht nur Modefotografen wählen schöne Menschen, um eine Idee zu verkörpern oder in anderen den Wunsch hervorzurufen, mit dem verbunden zu sein, was jene schönen Menschen repräsentieren. Auch Fotoreporter sind sich bewusst, dass die Chancen einer Veröffentlichung steigen, wenn sie z. B. jemanden aus einer Menge von Demonstranten auswählen, der bestimmte körperliche Eigenschaften besitzt.

Das heißt, die beiden folgenden Aufnahmen, die wichtige Momente der Menschheitsgeschichte festhalten und eine beeindruckende künstlerische Leistung darstellen, wären niemals so berühmt geworden, würden die darauf verewigten jungen Frauen nicht den vorherrschenden Normen für weibliche Schönheit entsprechen.

Wenn die Medien heute über den Spanischen Bürgerkrieg schreiben, nutzen sie oft dieses Porträt (S. 143) von Marina Ginestá im Alter von siebzehn Jahren des deutsch-mexikanischen Fotografen Juan Guzmán (1911–1982). Neben seinem historischen Wert und dem Prestige, das die Schönheit und Jugend der republikanischen Sache eintrug, ist das Porträt attraktiv, weil es bekannten Standards entspricht – denen des klassischen amerikanischen Kinos. Viele Jahre später, Marina war schon über achtzig, sagte sie: »Man sagt, dass ich auf dem Colón-Foto einen betörenden Blick habe. Das ist möglich, weil wir sowohl in der Mystik der proletarischen Revolution als auch in den Bildern Hollywoods, von Greta Garbo und Gary Cooper, gefangen waren.«

Denselben Eindruck gewinnen wir angesichts der vertrauten Bildsprache in diesem Foto von Yuko Sugimoto, die von den westlichen Medien »die weinende Frau von Ishinomaki« oder »Madonna des Mülls« getauft wurde. Tadashi Okubo, ein japanischer Fotoreporter, der für die große Tokioter Tageszeitung *Yomiuri Shimbun* arbeitet, nahm dieses Foto (unten rechts) auf, als er über das Erdbeben in Japan im Frühjahr 2011 berichtete. Auch hier ist mehr im Spiel als nur Jugend und Schönheit: Die hastig über die Schultern der Frau drapierte Decke erinnert an die religiösen Gemälde der italienischen Renaissance. Der Kontrast zwischen dieser unerwarteten Eleganz und den Trümmern im Hintergrund macht dieses Foto so kraftvoll. Es ist egal, dass christliche Ikonografie wirklich nichts mit dieser Katastrophe in Japan zu tun hat: Die Ähnlichkeit weckt unser Interesse.

Der Unterschied zwischen diesen beiden jungen Frauen besteht darin, dass die eine wusste, dass sie posierte, die andere jedoch nicht; ihre Porträts haben die Zeit überdauert, weil sie einen kollektiven Nerv getroffen haben.

Juan Guzmán
Marina Ginestà i Coloma auf dem Dach des Hotel Colón, Plaça de Catalunya 9, Barcelona, 1936

Drei Elemente verstärken die Schönheit dieses Motivs: Die junge Frau wendet ihren Kopf so, als würde sie nur einen Augenblick für den Fotografen Zeit haben, bevor sie sich wieder in den Kampf stürzt, der Wind (die Winde der Geschichte natürlich) zerzaust ihr Haar und der Lauf ihres Gewehrs befindet sich zwischen zwei Glockentürmen und impliziert, dass der Kampf gewissermaßen heilig ist.

Tadashi Okubo
Ishinomaki, Präfektur Miyagi, Japan, 12. März 2011

Auch hier wird die Schönheit der jungen Frau besonders durch den Hintergrund hervorgehoben. Es ist ein seltsamer Hintergrund: Die Frau, Yuki Sugimoto, und der kaputte Kram hinter ihr werden von einem Strahl des schwindenden Sonnenlichts erhellt. Das Chaos der durcheinandergeworfenen Bretter kontrastiert mit den weichen Linien der Decke, die sie um ihre Schultern geschlungen hat.

WICHTIGE IDEEN

- Wir können aus einem Porträt nicht auf die wahre Persönlichkeit eines Menschen schließen.
- Ein Porträt kann ein Avatar mit einer eigenen Existenz werden.
- Ein Porträt kann sogar ein Symbol werden, das nicht länger vom Fotografen oder der fotografierten Person kontrolliert wird.

WICHTIGE FRAGEN

... die man mit einem Foto vor Augen stellen sollte:

- Was unterscheidet dieses Porträt von einem einfachen Passfoto?
- Ist dieses Porträt das Ergebnis eines Treffens zwischen Fotograf und Modell, und war sich das Modell bewusst, dass es fotografiert wurde?
- Welches sind die visuellen Elemente, die mir helfen, die Persönlichkeit der fotografierten Person zu ergründen?
- Muss man, um ein Porträt schätzen zu können, unbedingt die Bildtradition und die kulturellen Sitten verstehen?

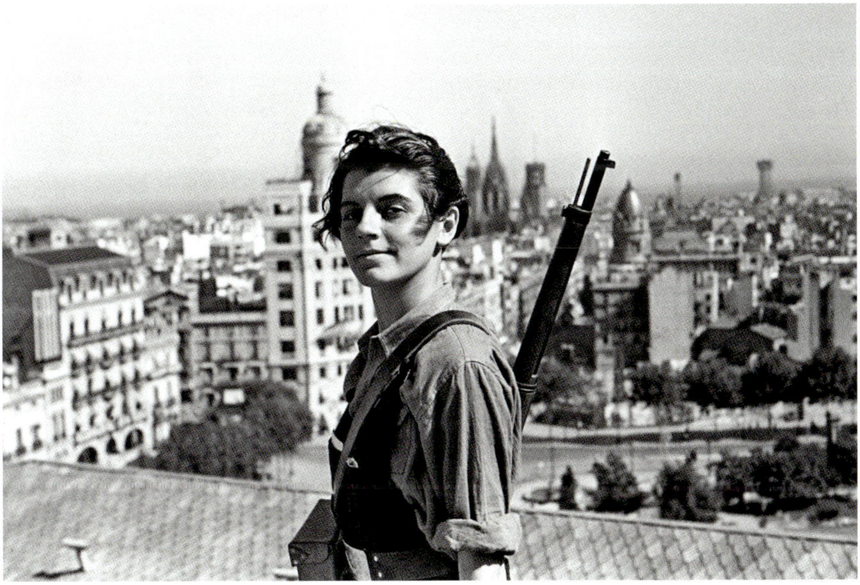

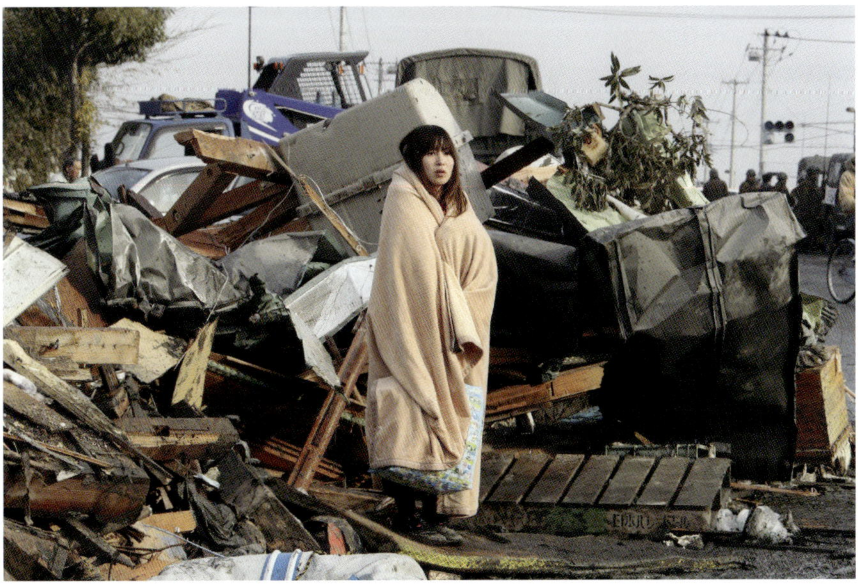

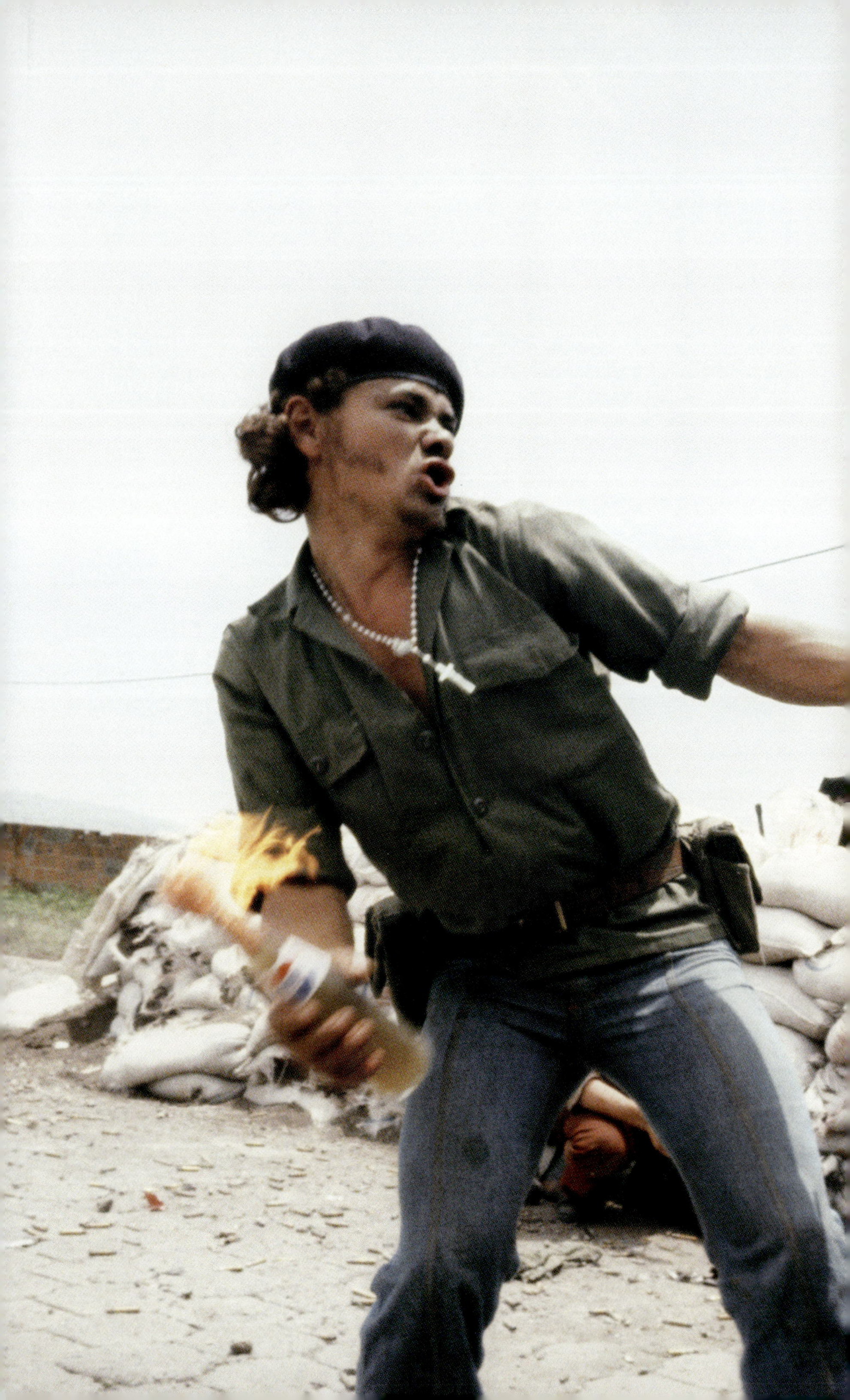

DIE MACHT DER BILDER

-

Oft haben Sie gar nicht so viel Kontrolle darüber, was mit dem Bild passieren oder wer es künftig anschauen wird.

-

Susan Meiselas

Bestimmte Fotografien hinterlassen einen Eindruck bei uns. Wir können sie nicht anschauen, ohne selbst an dem Ort sein zu wollen, an dem sie aufgenommen wurden. Schon sie zu betrachten, macht uns glücklich. Andere dagegen lösen Schrecken aus oder wir sind erleichtert, dass der in ihnen abgebildete Alltag nicht unserer ist. Wir werden überwältigt von Trauer, wenn wir an die Menschen auf dem Bild denken. Wir fühlen uns wie Voyeure. Es gibt aber auch Fotos, von denen wir uns nicht losreißen können. Ihre Eleganz und Perfektion bedeuten, dass sie wie geschaffen dafür sind, neben antiken griechischen Statuen in Museen zu hängen. Wieder andere scheinen uns Zugang zu etwas Verborgenem zu geben, wie den Gedanken anderer Menschen, und regen uns an, unsere Meinung über Menschen oder Ereignisse zu ändern, von denen wir dachten, sie verstanden zu haben. All diese Fotos gehören zur Familie der *performativen* Diskurse – das heißt, wie wir Symbole, Wörter und Bilder einordnen, die eine greifbare Wirkung auf die Welt haben.

Consuelo Kanaga
Eluard Luchel McDaniel, 1931
Silbergelatineabzug, 20 x 15,2 cm

Consuelo Kanaga, die aus einer Mittelklassefamilie in einer Kleinstadt in Oregon stammt, war eine der ersten Fotojournalistinnen. 1915 wurde sie vom *San Francisco Chronicle* eingestellt. Im Laufe ihrer Karriere lernte sie sowohl Dorothea Lange als auch Tina Modotti kennen. In diesem Foto ist das Motiv ihr eigener Chauffeur und Mitarbeiter.

EINE BOTSCHAFT VERMITTELN

Wenn ein Bild uns berührt, fragen wir uns sofort nach der Absicht des Fotografen. Haben wir verstanden, was er uns sagen wollte? Solche Zweifel können einschüchtern, sogar lähmen: Statt genauer hinzuschauen, suchen wir online nach möglichst vielen Informationen: Wo, wann und wie wurde es aufgenommen? Es gibt jedoch bestimmt einen besseren Weg. Nicht alle Fotografen wollen unbedingt eine Botschaft vermitteln, und selbst denen, die es tun, ist bewusst, dass sie die Interpretationen anderer Menschen nicht kontrollieren können. Fotografien sind nicht wie Straßenschilder. Die Straßenverkehrsordnung weist jedem Schild eine Bedeutung zu. Es gibt aber keine *Fotografieordnung*. Haben wir ein Motiv einigermaßen identifiziert, steht es uns frei, es zu interpretieren. Niemand wird uns verklagen, wenn wir es falsch verstehen.

Wollen Fotografen, dass wir etwas fühlen, verlassen sie sich daher nicht auf Dinge, die nur von ein paar gelehrten Typen verstanden werden können. Sie konzentrieren sich auf *Universelles*, Wesensmerkmale, die alle Menschen verbindet, unabhängig von Sprache, Geschlecht, Alter oder Hautfarbe. »Alles muss persönlich sein, um universell verstanden zu werden«, sagte die kanadische Fotografin Barbara Cole (geb. 1953). »Zumindest weiß ich dann, dass eine Fotografie etwas richtig macht.«

Eines dieser Merkmale ist die Aufmerksamkeit, die wir den Händen anderer Menschen widmen. Sie ziehen unseren Blick an, wie der amerikanischen Fotografin Consuelo Kanaga (1894–1978)

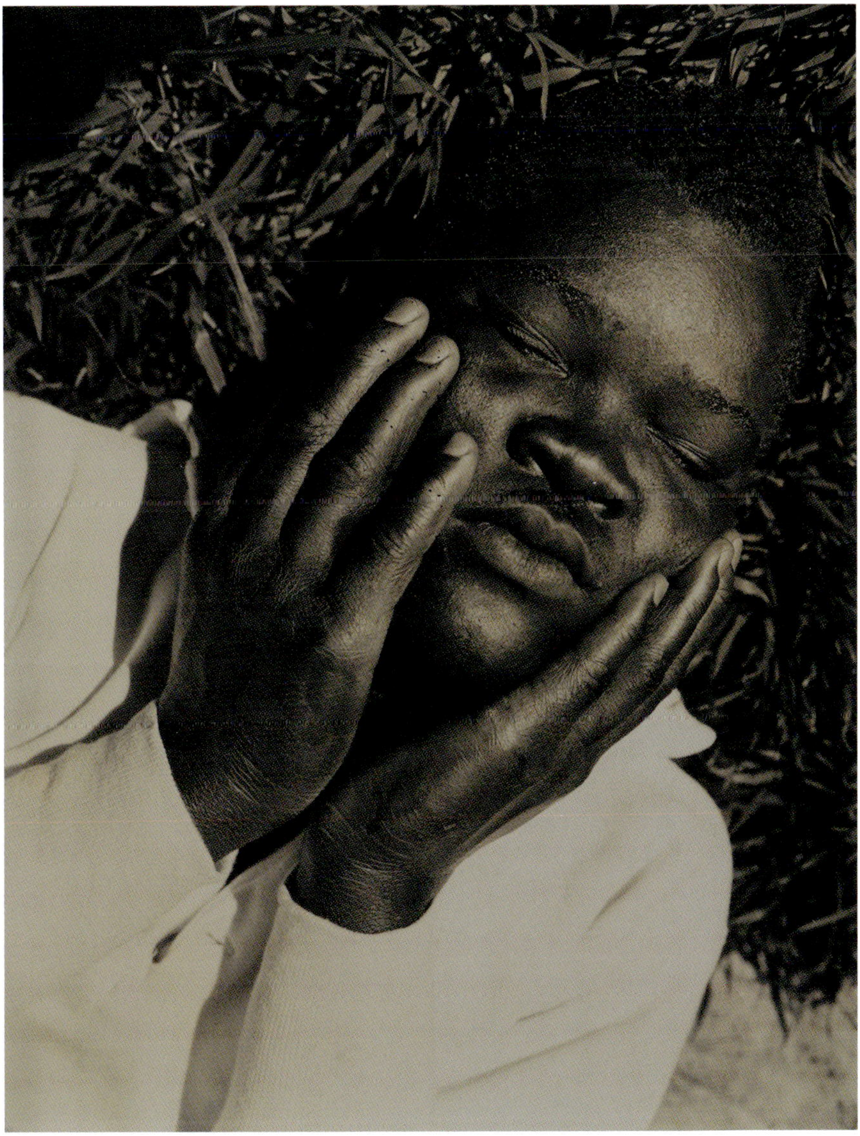

bewusst war (S. 145). Tatsächlich wissen das alle Fotografen. Statt auf Stereotype wie das Bild des schwarzen Dieners zu setzen, der oft in Uniform bei der Arbeit gezeigt wird, stellt Kanaga einfach einen *Mann* dar. Entsprechend betont sie nicht seine Hände, sondern drei sehr einfache Elemente: die Pose, die Bildaufteilung und den Hintergrund. Die Pose, weil Mr. McDaniels Pose uns vertraut ist. Wir alle nehmen sie ein, aber sie hat keine besondere Bedeutung. McDaniel scheint sich zu sonnen und seine Sorgen zu vergessen. Vielleicht legt er auch den Kopf in die Hände, um sich zu konzentrieren. Durch die diagonale Bildaufteilung wirkt das Foto, als würde es umkippen, was den Wunsch andeuten könnte, den Sorgen des Alltags zu entkommen oder vielleicht nicht länger ein Hausangestellter zu sein. Das Durcheinander an Pflanzen hinter McDaniels Kopf schließlich symbolisiert die komplexen Gedanken, die bei diesem Foto im Spiel sind.

Wie Fotografien die Welt ändern können

Viele Aktivisten glauben, dass es wichtig sei, Probleme sichtbar zu machen, damit die Menschen erkennen, wie dringend Änderungen sind. So ist etwa der südafrikanische Fotograf Neil Aldridge (geb. 1982) überzeugt, dass seine Fotos von bedrohten Tieren dazu beigetragen haben, die Katastrophe zu verlangsamen: »Ich schätze, ich konnte mit den Bildern, die die Menschen zu sehen bekommen mussten, ein beträchtliches Publikum erreichen und dabei hoffentlich ein größeres Mitgefühl für die angespannte Lage der Natur erzeugen.« Es ist aber nicht immer so einfach. Wir können uns nicht sicher sein, dass dieses Foto (gegenüber) automatisch Empathie erzeugt. Aldridge, der ein Teleobjektiv benutzte, war vermutlich viele Meter von dem Elefanten entfernt, als er auf den Auslöser drückte. Dies erzeugt eine geringe Schärfentiefe, die das Tier aus seinem Umfeld isoliert; das ist sowohl unnatürlich (da Elefanten Teil des Ökosystems Savanne sind) als auch paradox (die Savanne verschwindet in der Unschärfe, läuft aber nicht Gefahr auszusterben). Mehr noch: Niemand kann jemals sicher sein, dass ein Bild, und sei es noch so machtvoll, die Menschen zum Handeln bringt. Es gibt einen großen Unterschied zwischen der Erkenntnis, dass etwas nicht stimmt, und dem Handeln, um dies zu verbessern – die Lage ändert sich nicht einfach nur, weil wir wissen, was wir zu tun haben, sondern weil wir uns zum Handeln entschließen.

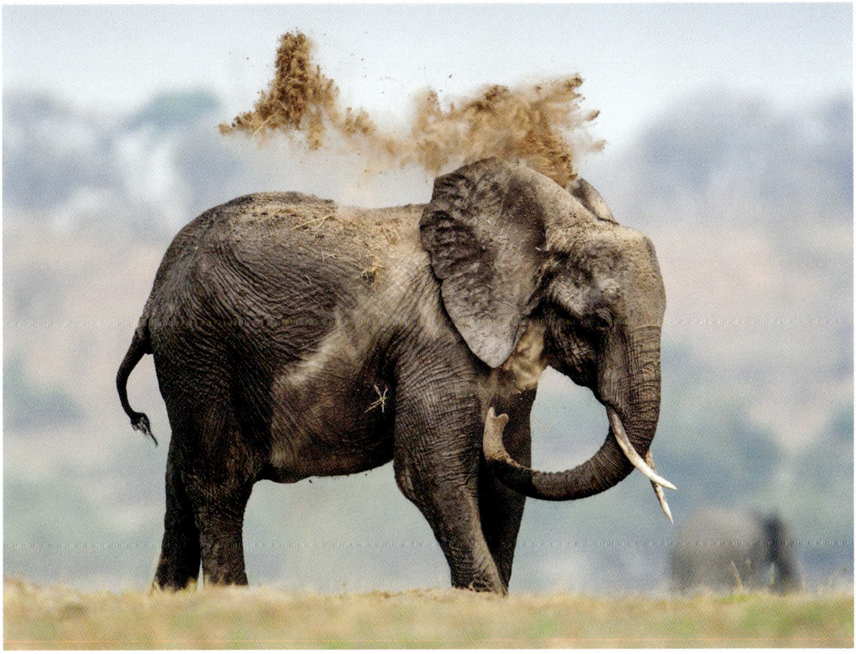

Neil Aldridge
Elephant, Chobe, Botswana, 2013

Der Staub, den der Elefant über seine Haut streut und der in diesem Foto wie eingefroren wirkt, lässt das Tier aussehen, als würde es sich zersetzen und in einer Rauchwolke verschwinden. Im übertragenen Sinne ist das sogar wahr, wenn wir bedenken, dass die Art von der Ausrottung bedroht ist.

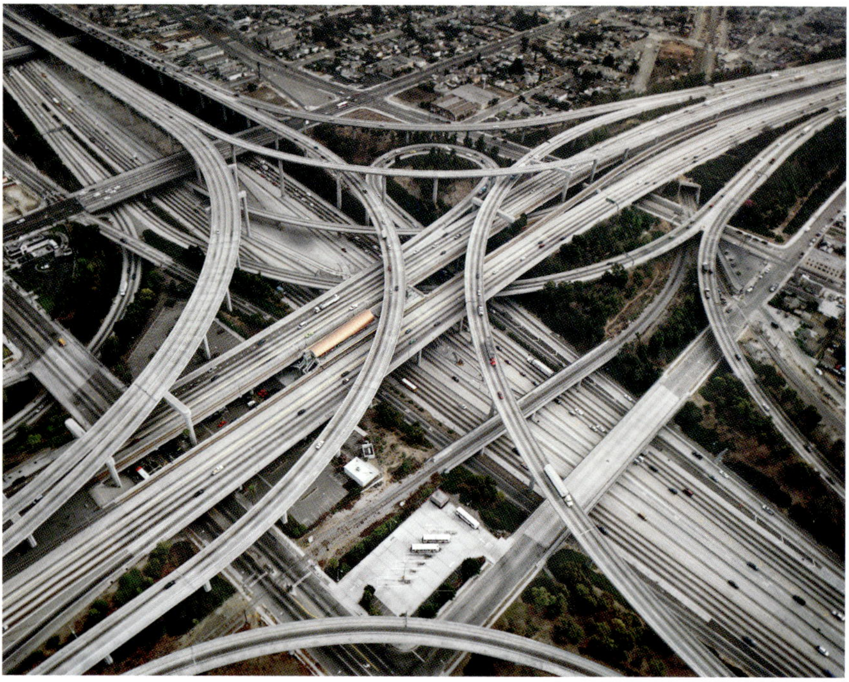

Edward Burtynsky
Highway #2, Intersection 105 & 110, Los Angeles, Kalifornien, 2003
Digitaler Chromogendruck

Die Fahrspuren der Highways scheinen auf- und übereinander zu wachsen und sich jeder rationalen Logik zu entziehen, es sei denn, die Idee ist, jede Spur von Vegetation auszulöschen; die Fahrer, die scheinbar an ihren Lenkrädern kleben, merken das gar nicht.

Nun zu einem anderen Vorgehen. Die Elefanten von Botswana haben nicht viel Einfluss darauf, wie ihr Ökosystem aussieht, die Menschen dagegen schon. Wissenschaftler nutzen den Begriff Anthropozän, um hervorzuheben, wie die Urbanisierung und unsere ungezügelte Ausnutzung der natürlichen Ressourcen den Planeten als Ganzes verändern, und das in einem Maße, dass wir mittlerweile in ein neues geologisches Zeitalter eingetreten sind.

Im Anthropozän gehen Natur und Kultur nicht mehr Hand in Hand. Kultur oder besser gesagt Technologie hat gewonnen. Wie wir in diesen beiden Fotografien sehen können, scheint sie sich sogar von ihren Erfindern befreit zu haben und ist nicht länger unter deren Kontrolle. Im Bild des kanadischen Fotografen Edward Burtynsky (geb. 1955) wurde die Natur von Beton überwältigt (oben). Die Bäume auf dem Boden sind kaum zu sehen: Sie wurden dem menschlichen Transportwesen geopfert – da aufgrund der Draufsicht auch die Menschen nicht mehr zu sehen sind, sollte man besser sagen: Sie wurden dem Auto geopfert. Im Gegensatz dazu zeigt der aus Quebec stammende Fotograf Robert Polidori (geb.1951) einen vertrauteren Anblick (gegenüber): Wir gehen in ein Klassenzimmer. Das ist aber auch das einzige menschliche

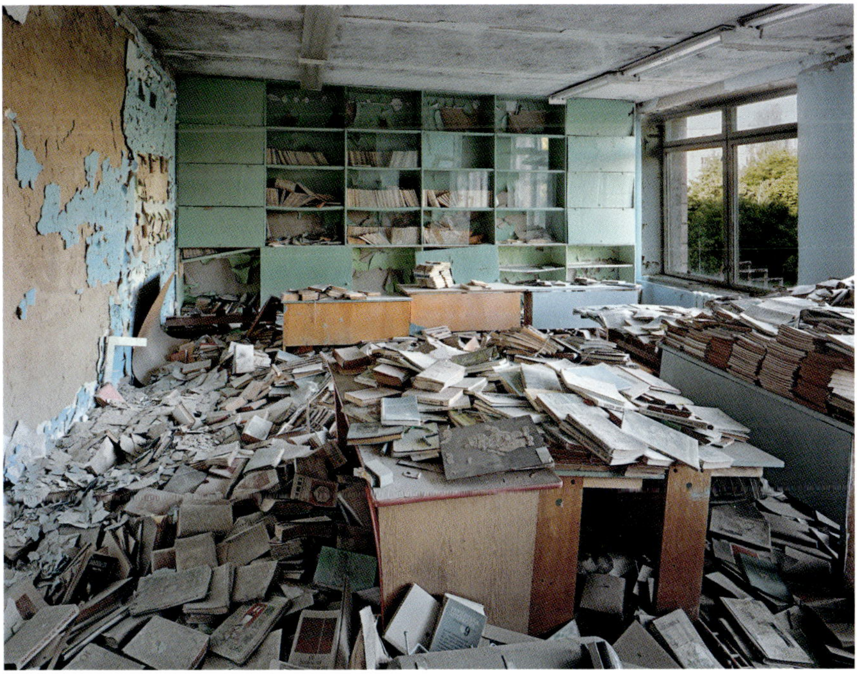

Robert Polidori
Classroom in School #5, Pripyat, aus der Serie »Zones of Exclusion«, 2001

Ein Foto kann die Strahlung in der Luft nach einer atomaren Katastrophe nicht zeigen, aber das Chaos hier spricht Bände. Es ist, als hätte man die Schulbücher, die Wissen von einer Generation zur nächsten weitergeben sollten, bereits weggeworfen, um sich der achtlosen Triebkraft des technologischen »Fortschritts« zu verweigern.

Element in dieser Szene. Wir sind nämlich mit Sondergenehmigung in Pripyat, Ukraine, zwei Kilometer von Tschernobyl entfernt. Der Klassenraum, der eigentlich von Kindern, Symbolen des Lebens, benutzt werden sollte, ist mit unsichtbarer, tödlicher Strahlung kontaminiert, während ironischerweise draußen vor dem Fenster die Bäume wieder wachsen.

AUF DER SUCHE NACH EMPATHIE

Fotografen versuchen aber gar nicht immer, den Lauf der Geschichte zu ändern: Sie können auch viel bescheidenere Ziele haben. Manchmal möchten sie einfach – auch wenn selbst das sehr ambitioniert ist – den teilnahmslosen Blick des Objektivs durch eine authentische menschliche Reaktion ersetzen, weniger perfekt, aber intimer. Sie versuchen nicht, komplizierte Dinge zu erklären, sondern wollen uns einfach *fühlen* lassen. Das menschliche Auge kann nicht objektiv sein, vor allem, wenn wir auf unsere Mitmenschen blicken.

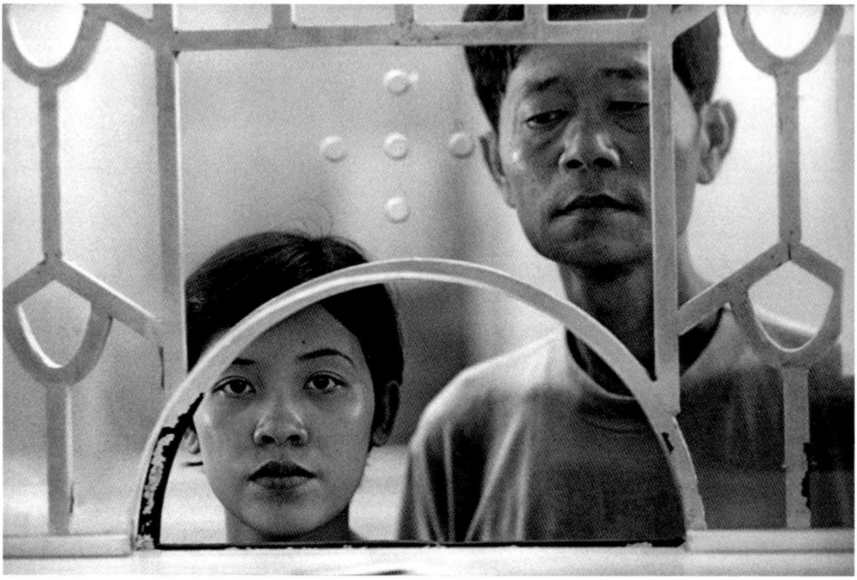

Chien-Chi Chang
Double Happiness, 2005

Die kleinen Löcher in dem Fenster erinnern an die Denkblasen in Comics. Die abblätternde Farbe zeigt uns, dass dieses System schon sehr lange in Gebrauch ist.

Woran dachten sie, als das Foto gemacht wurde?

Anders als Schriftsteller können sich Fotografen nicht in die Köpfe ihrer »Charaktere« versetzen. Sie können aber ihre Umgebung benutzen und auf den richtigen Augenblick zum Abdrücken warten. Genau das machte Chien-Chi Chang (geb. 1961), ein taiwanesischer Fotograf und Mitglied der Agentur Magnum, in dieser Fotostory (oben) über »Blitzhochzeiten« in Vietnam, bei denen Heiratsvermittler Hochzeiten anbieten, die innerhalb von drei Tagen über die Bühne gehen. Das ist nicht sehr lang, um die Person kennenzulernen, mit der man den Rest seines Lebens verbringen wird. Chang weiß, dass er, nur mit seiner Kamera bewaffnet, kaum in der Lage ist, uns die Motive dieser Menschen zu zeigen. Es reicht ihm deshalb, unsere Emotionen anzusprechen, indem er nahelegt, dass sie diese Entscheidung nicht leichtfertig getroffen haben.

Dazu betont er die Unterschiede zwischen den beiden. Der Mann ist älter und größer als die Frau; er hat nicht versucht, sich herauszuputzen, etwa mit einem schönen Hemd. Sein Blick richtet sich nach unten – vielleicht auf ein Blatt Papier, das er unterzeichnen muss. Die Frau hat viel Mühe für ihre Frisur aufgewandt und schaut uns direkt an, als sollten wir bezeugen, was geschieht.

Ihr neutraler Gesichtsausdruck wirkt einstudiert wie bei Leuten in einem Fotoautomaten. Chang bezieht das Umfeld ein, um den Kontrast zwischen den künftigen Eheleuten zu betonen. Die Metallstreben der Trennscheibe schaffen eine horizontale, aber keine vertikale Symmetrie. Ein Halbkreis schließt den Kopf der jungen Frau in den kleinen, begrenzten Raum ein, und auch der Körper des Mannes befindet sich teilweise in diesem Rahmen. Er ist jedoch allein in seinem kleinen Abschnitt: Sie ist zu klein, um an ihn heranzureichen.

Ein anderes asymmetrisches Paar zeigt dieses Werk (unten) der österreichischen Fotografin Inge Morath (1923–2002). Es ist das klassische Duo an entgegengesetzten Enden des gesellschaftlichen Spektrums. Mrs. Nashs entspannte Haltung und ihr prächtiger Pelz stehen der steifen Uniform ihres Chauffeurs gegenüber. Sie scheint ganz locker zu sein, während er die Zähne zusammenbeißt und versucht, neutral zu schauen. Die Augen bieten uns keine Hinweise auf die Gefühle der Protagonisten: Ihre sind halb hinter dem Schleier verborgen, seine liegen im Schatten seiner Mütze.

Die Säulen und Bäume hinter ihnen sind perfekt ausgerichtet und vermitteln ein Gefühl von Ordnung. Allerdings ist das Foto leicht schräg – man erkennt das am Bordstein hinten links. Wir spüren ein leichtes Unbehagen und vielleicht auch Zorn angesichts der Ungleichheit dieses Paares: Der Seilgriff an der Tür sieht aus wie ein Schlagstock und das Verdeck formt über dem Hut von Mrs. Nash eine Art Teufelshorn. Nichts wird direkt gesagt; es ist nur eine vage Ahnung.

Inge Morath
Mrs. Eveleigh Nash mit ihrem Chauffeur an The Mall, London, 1953
Silbergelatineabzug

Zwei Männer gehen im Hintergrund vorbei, zwei Gleichgestellte: Dies ist eine Möglichkeit, um den Grad der Ungleichheit hervorzuheben, der zwischen den beiden Personen im Vordergrund herrscht.

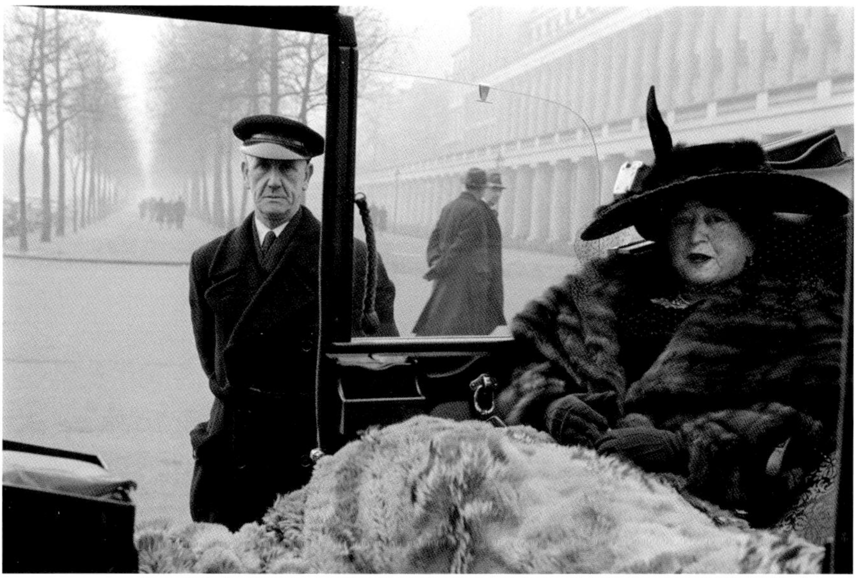

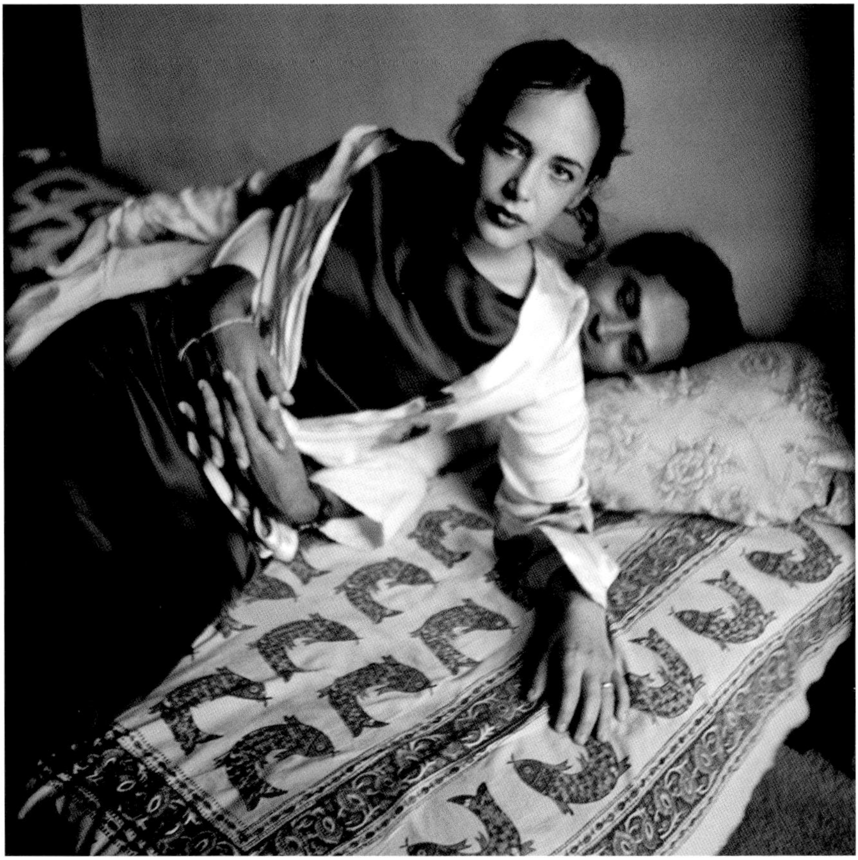

Dayanita Singh
Zeiss Ikon, 1996, aus der Serie »Go Away Closer«, 2013

Der Titel dieser Serie ist selbst ein Paradox. Die Fotografin weiß: Wenn das Werk erst einmal ausgestellt wird, hat jede Person, die es sieht, ihre ganz eigene Interpretation.

Empathie versus Anziehung

Das Motiv einer Fotografie muss nicht schön sein, um beim Betrachter Empathie auszulösen; oft ist sogar das Gegenteil der Fall. Künstler, die sich der Mehrdeutigkeit von Schönheit bewusst sind, wie die indische Fotografin Dayanita Singh (geb. 1961), schaffen es dennoch, Emotionen bei uns zu wecken, indem sie Motive anhand ihres Äußeren wählen (gegenüber). Das Gesicht der jungen Frau ist zweifellos attraktiv. Es folgt den führenden Schönheitsstandards in vielen Teilen der Welt, beginnend mit dem universellsten, der Symmetrie. Trotzdem ist dies keine Modeaufnahme, auch wenn die Falten des Satinkleides interessante Wellen bilden. Das Auge wird von zwei Elementen angezogen, die wir bereits anderswo gesehen haben: diagonalen Linien und Händen.

Ein diagonal platzierter Körper ist immer in einer »unmöglichen« Position: Meist sind unsere Körper entweder vertikal oder horizontal. Nur für kurze Handlungen bücken wir uns oder lehnen uns vor, da wir riskieren, das Gleichgewicht zu verlieren. Hier dauert es einige Sekunden, bis man die Position der Hände versteht. Nein, diese verschränkten Finger, die durch die Beleuchtung hervorgehoben werden, gehören nicht zu der Frau, sondern dem Mann. Er hält sie eng an sich gedrückt. Ihre Hände vermitteln eine nicht ganz so eindeutige Botschaft: Die rechte Hand, die in den unscharfen Hintergrund übergeht, ruht beruhigend auf dem Körper des Mannes, während die linke Hand ihr Gewicht stützt. Versucht sie, wegzukommen? Wir wissen nicht, ob sie gerade aufsteht oder sich hinlegt, so wie wir nicht wissen, ob die Fische auf der Bettdecke zur Oberfläche aufsteigen oder in die Tiefe abtauchen. Ist dies daher eine Anprangerung männlicher Dominanz oder die Darstellung einer großen Liebesgeschichte? Wir müssen das selbst entscheiden.

ALLES, WAS UNGESAGT BLEIBT

Die meisten Fotos, die wir sehen, vor allem online, sind Texte ohne Kontext. Wer sind diese Menschen? Was machen sie? Wo sind sie? Selbst die berühmtesten Fotografien können nicht für sich selbst sprechen. Sie können niemals alles allein vermitteln, und wenn sie eine Wirkung auf uns haben, liegt das teilweise (und oftmals besonders) daran, dass wir viel über die in ihnen dargestellten Ereignisse und Menschen wissen

Eine gute Fotografie geht oft Hand in Hand mit einer guten Geschichte.

Internet und Printmedien quellen über vor lauter Listen von »Fotos, die Geschichte gemacht haben«. Aber haben sie wirklich den Lauf der Geschichte verändert oder haben sie nicht vielmehr unsere kollektive Fantasie mit Bildern bestückt, die uns helfen, etwas zu verstehen, was Wörter nicht vollständig ausdrücken können? Diesem Foto (gegenüber) des amerikanischen Fotoreporters Eddie Adams (1933–2004) wird oft bescheinigt, die Meinung der Öffentlichkeit in den USA zum Vietnamkrieg gedreht zu haben. Der Mann am Abzug des Revolvers war angeblich ein Verbündeter der Vereinigten Staaten. Wie konnte jemand auf der »richtigen Seite« so kaltblütig einen gefesselten Gefangenen hinrichten? Mitten auf der Straße – und mehr noch: vor den Augen der Presse (es war auch eine Fernsehkamera anwesend).

Ganz so einfach ist es jedoch nicht. General Nguyễn Ngoc Loan, der Polizeichef von Südvietnam, tötete diesen Kämpfer des Vietcong, allerdings in fürchterlicher Wut. Der Gefangene hatte gerade einen seiner Männer getötet, sowie die Frau, die Mutter und die sechs Kinder des Mannes. Das Foto verrät uns das jedoch nicht. Es impliziert sogar das Gegenteil. Der General wirkt beim Akt des Tötens unbewegt, so als wäre das etwas Alltägliches. Sein linker Arm, der lose herunterhängt, impliziert eine gewisse Distanziertheit. Ein weißer Fleck auf seiner Jacke scheint zu sagen: Schaut her, ob ihr es wollt oder nicht, dieser Krieg ist schmutzig. Loan sollte diese Geschichte sein Leben lang begleiten. »Der General tötete den Vietcong; ich tötete den General mit meiner Kamera«, gab Adams später bitter zu.

Fotografien als Weckrufe

Kunst sollte nicht mit Kommunikation verwechselt werden. Es gibt nur sehr wenige Künstler, deren erklärtes Ziel es ist, durch ihre Arbeit die klarstmögliche Botschaft zu senden. Wir ziehen es vor, aus dem, was sie uns präsentieren, unsere eigenen Schlüsse zu ziehen. Dennoch vermitteln Fotografien manchmal explizite Botschaften. Werbeanzeigen sind natürlich ein Beispiel, wenn auch nicht das einzige. Manche Fotografen sind Aktivisten, und wenn sie

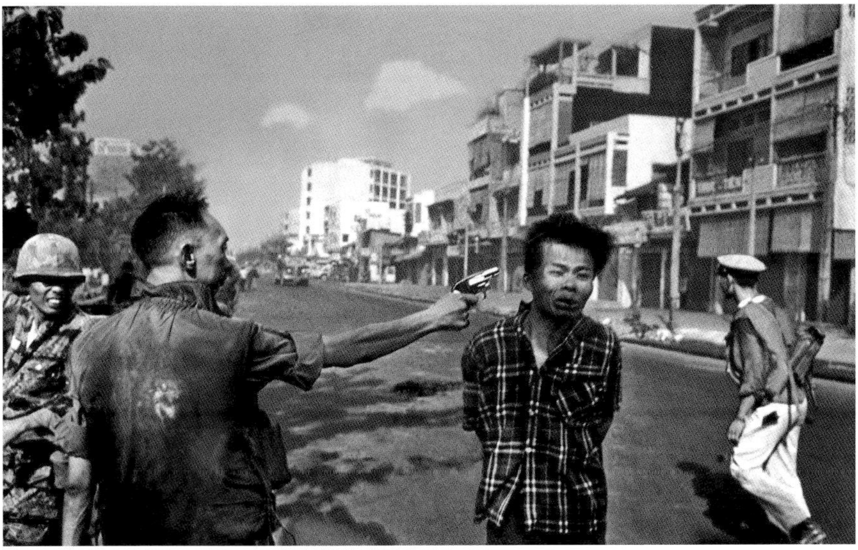

Eddie Adams
Nguyễn Ngoc Loan Executing Nguyễn Văn Lém, Saigon, 1. Februar 1968

Dieses Foto ist leicht schräg, was die Grausamkeit des Augenblicks betont, so als hätte der Luftstrom der Kugel die senkrechten Linien auf dieser Straße zur Seite geneigt.

den Auslöser ihrer Kamera drücken, hoffen sie, dass die Aufnahme, die sie machen, das Leiden in der Welt verringert. Andere halten bestimmte Aspekte der Gesellschaft zu besonderen Zeitpunkten in der Geschichte fest, um sie zu feiern oder sie zu kritisieren. In beiden Fällen haben sie eine politische Aussage.

Das Wort »politisch« wird hier in seinem breitesten Sinne verstanden. Es geht nicht nur um Gesetze, die im Parlament diskutiert werden, sondern um das gesamte Zusammenleben als Gemeinschaft. Manche Fotografen fordern uns zur Reflexion auf, indem sie die Zeit anhalten, damit wir genauer untersuchen können, wie wir in unserer Gesellschaft leben, vor allem, wenn unsere Unterschiede unüberwindbare Hürden zu erschaffen scheinen – obwohl diese Fotos manchmal Menschen in Symbole verwandeln, auch wenn diese sich selbst gar nicht so sehen.

In diesem Bild konzentriert sich die französisch-marokkanische Fotografin Fatima Mazmouz (geb. 1974) auf das Bordellviertel Bousbir in Casablanca, das von der französischen Armee in der Zwischenkriegszeit benutzt wurde. Viele der Prostituierten waren minderjährige marokkanische Mädchen. Die Bilder der Frauen in neutralen, stereotypen Posen scheinen die Chromolithografien zu imitieren, mit denen die koloniale Fantasie des Westens befeuert wurde. Tatsächlich basieren sie auf zeitgenössischen Postkarten: Mazmouz bat niemanden, für sie zu posieren; stattdessen foto-

Fatima Mazmouz
Casablanca Mon Amour!, aus der Serie »Bouzbir«, 2018
Fotografie und grafische Bearbeitung, 50 x 75 cm

Eine Aufzeichnung der Vergangenheit, ein Stück Geschichte – wie immer geschrieben von den Siegern – wird angesichts der entgegengesetzten Werte umgearbeitet und neugeschrieben.

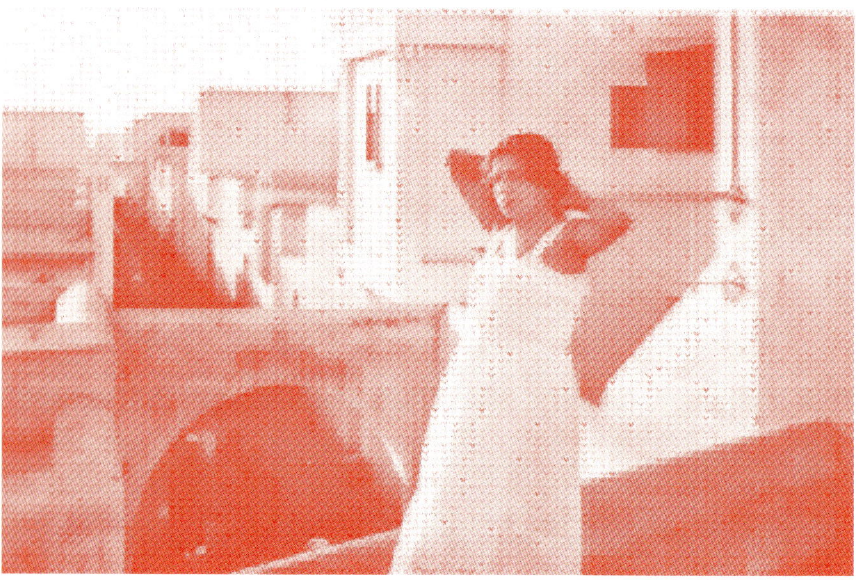

Gordon Parks
Ohne Titel, Shady Grove, Alabama, 1956
Pigment-Archivdruck, 40,6 x 50,8 cm

Wir können deutlich die Furcht im Gesicht dieser Mutter sehen; sie dreht sich um, als könnte hinter ihr Gefahr drohen. In einer Welt, in der die Gerechtigkeit nur selten auf deiner Seite ist, lernst du rasch, auf der Hut zu sein. Doch es ist nur ein Fotograf.

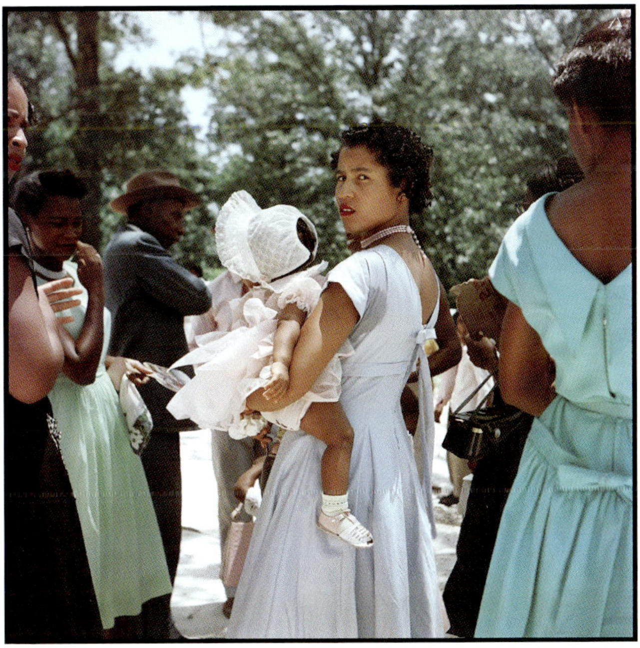

grafierte sie Fotos. Auf den ersten Blick scheint es, als hätte sie die Fotos mit den kleinen roten Herzen nachgestellt, mit denen Webbenutzer in Postings zeigen, dass sie etwas mögen (»liken«). Das ist nicht der Fall. Das Muster besteht aus winzigen Bildern von erkrankten Gebärmüttern und Vulven. Mazmouz nutzt die Digitaltechnik, um den Horror von Bordellen zu verdeutlichen.

Auch Gordon Parks (1912–2006) setzt auf Mehrdeutigkeit, statt ein Thema direkt anzuprangern (oben). Seine Fotoreportage handelt von Alabama, einem Staat, in dem die Rassentrennung in den 1950er-Jahren noch in vollem Gange war. Mit seinem im Prinzip banalen Foto – die Personen machen nichts Besonderes – scheint Parks den weißen Befürwortern der Rassentrennung zuzurufen: »Schaut her, sie sind wie ihr. Sonntags ziehen sie ihre modische, frisch gebügelte Kleidung an, treffen sich und gehen mit ihren Familien aus. Warum nicht zusammen, statt getrennt leben?«

FOTOGRAFIEN ALS MYTHEN

Ein Mythos ist eine mündliche Überlieferung, die uns hilft, die Welt zu verstehen. Dank der Mythen sehen wir Verbindungen zwischen scheinbar beziehungslosen Dingen, auch in uns selbst, und werden uns unserer Beziehungen zu unseren eigenen Vorstellungen und Wünschen bewusst. Es ist egal, ob die Geschichte wahr ist; sie hilft uns, unser Leben zu leben. Manche Fotos besitzen ebenfalls diese Macht: In ihnen kristallisiert sich heraus, was unklar war, indem sie uns zwingen, auf das zu schauen, was wirklich wichtig ist oder etwas konkretisieren, von dem wir nur ein vages Gefühl hatten.

Betrachten wir zuerst ein Foto, das aus den falschen Gründen berühmt wurde, nämlich wegen einer Gerichtsverhandlung, die es 1992 auslöste. Es scheint ein wiedervereintes Paar zu zeigen. Plakate mit diesem Foto wurden vielfach verkauft. Der Fotograf musste dem Gericht erklären, dass er in Wahrheit nicht einen intimen Augenblick zwischen zwei unbekannten Personen aufgenommen hatte, sondern Schauspieler bezahlte, die überall in Paris posierten, nicht nur vor dem Rathaus. Viele Menschen waren enttäuscht, als sie erfuhren, dass das Foto gestellt war.

Statt enttäuscht zu sein, sollten wir uns lieber mit dem Thema dieser Fotografie (gegenüber) von Robert Doisneau (1912–1994) beschäftigen und damit, wie es dargestellt ist. Sein Motiv ist die unbändige Natur der romantischen Liebe. Wahre Liebe bedeutet das drängende Verlangen, einander zu küssen, auch wenn Zeit und Ort unpassend scheinen. In den 1950ern waren in Frankreich Küsse auf die Lippen in der Öffentlichkeit verpönt und Paare versteckten sich in Einfahrten oder Kinos. Wir sagen oft, dass Liebende in ihrer eigenen Welt versunken sind, und dieses Paar scheint das Getümmel um sich herum vergessen zu haben. Alle sind in Eile, nur sie nicht – die Passanten sind unscharf oder abgeschnitten, die Autos rasen vorbei. Der Kontrast wird durch den Mann mit der Baskenmütze noch verstärkt: Er schaut ernst, fast traurig, und gibt vor, sie nicht zu sehen. Er scheint die Zähne zusammenzubeißen und zu denken, dass er noch nie eine solche Frau geliebt hat. Er sucht Sicherheit in der Missbilligung, statt sich die Eifersucht einzugestehen.

Wir könnten natürlich die Darstellung von Geschlechterrollen kritisieren: Die Hand des Mannes auf der Schulter der Frau wirkt besitzergreifend. Dies widerspricht der unbekümmerten Hingabe, die die rechte Hand der Frau vermittelt. Beachten wir aber auch die Eleganz ihrer Pose: Eine umgekehrte S-Form zwischen den Händen des Mannes und der Frau, die der weißen Linie ihrer Bluse folgt.

Nach der Liebe, der größten Quelle von Mythen und Legenden, kommt leider schon der Krieg. Genau wie *Kuss am Hôtel de Ville* war *Loyalistischer Soldat im Moment des Todes* (S. 162) des in Ungarn geborenen amerikanischen Fotografen Robert Capa (1913–1954) Thema einer wenig hilfreichen Kontroverse. Ist dies ein Soldat bei der Ausbildung oder ein Kämpfer, der in der Schlacht von Cerro

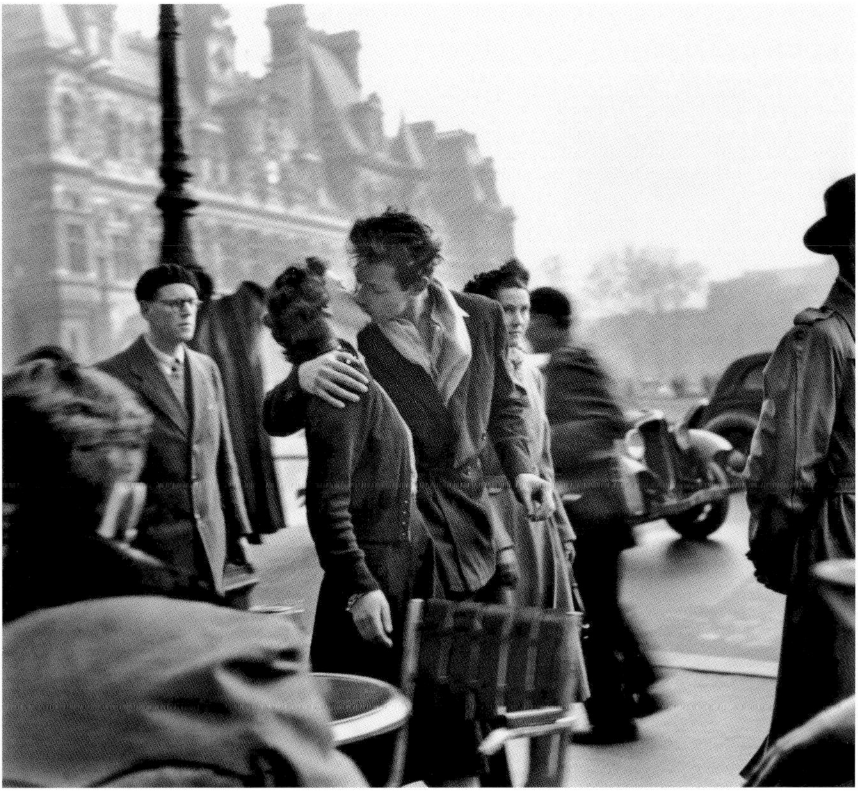

Robert Doisneau
Le Baiser de l'hôtel de ville (Kuss am Hôtel de Ville),
Paris, 1950
Silbergelatineabzug

Der Bildaufbau ist ansprechend – wer würde nicht gern untätig vor einem Pariser Café sitzen und den Passanten nachschauen? Hier wurde quasi über die Schulter fotografiert, so als würden wir neben dem Mann auf der linken Seite sitzen.

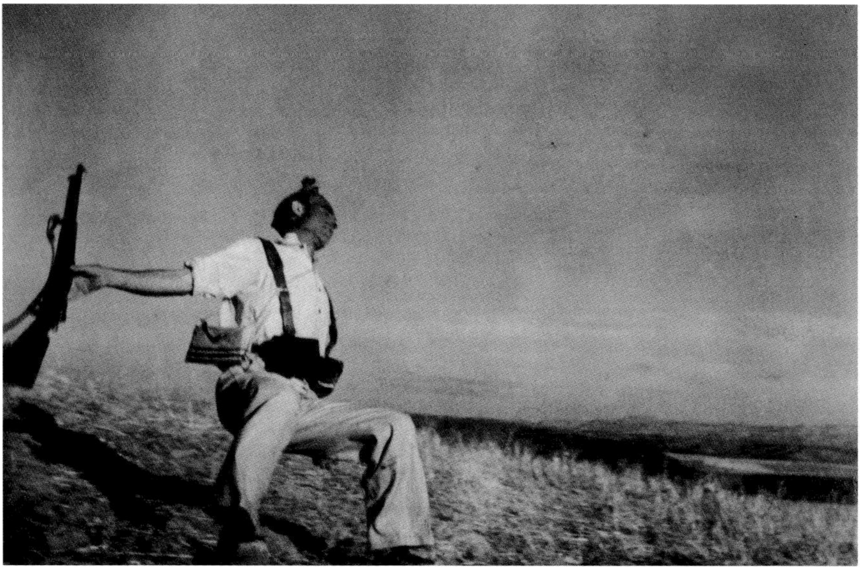

Robert Capa
Loyalistischer Soldat im Moment des Todes, nahe Espejo, Córdoba-Front, September 1936
Silbergelatineabzug, 24,3 x 40,6 cm

In diesem Bild des Verlustes liegt ein Gefühl von Stil. Die Kampfszene wirkt wie ein moderner Tanz – der Soldat fällt elegant, wie ein Tänzer. Sein linker Arm verschwindet hinter ihm, nur seine Hand ist sichtbar: Sie taucht über seinem Kopf auf und greift zum Himmel, als würde sie seiner Seele die Richtung weisen, während diese den Körper verlässt. Seine Augen sind bereits geschlossen.

Muriano von einer feindlichen Kugel getroffen wird? Zahllose Experten – von Journalisten und Historikern bis zu forensischen Pathologen – haben die Glaubwürdigkeit jeder möglichen Antwort diskutiert. Aber auch das ist Zeitverschwendung, zumindest, wenn es um Capa geht. Thema der Fotografie ist nicht der Tod eines tapferen Mannes, einer einzelnen Person. Seit die Waffen in Spanien zum Schweigen gekommen sind, repräsentiert dieses Foto den Sieg der Rechten im Spanischen Bürgerkrieg über die Republikaner. Im Laufe der Jahre wurde es noch weiter aufgefasst und symbolisiert die Kapitulation der Demokratie vor der Diktatur, und sogar die Niederlage des Guten vor den Mächten des Bösen. Der leicht schräge Bildaufbau verstärkt diesen Eindruck – das Gras bildet eine absteigende Linie zwischen den beiden Seiten der Aufnahme, wie ein Diagramm, das Verfall, Verzögerung, Verarmung anzeigt.

Ist ein solch eleganter Tod mehr wert als ein mieses Leben? Der gefallene Kämpfer ist schön, genau wie Jan Rose Kasmir, die junge amerikanische Frau, die der französische Fotograf Marc Riboud (1923–2016) aufnahm, als sie Soldaten, die während einer Demonstration gegen den Vietnamkrieg am 21. Oktober 1967 in Washington ihre Sturmgewehre auf sie richteten, eine Blume anbot. In beiden Fällen ist die Niederlage der einen Seite schöner als der Sieg der anderen – auch wenn das nur ein schwacher Trost sein mag.

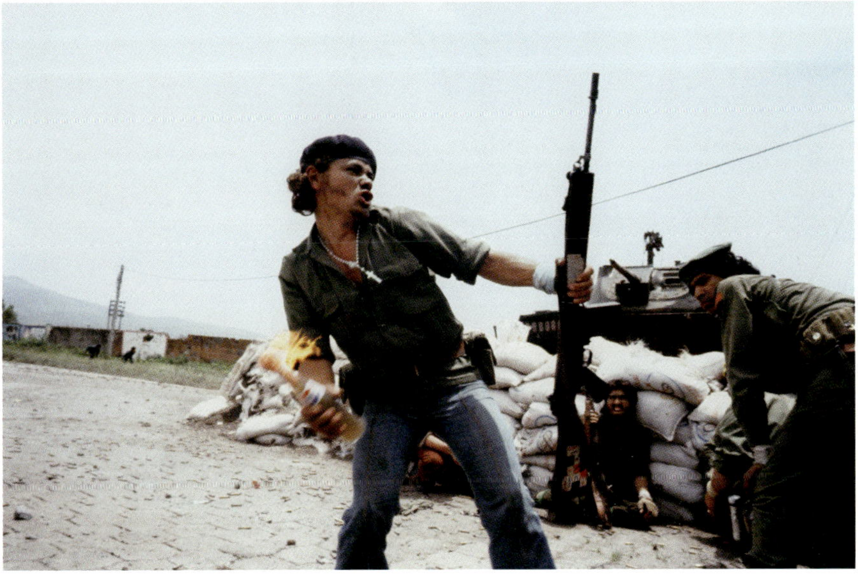

Susan Meiselas
Molotov Man, 1979

Während in Capas Fotografie alles verloren ist, scheint hier alles möglich. Die Entschlossenheit auf Aráuz' Gesicht ist nicht zu übersehen. Er wirft einen Molotow-Cocktail in einer Pepsi-Flasche – ein symbolisches Detail, da die USA noch einige Tage lang das Regime von Präsident Somoza unterstützten, gegen das er kämpfte.

Eine instabile Situation

In *Molotov Man* (oben) der amerikanischen Fotografin Susan Meiselas (geb. 1948) bleibt keine Zeit für Melancholie. Das Bild zeigt die erste Sandinistische Revolution in Nicaragua, die dank der Hilfe der Nachbarländer kurz vor dem Erfolg steht (auf dem Gewehr ist die Flagge Panamas zu erkennen). Die aus den USA importierte Getränkeflasche ist nicht das einzige paradoxe Element dieses Bildes: Pablo Aráuz trägt ein Barett im Stil von Che Guevara, um den Hals einen katholischen Rosenkranz und eine modisch ausgestellte Jeans zur Uniformjacke. Seine Kameraden sind gleichermaßen zwiespältig: Einer sitzt und verzieht in Erwartung der Explosion sein Gesicht, während der andere sich zu fragen scheint, ob es eine gute Idee ist, diesen Molotow-Cocktail zu werfen. Noch seltsamer ist, dass die Kanone des Panzers auf uns zeigt. Die Komposition legt nahe, dass es eine instabile Situation ist, sowohl tatsächlich als auch bildlich gesprochen: Der Bildaufbau ist schräg, die Telefonleitung, die den Flugweg des Molotow-Cocktails vorwegzunehmen scheint, ist in die andere Richtung geneigt. Sie bildet eine aufsteigende Linie, ein klassisches Symbol für Fortschritt, Wachstum und Verbesserung.

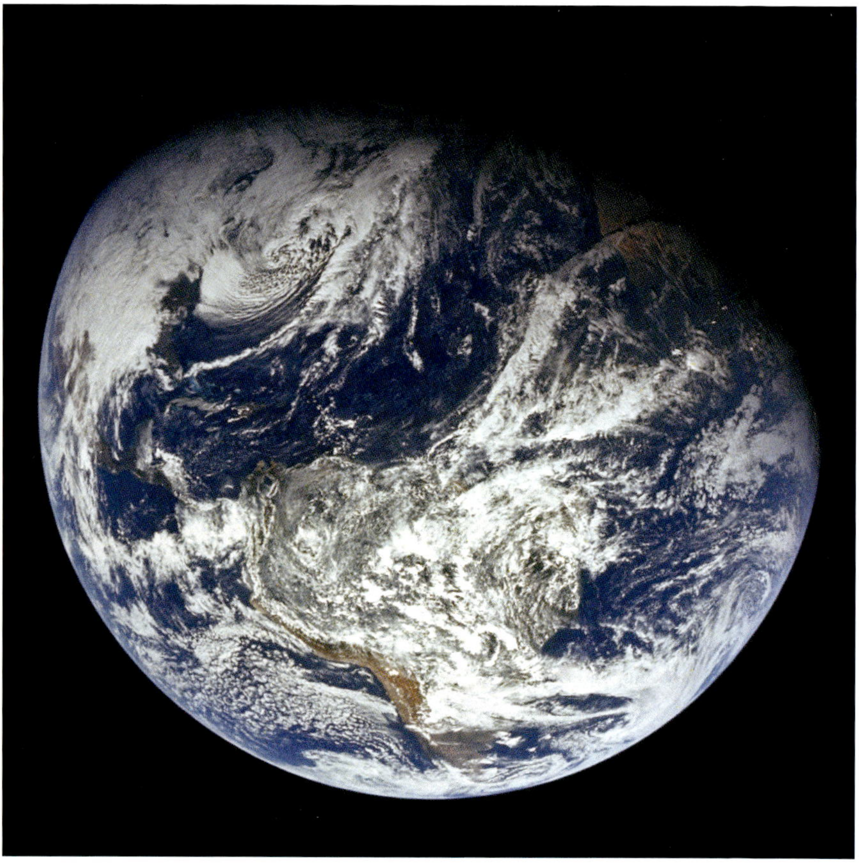

William Anders
Erstes vollständiges Bild der Erde, das von einem Menschen aus dem Weltall aufgenommen wurde,
24. Dezember 1968
Fotografiert mit einer 77mm-Kamera

Ein Selfie, das die gesamte Menschheit zeigt. Im unteren Teil des Bildes kann man Südamerika erkennen, weiter oben ist es jedoch bereits Nacht, da Sonne, Fotograf und Erde nicht perfekt ausgerichtet sind. Wir mussten bis zur Apollo-17-Mission warten, um die Erde in ihrer ganzen Pracht zu sehen.

Gehen wir einen Schritt zurück zur amerikanischen Apollo-8-Mission. Am Heiligabend 1968 beschloss der Astronaut William Anders (1933–2024), ein Foto von uns allen zu machen (gegenüber), allerdings im Kontext: in unserem natürlichen Lebensraum.

Keine der Grenzen zwischen Nationen, keine dieser unsichtbaren Linien, für die Millionen Menschen gestorben sind und heute noch sterben, taucht in dem Foto auf. Wir sehen nur Wasser, Land und Wolken. Trotz des Mythos, dass die Chinesische Mauer vom Mond aus sichtbar ist, gibt es keine Spur der Menschen. Alles, was wir sehen können, ist der Umriss: die kreisförmige Linie, die bestätigt, dass die Erde eine Art Kugel ist, isoliert im Weltraum. Und das zeigt auch, wie lächerlich die Ideologie des unbegrenzten Wachstums ist. Unsere ungehemmte Ausbeutung der Ressourcen kann nur zu unserer eigenen Zerstörung führen.

Als diese Fotografie auf der ganzen Welt veröffentlicht wurde, hätte dies das Ende aller Kriege, von Verschwendung und Umweltverschmutzung bedeuten müssen. Dazu ist es nicht gekommen. Ein Foto kann vieles tun, aber wir dürfen nichts Unmögliches von ihm erwarten.

WICHTIGE IDEEN

- Manche Fotografen sind wie Seismografen und erkennen und dokumentieren Verschiebungen in der Gesellschaft.
- Manche Fotografien können unsere Meinung verändern, selbst über wichtige Themen.
- Die Wirkung, die eine Fotografie hat, entspricht nicht immer der ursprünglichen Absicht ihres Schöpfers.

WICHTIGE FRAGEN

... die man mit einem Foto vor Augen stellen sollte:

- Verstehe ich, was hier passiert, oder muss ich mehr über den Kontext herausfinden, in dem diese Fotografie gemacht wurde?
- Spüre ich Empathie für den Fotografen oder die Menschen, die fotografiert wurden?
- Was erwartet diese Fotografie von mir?

GLOSSAR

Abzug: In der Analogfotografie wird ein Abzug erzeugt, indem ein Originalnegativ auf lichtempfindliches Papier projiziert und dort fixiert wird. In der Digitalfotografie wird ein Abzug mithilfe eines Druckers aus einer Datei erzeugt.

Analogfotografie: Ein Analogfoto wird erzeugt, indem man manuell Film dem Licht aussetzt (»belichtet«).

Aufnahme mit hohem Winkel: Eine Bildgestaltung, bei der wir von oben auf das Motiv hinabsehen. Ein 90-Grad-Winkel heißt auch »God's eye view« (Blick Gottes).

Aufnahme mit niedrigem Winkel: Eine Bildgestaltung, bei der wir zum Motiv hinaufschauen.

Belichtung: Die Menge an Licht, die vom Film aufgenommen wird, während der Verschluss offen ist.

Belichtungszeit: Die Zeitdauer, die nötig ist, um ein Foto aufzunehmen und während der Licht durch die Blendenöffnung gelangt.

Belinograph: Ein Gerät, mit dem Fotografien mittels Telefon oder Funk über große Distanzen versendet werden konnten; wurde vor allem von Zeitungen zwischen den 1920er- und 1960er-Jahren verwendet.

Bewegungsunschärfe: Unschärfe, die erzeugt wird, indem sich ein Objekt im Feld bewegt, während das Foto gemacht wird.

Bildauflösung: Die Anzahl der Pixel in einem Digitalfoto oder auf einem Bildschirm. Nicht zu verwechseln mit Schärfe: Ein Foto kann unscharf sein, aber dennoch eine sehr hohe Bildauflösung aufweisen.

Bildbereich: Alles, was innerhalb der vier Ränder eines Fotos enthalten ist, wenn man es als flaches Rechteck betrachtet. Der Bildbereich ist zweidimensional, anders als das Feld, das dreidimensional ist.

Bildschirmauflösung: Das Verhältnis zwischen der Bildauflösung eines Digitalfotos (oder eines Bildschirms) und seiner Größe. Die Auflösung wird in *ppi* (Pixel pro Zoll [Inch]) angegeben.

Bild im Bild: Ein Effekt, der erzielt wird, wenn ein Bild im physischen Sinn des Begriffs (zum Beispiel ein ganzes Fenster oder Teile davon) im Bildbereich eines Fotos sichtbar ist.

Binärcode: Ein aus Nullen und Einsen bestehender Code, mit dem man Daten in Bits kodiert. Ein Pixel besteht im Allgemeinen aus 24 oder 32 Bits.

Blende: Veränderliche Öffnung, durch die Licht, das durch ein Objektiv fokussiert wird, in die Kamera gelangt.

Brennweite: Der Abstand zwischen dem Film (oder Sensor) und dem optischen Mittelpunkt des Objektivs. Je länger die Brennweite ist, umso eher fühlt es sich an, als würden Sie die Szene durch ein Fernglas betrachten.

***Camera obscura*:** Eine Kiste mit einem kleinen Loch in einer ihrer Seiten. Wenn Licht durch die Linse in dieser Öffnung fällt, wird die Szene vor der *Camera obscura* auf die gegenüberliegende Seite projiziert.

Chronofotografie: Das Aufnehmen einer Reihe von Fotos in kurzen, regelmäßigen Abständen, um die Bewegung eines Tieres oder Objekts sichtbar zu machen, indem man sie zerlegt.

Compositing: Eine Reihe von Digitaltechniken, mit denen Elemente aus unterschiedlichen Bildern kombiniert werden, um den Eindruck eines konsistenten Ganzen zu erzeugen, das in einem einzigen Bild existiert.

Daguerreotypie: Fotografischer Prozess, bei dem silberbeschichtete Kupferplatten belichtet werden; 1839 von Louis Daguerre patentiert.

Datei: Ein Digitalfoto (oder ein Analogfoto, das gescannt wurde) kann eine nichtkörperliche Form als digitale Datei annehmen, die aus Binärcode besteht.

Digitalfotografie: Ein klassisches Digitalfoto besteht aus Pixeln und wird erzeugt, indem ein Sensor dem Licht ausgesetzt wird.

Digitalsoftware: Computertechnologie und -Programme zum Bearbeiten oder Erzeugen von Bildern.

Drittelregel: Eine kompositorische Konvention, bei der das Bild mit zwei horizontalen und zwei vertikalen Linien in neun gleiche Teile zerlegt wird. Entsprechend der künstlerischen Tradition soll der Horizont entlang einer der horizontalen und das Hauptmotiv entlang einer der vertikalen Linien platziert werden.

Entwickeln: Behandlung des belichteten Films mit chemischen Lösungen, den sogenannten Entwicklern und Fixierern, um ihn für die Ausgabe vorzubereiten.

Entwickler: Chemikalie, die mit den lichtempfindlichen Kristallen im Film reagiert, die dem Licht ausgesetzt waren, und diese damit in ein sichtbares Bild verwandelt – das Negativ.

Feld: Der Bereich, der in einem Foto abgebildet wird, wenn wir es als eine Art Fensteröffnung in eine dreidimensionale Welt betrachten. Traditionell umfasst dies den Vordergrund (das Motiv) und den Hintergrund (die Umgebung).

Film: Ein biegsames Material, das lichtempfindliche Kristalle enthält.

Fixierer: Chemikalie, die das Bild stabilisiert, indem sie dafür sorgt, dass der Film nicht mehr lichtempfindlich ist.

Fokussieren: Einstellen der Kamera, um den Bereich im Feld zu definieren, in dem das Bild scharf ist.

Format: Verhältnis zwischen Länge und Breite des Bildes. Manchmal wird der Begriff missbraucht, um die Größe des Abzugs zu bezeichnen (z. B. »Großformat«).

Glitch: Ein Fehler in einer digitalen Datei. Der Begriff »Glitch Art« bezieht sich auf Werke, die die ästhetischen Möglichkeiten solcher Fehler ausnutzen.

Graustufen: All die unterschiedlichen Schattierungen von Grau, von der hellsten bis zur dunkelsten, die zwischen Weiß und Schwarz existieren.

Kamerawackeln: Unschärfe, die entsteht, indem die Kamera sich bewegt, während das Foto aufgenommen wird.

Komposition: Wie ein Fotograf die wichtigen Linien und Formen in einem Bild anordnet.

Nachbearbeitung/Postprocessing: Bearbeiten eines Digitalfotos mittels Computersoftware.

Negativ: In der traditionellen Analogfotografie ein entwickelter Film, in dem Schwarz und Weiß (oder die Farben) umgekehrt sind. Das ist das einmalige Original, von dem sich aber viele Abzüge erzeugen lassen.

Objektiv: Der Teil einer Kamera oder eines Smartphones, der das Licht auf den Film oder Sensor fokussiert.

Paparazzi: Fotografen, die sich auf Fotos von Prominenten spezialisieren. Das Wort leitet sich vom Namen einer Figur in Federico Fellinis Film *La Dolce vita* (1960) ab.

Pixel: Akronym für »Picture Element«. Pixel sind winzige Quadrate, die nebeneinander angeordnet ein Digitalfoto bilden. Wir benutzen dieses Wort auch für die Punkte auf einem digitalen Bildschirm.

Polaroid: Sofortbildkameras, die erstmals 1948 verkauft wurden und mit denen man Fotos innerhalb weniger Sekunden entwickeln und ausgeben konnte.

Präsentation: Ein Foto kann auf Papier, auf einem Bildschirm, als Dia bzw. Projektion auf einer Leinwand, in einer Lichtkammer usw. präsentiert werden.

Prozess: Unterschiedliche technische Prozesse, von Daguerreotypien bis digital, die es uns erlauben, Fotografien herzustellen.

Retuschieren: In der Analogfotografie das Modifizieren eines Negativs (mit einem Pinsel, durch Kratzen usw.) oder das Ändern eines Fotos im Ausgabestadium. In der Digitalfotografie sprechen wir stattdessen von »Nachbearbeitung/Post-processing«.

Schärfentiefe: Der Teil des Bereichs im Blickfeld der Kamera, in dem das Bild scharf ist.

Sensor: In einer Digitalkamera ist dies eine lichtempfindliche Zelle, die Licht auffängt und in Binärcode umwandelt.

Sucher: Der Teil der Kamera, den der Fotograf sich ans Auge hält, damit er exakt den Bildaufbau bestimmen kann, bevor er auf den Auslöser drückt. Manche Kameras, wie etwa Smartphones, besitzen keinen Sucher, da hier der Bildaufbau auf dem Bildschirm geschieht.

Teleobjektiv: Ein Objektiv mit einer langen Brennweite, beliebt bei Paparazzi.

Timer: Ein Mechanismus, der es uns erlaubt, die Zeit zwischen dem Drücken des Auslösers und der eigentlichen Aufnahme zu verlängern.

Umgekehrter Blickwinkel: Eine Art der Bildgestaltung, bei der man sich herumdreht, um »die andere Seite« einer bestimmten Szene zu zeigen. Eine 180-Grad-Drehung zeigt die vierte Wand.

Verschluss: Der Teil einer Kamera, der sich öffnet, damit Licht durch die Blende auf den Film oder Sensor gelangt.

Weitwinkelobjektiv: Ein Objektiv mit kurzer Brennweite.

ZUM WEITERLESEN

Barthes, Roland, *Camera Lucida: Reflections on Photography* [1980], übers. Richard Howard, London, Vintage Classics, 1993

Bate, David, *Photography: The Key Concepts* [2009], New York, Bloomsbury, 2016

Benjamin, Walter, *Kleine Geschichte der Photographie* [1931], in: Benjamin-Handbuch. Leben – Werk – Wirkung. Stuttgart, 2011 (Hrsg. Burkhardt Lindner)

Berger, John, *Understanding a Photograph*, London, Penguin Classics, 2013

Bright, Susan, *Art Photography Now*, London, Aperture, 2005

Campany, David, *On Photographs*, London, Thames & Hudson, 2020

Chéroux, Clément, *The Perfect Medium: Photography and the Occult*, New Haven, Yale University Press, 2005

Ford, Colin (Hrsg.), *The Kodak Museum: The Story of Popular Photography*, London, Century Hutchinson / Bradford, National Museum of Photography, Film and Television, 1989

Freund, Gisèle, *Photography and Society* [1974], London, Gordon Fraser, 1980

Hacking, Juliet und Campany, David, *Photography: The Whole Story* [2012], London, Thames & Hudson, London, 2021

Ignatieff, Michael, *Magnum °* [exh. cat.], London, Phaidon, 2000

Jeffrey, Ian, *Photography: A Concise History*, London, Thames & Hudson, 1981

Lardinois, Brigitte (Hrsg.) *Magnum Magnum*, London, Thames & Hudson, 2009

Noble, Andrea, *Tina Modotti: Image, Texture, Photography*, Albuquerque, University of New Mexico Press, 2000

Séclier, Philippe, *Magnum Photos 75 Years*, Paris, Atelier EXB, 2022

Sontag, Susan, *Über Fotografie*, übers. Mark W. Rien und Gertrud Baruch, München, Hanser, 1978

Thompson, Jerry L., *Truth and Photography: Notes on Looking and Photographing*, Chicago, Ivan R. Dee, 2003

Whelan, Richard, *Robert Capa at Work: This is War!* [exh. cat.], Göttingen, Steidl / New York, International Center of Photography, 2009

Whiston Spirn, Anne, *Daring to Look: Dorothea Lange's »Photographs and Reports from the Field«*, Chicago, University of Chicago Press, 2008

INDEX

Haupteinträge sind **fett**.
Illustrationen sind *kursiv*.

BILDNACHWEISE

2, 93 Ernst Haas/Getty Images **4, 90** Auftrag von Wateraid und unterstützt von H&M Foundation. © Aïda Muluneh **8, 16** © Harry Gruyaert/Magnum Photos **10** J. Paul Getty Museum, Los Angeles. Acc. No: 86.XM.722.3 **13** Spencer Collection, The New York Public Library. Acc. No: 1850-12 **14** © Robert Mapplethorpe Foundation. Mit frdl. Gen. **18** Musée de l'Élysée, Lausanne **19** Société française de photographie, Paris **20–21** © Andreas Gursky/Mit frdl. Gen. Sprüth Magers Berlin London/DACS 2024 **24, 25** Library of Congress Prints and Photographs Division, Washington DC, Acc. No: 2017762891 **26** Mit frdl. Gen. des Künstlers, The Broad Art Foundation und Sprüth Magers **27** © Lee Jeffries **29** © Cristina de Middel/Magnum Photos **30–31** © Stuart Franklin/Magnum Photos **32 oben** © Adrian Sonderegger & Jojakim Cortis **32 unten** Mit frdl. Gen.Pavel Maria Smejkal **34, 47** Mit frdl. Gen. des Künstlers und Jack Shainman Gallery, New York. © Richard Mosse **37** The Royal Photographic Society, Bath **38** J. Paul Getty Museum, Los Angeles. Acc. No: 84.XP.218.71 **40** © National Science & Media Museum, Bradford/Science & Society Picture Library. Alle Rechte vorbehalten **42** Barbara and Willard Morgan photographs and papers, Library Special Collections, Charles E. Young Research Library, UCLA **43** © Ministère de la Culture – Médiathèque du patrimoine et de la photographie, Dist. RMN-Grand Palais/André Kertész **45** Nick Knight/Trunk Archive **48** Mit frdl. Gen. von Kasmin, New York. © Daniel Gordon **49** Philadelphia Museum of Art. Erwerb mit Mitteln des American Museum of Photography, 1971. Acc. No: 1971-117-32(400) **51** Mit frdl. Gen. des Künstlers und Sprüth Magers/Matthew Marks Gallery/Esther Schipper, Berlin/Taka Ishii Gallery. © Thomas Demand, VG Bild-Kunst, Bonn **52** Jacques Henri Lartigue © Ministère de la Culture (Frankreich), MPP-AAJHL **54** © Center for Creative Photography, The University of Arizona Foundation/DACS 2024 **57** © Juno Calypso **58, 77** © Susana Moyaho **60** Société française de photographie, Paris **63** Mit frdl. Gen. Gallery KUZO. © Byung-Hun Min **64–65** Mit frdl. Gen. Matthew Marks Gallery. © Erben von Luigi Ghirri **67** © ARS, NY und DACS, London 2024 **68** © Mohau Modisakeng **69** National Gallery of Art, Washington DC, Patrons' Permanent Fund. Acc. No: 1995.36.67 **71** © Roger Mayne Archive/ Mary Evans Picture Library **72** Veröffentlicht von Crown Point Press. © ADAGP, Paris and DACS, London 2024 **74–75** © Alison Jackson **78, 95** © Martin Parr/Magnum Photos **80** Berenice Abbot/Getty Images **83** © A. Abbas/ Magnum Photos **84** Musée Carnavalet, Paris. Acc. No: PH5471 **86–87** © Luca Campigotto **89** Mit frdl. Gen. Estate of Vidyavrata **91** Mit frdl. Gen. Nailya Alexander Gallery, New York. © Arkady Shaikhet Estate **92** The Metropolitan Museum of Art, New York. Ford Motor Company Collection, Schenkung der Ford Motor Company und John C. Waddell, 1987. Acc. No: 1987.1100.499 **97** National Gallery of Art, Washington DC, Corcoran Collection (Schenkung von Harry H. Lunn, Jr., durch Graphics International Ltd.). Acc. No: 2015.19.4167 **98** © 2024 Woodman Family Foundation/Artists Rights Society (ARS), New York **100** © Saul Leiter Foundation **101** Mit frdl. Gen. Estate of Fred Herzog und Equinox Gallery, Vancouver. © The Estate of Fred Herzog, 2024 **102, 109** © Corinne Vionnet **105** Mit frdl. Gen. Robert Klein Gallery. © Paulette Tavormina 2010 **106** Mit frdl. Gen. Gagosian. © Sally Mann **108** Mit frdl. Gen. Hamiltons Gallery London. © Erwin Olaf **110** Mit frdl. Gen. Doug Rickard Estate **111** © Fondation Henri Cartier-Bresson/Magnum Photos **112** © Raymond Depardon/Magnum Photos **113** © Anup Shah **114–115** © Xavi Bou **117** Library of Congress Prints and Photographs Division Washington DC, Acc. No: 2006684217 **118** The Royal Photographic Society Collection at the V&A, erworben mit großzügiger Hilfe der National Lottery Heritage Fund and Art Fund. Acc. No: RPS.611-2020. © Mervyn O'Gorman **119** Bayerisches Nationalmuseum, München **121** Mit frdl. Gen. des Künstlers und Marian Goodman Gallery. © Hiroshi Sugimoto **122, 136** © ORLAN **124** Yousuf Karsh, Camera Press London **127** © IMEC, Fonds MCC, Dist. RMN-Grand Palais/Gisèle Freund. © Banco de México Diego Rivera Frida Kahlo Museums Trust, Mexico, D.F./DACS 2024 **128** © Zhang Huan Studio **130** © Gillian Wearing, Mit frdl. Gen. Maureen Paley, London, Tanya Bonakdar Gallery, New York and Regen Projects, Los Angeles **131** © Claude Cahun **132** © Eva Woolridge **133** © David LaChapelle **134** © Hyacinth Schukis **135** The Louise Imogen Guiney Collection, Library of Congress Prints and Photographs Division, Washington DC, Acc. No: 00651847 **137** Mit frdl. Gen. der Künstlerin und Hauser & Wirth. © Cindy Sherman **139** © Oliviero Toscani **140** © Bruce Gilden/ Magnum Photos **143 above** Juan Guzmán/Agencia EFE/Shutterstock **143 unten** AP Photo/The Yomiuri Shimbun, Tadashi Okubo/Alamy **144, 163** © Susan Meiselas/Magnum Photos **147** Brooklyn Museum. Schenkung von Wallace B. Putnam aus Estate of Consuelo Kanaga. Acc. No: 82.65.389 **149** © Neil Aldridge **150** Mit frdl. Gen. Flowers Gallery, London. © Edward Burtynsky **151** Mit frdl. Gen. Kasmin Gallery, New York. © Robert Polidori **152** © Chien-Chi Chang/Magnum Photos **153** © Inge Morath/Magnum Photos **154** © Dayanita Singh **157** AP Photo/Eddie Adams/ Alamy **158** Archive Carte Postale DR © ADAGP, Paris and DACS, London 2024 **159** Mit frdl. Gen. und Copyright der Gordon Parks Foundation **161** Robert Doisneau/Gamma-Rapho/Getty Images **162** © Robert Capa/International Center of Photography/Magnum Photos **164** NASA

QUELLEN DER ZITATE

Seite 12 Karl Marx, »Introduction«, *Critique of Hegel's Philosophy of Right*, Cambridge, Cambridge University Press, 2009; **Seite 15** Robert Mapplethorpe zitiert in Franca Falletti und Jonathan Nelson (Hrsg.), *Mapplethorpe: Perfection in Form* [exh. cat], Kempen (Deutschland), teNeues, 2009, S. 20; **Seite 16** Harry Gruyaert, »Le Maroc en Kodachrome par Harry Gruyaert«, Interview von David Ukaleq für das Onlinemagazin *Yonder*, 30. Oktober 2017 (www.yonder.fr/en-images/photographes/interview-harry-gruyaert-maroc); **Seite 16** Harry Gruyaert zitiert in Laura Havlin, »East / West«, Magnum-Website, 19. Oktober 2017 (www.magnumphotos.com/arts-culture/travel/harry-gruyaert-east-west-magnum-photos); **Seite 17** William Henry Fox Talbot, »Introductory Remarks«, in *The Pencil of Nature, London*, Longman, Brown, Green & Longmans, 1844; **Seite 18** Susan Sontag, *On Photography*, London, Penguin, 1979, S. 5; **Seite 27** Barbara Kruger, Interview von Jori Finkel, *The Art Newspaper*, 16. August 2021; **Seite 29** Cristina de Middel, Auszug aus der Bildunterschrift zum Werk auf der Website der Künstlerin, 2009 (www.lademiddel.com/poly-spam.html); **Seite 36** Auszug aus dem Regelwerk des World-Press-Photo-Wettbewerbs, 2023 (www.worldpressphoto.org/contest/2023/verification-process/why-manipulation-matters); **Seite 36** Thomas Höpker zitiert in Clément Chéroux und Clara Bouveresse (Hrsg.), *Magnum manifeste*, Arles, Actes Sud, 2017, S. 382; **Seite 46** Richard Mosse zitiert in Tom Seymour, »Richard Mosse – Incoming« *British Journal of Photography*, 15. Februar 2017; **Seite 49** Daniel Gordon zitiert in Claire Barliant, »Photography and the Objet Manqué«, *Art in America*, 23. Februar 2012; **Seite 53** Wiktor Schklowski, Theory of Prose [1925], Elmwood Park (United States), Dalkey Archive Press, 1990; **Seite 56** Juno Calypso, »Juno Calypso checks in solo at a surreal honeymoon hotel«, Interview von Sam Warner, *Huck Magazine*, 1. Oktober 2015; **Seite 60** Elizabeth Eastlake, »Photography«, *The London Quarterly Review*, Bd. 10, 1857, S. 442, 460–461; **Seite 62** Sally Mann zitiert von Danna Singer in »How Danna Singer shot one of *The New Yorker*'s best photos of the year«, Interview von David Walker, *Photo District News*, 27. November 2019; **Seite 66** Ming Smith zitiert in »Ming Smith receives lifetime achievement award by International Center of Photography«, *Contemporary And*, 11. Januar 2023 (contemporaryand.com/magazines/ming-smith-receives-lifetime-achievement-award-by-icp); **Seite 66** Mohau Modisakeng zitiert von Keisha Jacobs, »Mohau Modisakeng: The Materiality of Dreams, Violence and Black African Kinship«, *ArtsHelp*, Juni 2022 (www.artshelp.com/mohau-modisakeng); **Seite 69** Clément Chéroux, *Si la vue vaut d'être vécue : miscellanées photographiques*, Paris, Textuel, 2019, S. 148; **Seite 73** Alison Jackson, Beschreibung der Serie »Disaster« auf der Website der Künstlerin, 2010 (www.alisonjackson.com/disaster-series); **Seiten 73, 76** Susana Moyaho zitiert in Kellye Eisworth, »Digital Mediations: Susana Moyaho: Misremember Me Correctly«, *Lenscratch*, 29. September 2021 (lenscratch.com/2021/09/digital-mediations-susana-moyaho-misremember-me-correctly); **Seite 82** Susan Sontag, *On Photography*, S. 81; **Seite 89** Aïda Muluneh, Auszüge aus der Beschreibung der Serie »Water Life« auf der Website der Künstlerin (www.aidamuluneh.com/water-life); **Seite 90** »L'œil-caméra va où l'œil humain ne va pas« : Dziga Vertov, Manifest »Kinoks-Révolution« (»Kinoki. Perevorot«), *LEF* (Journal der Left Front of the Arts, gegründet und herausgegeben von Wladimir Majakowski), No. 3, Juni 1923; **Seite 93** László Moholy-Nagy, *Painting Photography Film* [1925], London, Lund Humphries, 1969, S. 28; **Seiten 94, 96** Martin Parr, *Parr by Parr: Quentin Bajac meets Martin Parr: Discussions with a promiscuous photographer*, Amsterdam, Schilt Publishing, 2010, S. 61 und 70; **Seite 104** Susan Sontag, *On Photography*, S. 15; **Seite 108** Erwin Olaf zitiert in »Jonathan Turner on ›Grief‹«, 2007 (www.erwinolaf.com/art/Grief_2007/artist_statement); **Seite 108** Henri Cartier-Bresson zitiert in Clément Chéroux und Clara Bouveresse (Hrsg.), *Magnum manifeste*, Arles, Actes Sud, 2017, S. 363; **Seite 109** »La Terre a rapetissé«, *Le Journal*, 28. September 1935, S. 1; **Seite 110** Doug Rickard, »Screen Captures: Americans on Google Street«, Interview von Spring Warren, *Boom*, Bd. 2, No. 4, Winter 2012, S. 18–26; **Seite 117** Gertrude Käsebier zitiert in »The camera has opened a new profession for women – some of those who have made good«, *The New York Times*, 20. April 1913; **Seite 125** Elliott Erwitt zitiert in John O'Mahony, »Best in Show«, *The Guardian*, 27. Dezember 2003; **Seite 125** Yousuf Karsh, Website des Künstlers (karsh.org/photographs/martin-luther-king); **Seite 126** Fernando Pessoa, *The Book of Disquiet*, übers. Margaret Jull Costa, London, Serpent's Tail, 2018, S. 8; **Seite 126** Gisèle Freund zitiert in Claire Wilcox und Circe Henestrosa (Hrsg.), *Frida Kahlo au-delà des apparences* [exh. cat.], Paris, Palais Galliera / Paris Musées, 2022, S. 95; **Seite 128** Zhang Huan, Auszug aus der Beschreibung des Werks auf der Website des Künstlers (www.zhanghuan.com); **Seite 129** Robert Johnson, *The Art of Retouching Photographic Negatives* [1913], revidierte Ausgabe von T. S. Bruce und A. Braithwaite (Hrsg.), Boston, American Photographic Publishing Co., 1936, S. 5; **Seite 131** Claude Cahun zitiert in *Claude Cahun* [exh. cat.], Paris, Jeu de Paume / Hazan, 2011, S. 55 und 65; **Seite 132** Eva Woolridge zitiert in Zarita Zevallos, »Photographers on Photographers: Zarita Zevallos in Conversation with Eva Woolridge«, *Lenscratch*, 13. August 2020 (lenscratch.com/2020/08/photographers-on-photographers-zarita-zevallos-in-conversation-with-eva-woolridge); **Seite 133** David LaChapelle, Interview für *The Art Newspaper*, 2008 (www.youtube.com/watch?v=E8QFJgxMJuM); **Seite 134** Hyacinth Schukis, *AFTERLIVES. (Gender)queer Photographic Self-Representation and Reenactment*, Abschlussarbeit, Bachelor of Fine Arts, Robert D. Clark Honors College, Juni 2020; **Seite 137** Cindy Sherman, »Cindy Sherman on AI experiments, lockdown pottery and being a woman in today's art market«, Interview von Anny Shaw, *The Art Newspaper*, 13. Juni 2023; **Seite 141** Sean O'Hagan, »A latter-day freak show? Bruce Gilden's extreme portraits are relentlessly cruel«, *The Guardian*, 19. August 2015; **Seite 141** Marina Ginestà zitiert in »Marina Ginestà, la memoria viva de una imagen simbólica«, *Público*, 10. Mai 2008; **Seite 146** Barbara Cole, »Exclusive Interview with Barbara Cole«, Interview von Sandrine Hermand-Grisel, *All About Photo*, 10. August 2021 (www.all-about-photo.com/photo-articles/photo-article/1043/exclusive-interview-with-barbara-cole); **Seite 148** Neil Aldridge, »Shooting for Survival by Neil Aldridge«, *Sevenseas Media*, No. 66, November 2020; **Seite 156** Eddie Adams, »Eulogy: General Nguyen Ngoc Loan«, *Time Magazine*, 27. September 1998

ART ESSENTIALS

www.artessentials.de
www.midascollection.com

IMPRESSUM

© 2024 Midas Collection
ISBN 978-3-03876-303-1

Herausgeber: Gregory C. Zäch
Übersetzung: Claudia Koch,
Kathrin Lichtenberg
Korrektorat: Sabine Müthing
Layout: Ulrich Borstelmann

Midas Verlag AG
Dunantstrasse 3
CH 8044 Zürich

www.midas.ch

Englische Originalausgabe:
Looking at Photographs © 2024
Thames & Hudson Ltd, London
Text © Laurent Jullier
Design by April

Die deutsche Nationalbibliothek verzeichnet diese Publikation in der Deutschen Nationalbibliografie; detaillierte bibliografische Daten sind im Internet abrufbar unter: http://www.dnb.de

Printed by GPS, Bosnia and Herzegovina

MIX
Papier | Fördert gute Waldnutzung
FSC® C118234

QUELLENANGABEN

Frontcover: Robert Doisneau, *Le Baiser de l'hôtel de ville (Kuss am Hôtel de Ville)*, Paris, 1950 (Detail von Seite 161). Silbergelatineabzug. Robert Doisneau/Gamma-Rapho/Getty Images

Titelseite: Ernst Haas, *Park Avenue Taxis,* New York, 1958 (Detail von Seite 93). Ernst Haas/Getty Images

Inhaltsseite: Aïda Muluneh, *The Shackles of Limitations*, aus der Serie »Water Life«, 2018 (Detail von Seite 90). Tintenstraldruck auf Papier, 80 × 80 cm © Aïda Muluneh

Kapiteleinstiegsseiten: Seite 8 Harry Gruyaert, *Los Angeles*, 1982 (Detail von Seite 16); **Seite 34** Richard Mosse, *She Brings the Rain*, 2011 (Detail von Seite 47); **Seite 58** Susana Moyaho, *Debris 20*, 2020 (Detail von Seite 77); **Seite 78** Martin Parr, *Food*, 2012 (Detail von Seite 95); **Seite 102** Corinne Vionnet, *Beijing*, 2007 (Detail von Seite 109); **Seite 122** ORLAN, *Self-Hybridation, In Between with ORLAN's portrait n°4*, 1994 (Detail von Seite 136); **Seite 144** Susan Meiselas, *Molotov Man*, 1979 (Detail von Seite 163)

Zitate an den Kapitelanfängen: Seite 9 Harry Gruyaert zitiert in Brennavan Sritharan, »Harry Gruyaert: ›There is no story. It's just a question of shapes and light‹«, *British Journal of Photography*, 27. Juli 2015; **Seite 35** Richard Mosse zitiert in Tom Seymour, »Richard Mosse – Incoming«, *British Journal of Photography*, 15. Februar 2017; **Seite 59** Susana Moyaho zitiert in Kellye Eisworth, »Digital Mediations: Susana Moyaho: Misremember Me Correctly«, *Lenscratch*, 29. September 2021 (lenscratch.com/2021/09/digital-mediations-susana-moyaho-misremember-me-correctly); **Seite 79** Martin Parr, »Je suis bien plus doué pour faire des photographies que pour en parler«, Interview von Pauline Ngo-Ngok, *S-quive Magazine*, 13. April 2023; **Seite 103** Corinne Vionnet, per E-Mail; **Seite 123** ORLAN, »De la self-hybridation aux cellules souches«, *Les Actes de colloques du musée du quai Branly Jacques Chirac*, No. 2, 2009; **Seite 145** Susan Meiselas, »Style Can't Sustain You: Notes from the Field«, Interview von Coralie Kraft, *Lens Culture* (www.lensculture.com/articles/susan-meiselas-style-can-t-sustain-you-notes-from-the-field)